社会調査法入門

盛山和夫 著

有斐閣ブックス

　　　　　　　　まえがき

　本書は，社会調査法をはじめて学ぶ人のために，社会調査に関する基本的なことがらをできるだけわかりやすく解説することをめざしている。ただ，社会調査という営みは，データの収集にはじまって報告書や研究論文を刊行するまでのさまざまなステップからなっているだけでなく，統計的研究と事例研究，量的調査と質的調査など，さまざまな方法を含むものである。そのため，基本的といっても，とりあげるべき事柄はかなり広い範囲にわたることになった。
　本書の内容は以下のような四つのまとまりから構成されている。

　Ａ：社会調査の意義・目的・手順の基本的な考え方（第1〜3章）
　Ｂ：調査の企画からデータファイル作成までの狭義の社会調査法（第4〜8章）
　Ｃ：調査データの基本的な統計分析の方法（第9〜13章，および第15章）
　Ｄ：質的な研究の方法（第14章）

　このうち，Ａ・Ｂが「Ⅰ部　社会調査の方法を考える」を構成し，Ｃ・Ｄが「Ⅱ部　調査データから何が分るか」を構成している。
　Ａでは，そもそも社会調査とは，人々の意味づけからなる社会的世界について，新しく何かを知ろうとする探求のためにあるのだという根本の目的を確認することに主眼をおいている。これはあまりにも当たり前のことであるが，そう理解することで，社会に関わる探求は，統計的か質的かを問わず基本的に「解釈的」であって，しかも「客観的」な知識をともにめざしているということが明らかになる。そして同時に，調査とはいかなるものであれ，つねに見知らぬ対等な他者との出会いからなっているものであることから，おのずから導かれる一定の調査倫理について概説する。ここでは主に筆者の専門である社会学にとっての社会調査の意義を説明しているが，基本的な部分はほかの社会科学と実務的調査にとっても同じだと考えている。
　Ｂの構成部分は，より具体的には，どのようなことを考慮に入れながら調査

を企画し（第4章），どんな調査票をどのようにして作成し（第5・6章），対象者の抽出（サンプリング）はどうすべきであって（第7章），そして，どんなことに注意して実査を遂行して，分析に取りかかることのできるデータを用意するか（第8章），についての解説である。ここで重要なことは，調査票を用いた調査は一般の聴き取り調査と同じく，質問文を投げかけてそれに対する他者からの応答からなっているという点であり，こうして得られるデータは，言葉を媒介にした「解釈」の相互作用によって生成されるということである。

Cの基本的な統計分析の方法の解説では，まず単純集計表の作成と平均や分散や中央値などの基本的統計量の意味のほか，ジニ係数などの不平等度の指標を解説し（第9章），次に統計的検定とは何かを説明し（第10章），ついで比率と平均についての一般的な検定の方法を概説している（第11章）。そして第12章は，クロス表と相関係数を中心に，検定のしかたを含めて二つの変数のあいだの関連を分析する方法を扱い，第13章では，多変量解析のなかの最も基礎的な手法である回帰分析を概説した。

検定や回帰分析は，社会調査法の入門的なテキストでは省かれることが多いかもしれない。しかし，そもそも統計的調査におけるサンプリングの方法を理解するためには，検定について知っておく必要がある。また今日，さまざまな多変量の計量モデルが調査データの分析に盛んに用いられているという実情があり，それについての基本的な知識を得ておくことも肝要だろうと思われる。

なお，検定，サンプリング，および2変数の関連の概念の背景にある確率論的な考えを解説するために，最終章に「確率の基礎」を設けた。この章にざっと目を通したうえで，第10章以降に進むという利用のしかたもある。ただし，入門レベルでは「独立」の概念や「中心極限定理」の基本的性質がわかっていただければ十分であろう。

最後に，Dの第14章において，質的な研究についての基本的な解説を行っている。ひとくちに質的研究といっても，人類学・民族学的なエスノグラフィーから始まって，シンボリック相互作用論，ライフヒストリー，言説分析，カルチュラル・スタディーズなど，きわめてさまざまなものがあって，その方法も限りなく多様である。そのため，この章ではとくにW. F. ホワイトの『ストリート・コーナー・ソサエティ』を主軸にしながら具体的な諸研究を紹介し，

さらにいくつかの標準的な方法を解説することにした。というのも，ホワイトの研究は社会学的事例研究の代表的古典であるだけではなく，その研究プロセスの詳細がホワイト自身によって明らかにされているからである。

　以上のような本書の構成と内容には，いうまでもなく筆者のこれまでの研究および教育上の経験が色濃く反映されている。筆者が社会調査というものにはじめて触れたのは社会学科に進んだ大学3年の春であった。まず，安田三郎先生の「社会調査法」の模擬実習のような独自のスタイルの授業を受けるとともに，進学したばかりでまだ何も知らない3年生なのに，五月祭参加として上級生が企画した社会学科調査のために，住民台帳からの標本抽出と個別面接調査とに駆り出されたのである。戸惑うことも多かったが，その体験はきわめて貴重であったと今でも思っている。

　その後，富永健一先生の大学院のゼミで重回帰分析やカード時代のコンピュータ計算に見よう見まねで取り組んだりしたのち，いくつかの調査に参加する機会をもつとともに，調査法の授業を担当してきた。そのなかで，多くの教科書に書いてあることのなかには，実際の研究を遂行するうえで必ずしも適切でなかったり，ときには間違っていたりするものもあることが気になってきた。さらには，年々大量に生み出されていくさまざまな実証的な社会学研究のなかにも，データの扱いや分析法の利用のしかたなどで基礎的な誤りをおかしているものも目につくようになった。正すべきことの一部は，近藤博之・岩永雅也両氏との共著『社会調査法』（放送大学教育振興会，1992年）に組み入れることができたが，とにかくいちど，新しい社会調査法のテキストを丸ごと書いてみたいと思うようになった。そうしたところに有斐閣からお誘いがあり，今回の執筆になった次第である。

　本書の執筆は，多くの人々の支援や恩恵に助けられている。30年余に及ぶさまざまな学恩を記そうとすると限りがないが，まず今から20年以上も前にはじめて社会調査法に関わるテキスト（直井優編『社会調査の基礎』サイエンス社，1983年）の一部を執筆させていただいたことと，その当時北海道大学の院生だった野口裕二氏，都築一治氏らと時間を忘れて計量モデルを一緒に勉強したことが忘れられない。その後，1985年のSSM調査に参加し，1995年SSM

調査研究では研究代表にも携わったが，これらの共同研究において，直井優氏をはじめ，原純輔，髙坂健次，海野道郎，今田高俊，白倉幸男，近藤博之の諸学兄から多くのことを学ぶことができた。あらためて感謝申し上げたい。1995年の調査ではほかにも佐藤俊樹氏，杉野勇氏をはじめとする総計140名にもおよぶ研究者・院生のご助力をいただいた。この調査研究の企画準備から研究の成果の刊行までの一連の作業経験はもとより，その過程において交わされたさまざまな議論や検討内容が，本書の執筆にとって大きな糧になっていることはいうまでもない。本書でも（1995年SSM研究会の許可を得て）SSM調査データをふんだんに利用させていただいている。

さらに数年前から，社会調査士の制度に関連して社会調査教育のあり方について多くの方と一緒に考える機会に恵まれた。その研究会における細谷昂，塩原勉，直井優，大村英昭，天野正子，杉岡直人，長谷川公一，大谷信介，小林久高，原純輔，尾嶋史章，三隅一人，岩井八郎の諸氏との研究交流のほか，札幌学院大学社会情報学部，北星学園大学社会福祉学部，および北海道大学文学部での聴き取りが大変有益であった。

また，倉沢進氏のおすすめにより放送大学で「統計学入門」の授業を担当することになり，社会調査と統計学との関係を別の角度から考える機会を得たことも幸いだった。

本来ならば本書はもっと早い時期に上梓するはずであった。しかし，生来の段取り下手のためにどんどん執筆が遅れてしまい，多方面にご迷惑をかけながら今日まで延びてしまった。このような状況にあって，さまざまな事情を勘案しながら辛抱強く督励し続けてくださった有斐閣の茅しのぶさんには心から感謝している。

また本書の執筆では，原稿の入力から図表の作成，文章や言葉づかいの校正まで，秘書の松本恭子さんのお世話になった。また，第7章のコラム「1936年のアメリカ大統領選挙予測と標本の偏り」の記事は，お茶の水女子大学の杉野勇氏に草稿を書いていただいた。あわせて深甚なる感謝を捧げたい。

  2004年6月

               盛山和夫

目　次

I部　社会調査の方法を考える

第1章　何のための社会調査か──1
1. 解釈としての社会調査 …………………………………………1
   1.1　意味世界の探求／1.2　意味世界としての社会的世界
2. 社会的世界の探求 ………………………………………………5
   2.1　道具としての統計的計算／2.2　社会調査の目的
3. 社会調査の種類 …………………………………………………8
   3.1　学術的か実務的か／3.2　方法による分類
4. 調査倫理 …………………………………………………………12
   4.1　学問としての倫理／4.2　学術研究の特権性の否定／
   4.3　調査に特有の倫理

第2章　量的調査と質的調査それぞれの意義──21
1. 統計的研究と事例研究 …………………………………………21
   1.1　基本的な概念／1.2　量的調査と質的調査
2. 対立という神話 …………………………………………………23
   2.1　誤った対比／2.2　統計的研究は法則定立的ではない／
   2.3　事例研究も普遍化的
3. 違いはどこにあるか ……………………………………………32
   3.1　統計的研究の基本特性／3.2　事例研究の基本特性／
   3.3　事例の「代表性」という問題
4. 質的研究の基本特性 ……………………………………………36

第3章　調査と研究の進め方──41
1. 終わりから順に考える …………………………………………41
   1.1　到達点のイメージ／1.2　探求の順序
2. 問いの基本タイプ ………………………………………………48
   2.1　どんな問いを立てるか／2.2　記述の問いとその意義／
   2.3　説明の問いとその研究例
3. よい問いとは ……………………………………………………54

  4. データ収集と分析 ·· 57
    4.1 データの種類／4.2 どのように分析するか

第4章　社会調査を企画する ─────────────────── 61
  1. 調査の企画段階で考えるべきこと ·· 61
    1.1 オーガニゼーション／1.2 費　　用／1.3 スケジュール
  2. 統計的調査の種類 ·· 66
    2.1 個別面接調査／2.2 留置調査／2.3 郵送調査／2.4 電話調査
  3. 調査対象の設定 ·· 69
    3.1 代表性ではなく適切さ／3.2 無作為抽出か否か
  4. 目的・設計・分析法 ·· 74
    4.1 分布を知ることが主たる目的の場合／4.2 分布の比較が主たる目的の場合／4.3 二つの変数間の関連の有無を吟味することが主たる目的の場合

第5章　ワーディング ────────────────────── 79
  1. 調査票を作る ·· 79
  2. ワーディングの諸問題 ·· 80
    2.1 曖昧な表現／2.2 難しい言葉／2.3 ステレオタイプと言葉の偏り／2.4 ダブル・バーレル／2.5 インパーソナルとパーソナル／2.6 事実判断・価値判断・世間判断／2.7 イエス・テンデンシー／2.8 キャリー・オーバー効果／2.9 誘導質問
  3. 調査票は超音波探査機だ ·· 90
    3.1 回答という反応パターンの解析／3.2 対象者の言葉と調査者の言葉

第6章　調査票の構成のしかた ─────────────────── 95
  1. 質問項目のまとめ方 ·· 95
    1.1 質問項目をあげる／1.2 質問項目を階層的グループに分ける
  2. 質問文の形式と選択肢の設け方 ·· 98
    2.1 単項選択／2.2 多項選択／2.3 順序づけ法／2.4 自由回答／2.5 選択肢の設け方／2.6 欠　損　値
  3. 調査票の構成と質問文の順序 ·· 104
    3.1 基本的な指針／3.2 分　　岐／3.3 同一質問群の表化／3.4 回答票を作る／3.5 カラム設計／3.6 調査票の表紙

第7章 サンプリング ———————————————— 115
1. 無作為抽出の原理 ··· 115
   1.1 母集団と標本／1.2 無作為抽出／1.3 標本誤差
2. サンプリングの方法 ··· 123
   2.1 単純無作為抽出／2.2 多段抽出法／2.3 層別抽出法／
   2.4 系統抽出法／2.5 区市町村抽出への応用／2.6 個人抽出の
   しかた／2.7 ランダム数の抽出のしかた
3. その他のサンプリングと抽出台帳 ································ 135
   3.1 集落抽出／3.2 Random Digit Dialing／3.3 無作為抽出が
   困難なばあい

第8章 調査の実施とデータファイルの作成 ———————— 141
1. 実査の準備 ·· 141
2. 実　　査 ·· 143
3. 分析のためのデータを作る ·· 144
   3.1 入力の準備／3.2 データファイル／3.3 データ・クリー
   ニング／3.4 コード・ブックの作成

Ⅱ部　調査データから何が分るか

第9章 分布と統計量 ———————————————————— 157
1. 度 数 分 布 ·· 157
   1.1 単純集計／1.2 値の種類
2. 平均と分散 ·· 160
   2.1 平　　均／2.2 分散と標準偏差／2.3 歪度と尖度
3. 中央値と分位数 ··· 164
   3.1 中 央 値／3.2 分 位 数
4. 不平等度の指標 ··· 169
   4.1 スケール変換に対する不変性／4.2 いくつかの指標／
   4.3 ジニ係数
5. 変数の一次変換と標準化 ··· 174
   5.1 一次変換／5.2 標 準 化／5.3 偏 差 値

第10章 検定という考え方 ——————————————————— 177
1. 母集団と標本データ ··· 177

2. 検定の基本的な考え方 ・・・ *181*
      2.1 第一種の誤り・第二種の誤り／2.2 判断の非対称性／
      2.3 両側検定と片側検定
   3. 比率の検定のしかた ・・・ *187*
      3.1 両側検定／3.2 片側検定
   4. 有限母集団検定の精度 ・・・ *189*
   5. データが示す有意水準 ・・・ *192*

第 *11* 章　平均の検定と差の検定 ―――――――――――――― *195*

   1. 平均の検定と推定 ・・ *195*
      1.1 検　　定／1.2 推　　定
   2. 比率の差の検定 ・・ *199*
   3. 平均の差の検定 ・・ *202*
      3.1 二つの母集団の平均の差／3.2 $\sigma_1^2 = \sigma_2^2$ のとき／
      3.3 $\sigma_1^2 \neq \sigma_2^2$ のとき／3.4 母分散が等しいか否かの検定

第 *12* 章　クロス表と相関係数 ――――――――――――――― *209*

   1. クロス表 ・・ *209*
      1.1 クロス表の例／1.2 クロス表の表示のしかたと読み方の一般
      原則／1.3 独立分布
   2. 関連度の指標 ・・ *214*
      2.1 「関連がある」とは「独立ではないこと」／2.2 2×2 表のとき
      の関連度の指標／2.3 一般の $k \times l$ 表のとき
   3. クロス表の検定 ・・ *218*
   4. 相 関 係 数 ・・ *220*
      4.1 散布図と相関係数／4.2 相関係数の性質／4.3 相関係数の検
      定
   5. 順 位 相 関 ・・ *225*
      5.1 グッドマンとクラスカルの順序連関係数 γ ／5.2 スピアマンの
      順位相関係数 ρ

第 *13* 章　回帰分析を理解する ―――――――――――――― *229*

   1. 回帰式と最小二乗法 ・・ *229*
   2. 重回帰分析 ・・ *232*
      2.1 独立変数が 2 個のとき／2.2 独立変数が m 個のとき／
      2.3 決定係数／2.4 標準化偏回帰係数

3. 重回帰分析における検定·································236
      3.1 母集団における重回帰式／3.2 単一の偏回帰係数の検定／
      3.3 回帰モデル全体の検定／3.4 複数の偏回帰係数の検定／
      3.5 自由度調整済みの決定係数
   4. 重回帰分析の例···241

第14章 質的な研究とはどういうものか ─────247
   1. さまざまな質的研究·······································247
      1.1 質的データを扱うものとしての質的研究／1.2 何をめざすか
   2. 質的調査の方法···254
      2.1 フィールドの設定と調査の実施／2.2 さまざまなインタビュー／
      2.3 インタビューと観察の記録
   3. 分析法と論述のスタイル·································261
      3.1 多様なリアリティの水準／3.2 データ自身に語らせる／
      3.3 データのコード化／3.4 質的データの統計的分析と質的内容
      分析
   4. 方法の対立を超えて·······································270

第15章 確率の基礎 ─────────────────275
   1. 確率の概念··275
      1.1 確率の定義／1.2 事象の独立と条件付き確率
   2. 確率変数···280
      2.1 定　義／2.2 二項分布
   3. 連続型確率変数···286
      3.1 分布関数と密度関数／3.2 正規分布
   4. 期　待　値··289
      4.1 定　義／4.2 一般の期待値／4.3 分散の定義／
      4.4 標　準　化
   5. 独立な確率変数と中心極限定理·························293
      5.1 結合分布／5.2 確率変数の和／5.3 中心極限定理

付　　表　300

文献紹介　306

練習問題解答　311

索　　引　317

コラム一覧

1 小さな標本の大きな理論　63
2 権威主義的態度尺度　92
3 職業カテゴリーと職業の聞き方　111
4 1936年のアメリカ大統領選挙予測と標本の偏り　122
5 乱数表　134
6 SSM調査の職業コーディング　146
7 なぜ標本統計量は確率分布すると考えられるか　181
8 内閣を「支持しない」は「支持」を上回っているか　201
9 F分布の形と性質　207
10 何が独立か　279
11 期待値とリスク　298

本書のコピー，スキャン，デジタル化等の無断複製は著作権法上での例外を除き禁じられています。本書を代行業者等の第三者に依頼してスキャンやデジタル化することは，たとえ個人や家庭内での利用でも著作権法違反です。

第1章 何のための社会調査か

1. 解釈としての社会調査

1.1 意味世界の探求

「社会調査とは解釈である」

こう言ったら，冗談だと思う人がいるかもしれない。極端なことを言うおかしな教科書だという印象をもつ人もいるだろう。

一般的には**社会調査**と**解釈**とは対立する営みのようにしばしば思われている。社会調査は，数学的で，客観的で確実だけれども，融通がきかず，浅く，面白くない。それに対して解釈は，文学的で，主観的で曖昧だけれども，柔軟で，深く，面白い，とみられている。そして，このような神話をまじめに信じてそのまま語っている社会学者は少なくない。

しかし端的にいって，このステレオタイプは間違いである。デマとさえいってもいいだろう。

困ったことにこのステレオタイプ的区分は，かなり常識化して研究者や学生のあいだに広まっている。もっとも，それだけにとどまればまだいいのだが，問題なのは，この神話のせいで社会学における社会調査とその解釈学的アプローチの両方ともに混乱が生じていることだ。

「解釈」という言葉は，自然科学的な「説明」と対比させて用いられることが多い。もともとは，ドイツの哲学者ディルタイが自分たちの研究を精神科学

とよんで，その特性を表現するために用いだしたものである。解釈の方法はとくに「解釈学」と名づけられて，その後の哲学や人文学に大きな影響を与えていった。

ただし，ここでは「解釈」と「解釈学」をめぐる専門家のあいだでの一種スコラ的な議論にかかずらったり惑わされたりすることは避けたい。

「解釈とは，意味世界を探求することだ」

こう理解すれば十分である。では，**意味世界**とは何か。簡単にいえば，意味世界とは「意味から成り立っている世界」のことであり，社会についての調査研究は，そういう世界が存在しているという前提の上に成立している。

「意味世界」などというと，抽象的で難しい話のような感じをうけるかもしれないが，けっしてそうではなく，きわめて身近なわれわれの日常的な生活世界そのものである。

たとえばわれわれは「いい大学を出ていい会社に入りたい」などと考えたりする。そんな古い立身出世型の考え方は嫌いだという人もいるだろうが，ちょっと我慢して話につき合ってほしい。（自分にとっては違和感のある他人の考えにつき合うことは，社会調査および社会学の基本条件なのだから。）ここでいう，「いい大学」「いい会社」「大学を出る」「会社に入る」などの諸観念が，意味世界の中に存在するものである。たとえば「いい大学」とは何か。「いい－わるい」は何らかの価値づけのスケールであるが，「いい大学」という言葉でどういう価値づけが意味されているのだろうか。「いい」とはいわゆる偏差値の高いことなのか，名前がよく知られていることなのか，設立年が古いことなのか，建物が立派で設備が整っていることなのか，授業内容やカリキュラム構成がすぐれていることなのか，すぐれた教授陣がそろっていることなのか，有名教授がいることなのか，等々，いろいろな可能性があるだろう。「いい大学とはどういう大学のことを意味しているのか」，こういう問いを立てることがまさに「意味世界を探求すること」なのであり，解釈なのである。したがって，

「意味世界とは，世界に見出されるさまざまな意味と，意味づけられることによって存在している諸事物とからなる世界である」

ここでは、「大学」が意味づけられることで存在している事物である。そして、「いい」とか「偏差値が高い」などが「意味」である。では「意味」とは何か。これについても、哲学では複雑に込み入った議論がさまざまにあるが、難しく考える必要はないだろう。私たちはよく何かについて「そういう意味だったのか」と了解するが、そのときに了解されていることの内容が「意味」なのである。

社会調査が探求しようとする「意味世界」は、第一義的には対象社会に住む人々によって構成されている意味世界である。人々は世界に意味を見出したり、世界に意味を賦与したり、意味あるものとして世界を構成したりしている。そこには、人々によって明示的もしくは暗黙のうちに思念されている「意味」が存在する。そうした「意味」を探求すること、それが解釈としての社会調査が行うべきことである。

1.2 意味世界としての社会的世界

もう少し、別の角度から説明しておこう。さきほどの「いい大学を出て、いい会社に入りたい」という文に違和感をもった人たちにちょっと聞いてみたいのだが、この文でどういうことが「意味されている」と思っただろうか？「世間体のいい大学の入試に合格して、世間体のいい会社の社員になりたい」と解釈した人が多いのではないだろうか。それはすなおな解釈だといえる。なぜなら「いい大学を出て……」の文を、「世間体のいい……」の意味で用いている人が多いだろうと思われるからである。しかし、ある人は「いい大学を出て……」の文を「環境問題の解決に役立つ技術を開発するために、大学でしっかりと学んだ上で、そうした技術開発に熱心な会社に就職したい」という意味で用いているかもしれない。同じ文でもかなり異なった意味をもちうるのである。

この例から、次のことが導かれる。すなわち、社会現象は意味世界を媒介にして生起しているということである。誰かの「いい大学を出て……」という発話に違和感をもち、発話者にいやな感情を抱いたというような出来事、いいかえれば、〈誰かの発話〉〈それに対する別の人の反応〉などからなる社会的相互行為は、当事者たちの意味世界と、それぞれの意味世界において位置づけられた他者の意味世界などを媒介として成立している。そして、そこに生じる社会

的相互行為もまた，それぞれの意味世界において了解され意味づけられていく。このようなプロセスの全体を考えると，次のようにいうことができる。

　「社会的世界とは意味世界である。」

　社会的世界が意味世界だということの意味は，それが人々の意味作用からなっている世界だということである。たとえば，「地上に正義が行われなければならない」と考えている人々と，そう考える人々によるさまざまな発言，集会，他人の糾弾というような諸行為は，まさに社会を構成する出来事なのであるが，それらの基底にあるのは，「正義」という強烈な「意味」なのである。世界に意味を見いだす営み，世界を意味づけて，意味づけられた世界の中に自らと自らの行為とをやはり意味づけていく営み，それが意味作用である。社会はそうしたさまざまな意味作用からなっている。そして，社会調査とは，そのような人々の意味作用を発見し理解しようとする営みである。それが，「社会調査とは解釈だ」ということにほかならない。

　ここで一つ例をあげておこう。社会学の古典の一つにデュルケムの『自殺論』(1897年)がある。19世紀のヨーロッパ各地の自殺統計データを駆使して，自己本位的自殺，集団本位的自殺，アノミー的自殺などの概念を提示し，自殺というきわめて個人的で私的ともいえる現象の背後に，集合精神という社会的なものを発見したとされる研究である。しかし，誰でもわかることだが，どんな自殺にも「この自殺は自己本位的な自殺です」というような印はついていない。それに，個々の自殺が，自己本位的か集団本位的かあるいはアノミー的かのどれかに分類されるというものでもない。この自殺の3類型は，通常の意味での自殺の原因を分類したものではなく，自殺という現象の背後にある社会的原因を分類したものなのである。

　デュルケムはまず，自殺の原因として社会的統合の度合いという要因を考えた。統合が弱すぎると自己本位的な自殺を増加させるし，逆に強すぎても集団本位的自殺を増加させる。さらにもう一つの要因としてあげられるのがアノミーつまり無規制状態である。この概念は有名なわりに，わかりにくいものだが，具体的には，次のような説明で使われている。たとえば未婚者に対する既婚者の自殺率の高さの男女差が，離婚が広く認められている社会とそうでない社会

とで，逆転するというデータがある。男性は前者で高く後者で低い。女性は逆である。つまり，離婚が広く認められている社会では，既婚男性の自殺率は未婚者と比べて高くなる傾向があり，既婚女性は低くなる傾向がある。これについて，デュルケムは次のように解釈している。

> 一夫一婦制は，結婚生活における女子の地位を高め，改善するために，男子が一夫多妻制を好むその本能を犠牲にした結果であるとしばしばいわれている。だが実は……それによってより大きな利益を受けるのは男子のほうである。このようにして男子の放棄した自由とは，じつにかれにとっては苦悩の源泉でしかありえなかったものなのだ。女子には，それを放棄すべき同じような理由がなかったために，この点については，女子は，男子と同じ規律に服することによって，かえって犠牲をはらうことになったといってよい（『自殺論』中公文庫，343-44 頁）。

つまり，離婚が難しい社会の堅固な結婚制度によって守られているのは，男性の方である。離婚が易しい社会は，より高い自由に恵まれるかもしれないが，その自由は男性にとっては苦悩の源泉であって自殺率を高める。これがアノミー的自殺の例だ，とデュルケムは考えたのである。

この説明が正しいかどうかはさておき，これは解釈としての社会調査の一つのモデルを示している。自殺統計という量的な統計的データを利用することによって，結婚生活の意味，その男女にとっての異なる意味を考察する。そうした「意味」は，統計データが直接に示してくれるものではない。それを発見するのはあくまで調査者である。そうすることが，社会調査という営みなのである。

2. 社会的世界の探求

2.1 道具としての統計的計算

以上で，社会調査は解釈だ，ということが納得していただけただろうか。「うーん……」と戸惑っている人もいるかもしれない。とくに，社会調査がしばしば難しい数式や統計的計算を使って，抽象的な数字で結論を示したりする

ことをよく知っている人ほど，それと「解釈」とがどこか根本的にあいいれないことのように思われるのではないのだろうか。「テキストを解釈する」というのはわかるし，「言葉や文章での回答を解釈する」というのもわかる。でも，比率や平均を求めたり，コンピュータを使って複雑な計算をすることがはたして「解釈なのか」。このような疑問をもつ人は少なくないだろう。

これについて詳しく答えようと思ったら，哲学的な議論にまで踏み込むことになるので，まず結論を述べて，必要な説明はこのあと本書全体でカバーすることにしよう。基本的な答えはこうだ。

　「社会調査における数字と数学などの自然科学と共通する部分は，解釈としての探求にとっての重要な道具である。が，道具にすぎない。」

「道具にすぎない」ということについて，説明しておこう。この「すぎない」といういい方を，「単なる道具なのだから軽視してもいい」と受け取られても困るし，逆に，道具であるにもかかわらずそれを「目的視」してしまうのも困る。どちらも間違っている。

「目的視している」とはどういうことか。たとえば，今日では社会調査データの多くはパソコンを使った統計的分析にかけられる。統計分析をするためのソフトは非常によくできたものがいくつか市販されていて（やや値段が高いのが難だが），ちょっと練習すれば誰でも簡単に使いこなせる。データを入力し，統計ソフトを立ち上げて分析手法を指定し実行すれば，たちどころにアウトプットが画面に現れて印刷もできる。比率や平均の値はもとより，検定や推定，さまざまな計量モデルのパラメターの値やその検定結果など，本当にアッという間に出てきてしまう。このとき，こういうアウトプットを出すこと，あるいはそれを要約して論文の中で示すことが，社会調査の目的だと思ってしまっている人がいる。**しかし，アウトプットは目的ではない。**

なぜなら，アウトプットは**「解釈」ではない**からである。

コンピュータが出力してくれるものは，われわれが入力したものの加工品にすぎない。入力された記号列が，何らかのアルゴリズムに従って別の記号列へと変換されたもの，それが，われわれがコンピュータから受け取る統計的分析の出力結果である。むろんそれは，入力された記号列の段階ではわれわれが見

いだしてはいないその構造を示してくれる。比率や平均でさえ，入力データの段階ではわれわれには知られていないことであり，それが出力されることは大変ありがたいことだ。しかし，それはけっして「解釈」ではない。

　解釈とは，経験的に観測されているものごとの背後にあるものを探りあてることである。コンピュータを使った複雑な計算は，われわれの解釈を助けるためのデータの加工作業である。それを利用して，われわれ自身の力で生み出される解釈を提示すること，そこまでが社会調査に含まれる。

2.2　社会調査の目的

　社会調査を狭くとらえる人は，それを単なるデータ収集や統計的計算の技術だとみなしていることが多い。たしかに，そういう狭い意味で「社会調査」という言葉を使うこともある。たとえば，「市内の高齢者世帯の生活実態を調査してみよう」というときの「調査」などは，データを集めて何らかの分布を知ることをめざしている。そこでは「解釈」が関わる部分は比較的小さい。英語で social survey というと，だいたいこのような狭義の社会調査を意味していると考えていいだろう。

　しかし，社会調査は単なるデータ収集や統計的分析だけにとどまるものではない。それらを通じて，社会的世界を解釈的に探求することをめざすものなのだ。この意味での社会調査は英語の social research に対応している。

　ところで，いうまでもないことだが，「探求する」ということは「それまで知られていなかったことを知ろうとする」ことであり，その「知ろう」とする目的が必ず達成できるかどうかがけっして保証されていないものである。そしてまた，自分だけが知らないことや，自分にとってだけ知る意義のあることを知ろうとすることも悪くはないけれども，やはり，社会や学問共同体においてそれまで知られていないことであってしかもそこにおいて知ることに意義があるようなものごとを知ろうとめざすことが，望ましい探求であるといえるだろう。

　社会調査の目的とは何か。それは経験的データを用いて意味世界としての社会的世界を探求し，新しい知見を提示することである。社会調査は，社会的世界の探求に仕えるものであり，そのための方法が，「社会調査法」だというこ

とになる。

　なお一般に「目的」が異なれば，それにふさわしい「方法」も異なる。たとえば，ある政治的主張を広めたりもっともらしくみせるために社会調査を行うことがある。同じように，ある商品を売り込むための社会調査もある。あるいは，雑誌の販売部数を増やすために「20代女性の〇〇意識」と称して調査らしきことを行うこともある。これらは「利益目的の社会調査」，あるいはより中立的な用語で「実践のための社会調査」とよぶことができるだろう。このような社会調査をいちがいに非難したり禁止したりすることはできない。というのは，政治的主張を広めようとしたり，商品を売り込もうとする活動それ自体は，きわめて正当な社会的活動だからである。

　しかし，このような社会調査は，本書が考えようとするものとは違うタイプのものだ。それは，「目的」が違うからである。本書における社会調査とは，あくまで社会的世界について新しく知るという探求を目的とするものである。

3. 社会調査の種類

　社会的世界を探求するための社会調査にもさまざまなものがある。よく知られている二分法に，統計的研究か事例研究か，あるいは量的調査か質的調査か，というものがある。この区分には多くの誤解もあるので，第2章で詳しく解説することにしよう。

　社会調査には実にさまざまな種類がある。その分類のしかたも一義的ではない。それを包括的に示すと，表1.1のようになる。

　社会調査は基本的に，①どういう目的のために，②どういう方法で，③どういうデータを，④どういうところから集めてくるか，などいくつかの観点から分けられる。同一の社会調査がそれぞれの分類の視点に沿って，異なって位置づけられる。たとえば，企業研究として行われる調査は，①に関しては学術調査，④に関しては企業調査であるが，そして②の方法としては，調査票調査もあれば，参与観察もありうる。

3. 社会調査の種類

表 1.1　社会調査の分類

1. 目的に沿った分類

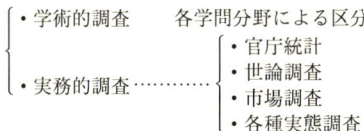

2. 方法に沿った分類

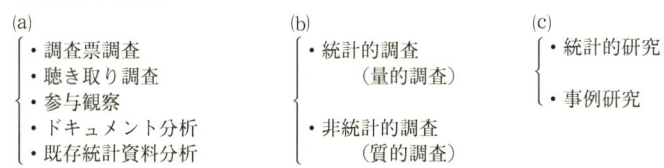

3. 対象項目に沿った分類

　　・人口統計　　　　　国勢調査，住民基本台帳統計，死亡統計
　　・経済統計　　　　　家計調査，労働力調査，賃金センサス，農業センサス
　　・(狭義の)社会統計　家族調査，社会生活基本調査，意識調査，学校基本調査
　　・その他　　　　　　体育保健統計

4. 対象主体に沿った分類

　　・個人調査
　　・世帯調査
　　・企業調査(組織調査)
　　・地域調査(コミュニティ・スタディ)

3.1　学術的か実務的か

　ある意味で最も重要な区分は，**学術的な社会調査**と**実務的な社会調査**とのあいだに引かれるだろう。
　まず，実務的社会調査には次のようなものがある。
　①　官庁統計　　国勢調査，事業所統計，家計調査，労働力調査，学校基本調査など，「統計法」という法律に基づいて政府が実施している調査。
　②　世論調査　　政党や内閣に対する支持・不支持，政策に対する意見，あるいは選挙時の投票予定や候補者への好感度など，広く「世論」とみなされるものに関する調査。
　③　市場調査　　商品やサービスの開発販売の戦略を立てるために，商品やサービスについて，消費者の購入実態や意見や態度などを調べる調査。よく知られているものに視聴率調査がある。

④　各種実態調査　　以上のほかに，いわば「その他」の無数の実態調査がある。たとえば，個人に対する「○○意識調査」「○○生活実態調査」というようなもの，企業や組織に対して行われるさまざまな調査（たとえば，「分煙や禁煙のためにどんなことをしていますか？」），街頭でのインタビュー，街を歩く人の服装などの観察調査，等々である。

次に，学術的社会調査は，まず第一義的には，学問分野によって区分される。社会調査を実施する学問には，社会学，社会心理学，社会福祉学，文化人類学，言語学，政治学，経済学，経営学，教育学，行政学，保健学，人口学，都市工学，交通工学など非常に多い。それぞれの学問によって社会調査のタイプや実施のしかたに特徴がある。たとえば，経営学では主として企業や事業所を一つの単位とする調査が多い。教育学では学校において調査を実施することが少なくない。そして，文化人類学は，伝統的にはいわゆる未開社会においての調査が主流だった。

歴史学と考古学も広い意味での社会調査に関わっている。とくに，歴史人口学とよばれる分野は，宗門人別帳や教会の記録文書を用いて過去における家族構成や婚姻慣行などを明らかにしようとするもので，研究テーマは家族社会学とほとんど同一である。また，考古学も各種の遺跡や遺物を通して，過去の社会制度や生活文化を探求している。ただ，こうした学問におけるデータ収集とその分析は社会調査とはよばないのが慣行になっている。原則として，研究者と同時代の社会現象に関するものだけを社会調査とよぶのだと考えてよい。

3.2　方法による分類

調査の方法もいろいろあるが，一般には，データのタイプとその収集のしかたに基づいて以下のようなタイプに分けられることが多い。

①　調査票調査　　調査事項や回答記入欄などをあらかじめ記載した同一フォーマットの調査票を用いる調査。同一形式の回答が集められるので「ケース×変数」という標準的なデータ構造をとりやすい。調査票の単位（たとえば，個人，世帯，会社など）が，ケース単位となる。

②　聴き取り（インタビュー）調査　　調査票を用いないで，あるいは必ずしもそれにとらわれないで対象者に質問をし回答を記録していく調査。対象と

なるのは個人なので，個人に関わるデータが中心になる。政治史や外交史などの分野，あるいは一般のマスコミ取材でも，インタビュー面接は重要な資料や情報の収集手段であるが，普通は社会調査とはよばない。これは社会調査が，個人を超えた社会現象を対象としているからであろう。なお上の「調査票調査」でもしばしば個別面接（インタビュー）が用いられることに注意されたい。

③　参与観察　探求したいと考えている社会現象が起こっている現場に行き，その社会生活を共に体験する中で観察したことを記録していく調査。文化人類学に最も顕著にみられる。

④　ドキュメント分析　手紙，日記，新聞・雑誌記事など，すでに存在している文書や記録を収集して，それをデータとして分析するもの。この方法は，狭い意味での社会調査だけではなく，書かれたテキストを素材とするさまざまな人文学的研究に共有されている。

⑤　既存統計資料分析　官庁統計など，すでに統計にまとめられたデータを分析するもの。公表されている数値表を用いるだけでなく，許可を取ったうえでもとの個票データにさかのぼって再分析することもある。近年は個票データを広く学術研究に再活用するための学術的統計調査データのデータ・アーカイブ化が進んでいる。

以上のうち，④ドキュメント分析と⑤既存統計資料分析とは，あらかじめ存在しているデータを利用するものなので「調査」とよぶのは似つかわしくない感じをもたれるかもしれないが，社会学的研究が扱う経験的データという意味で，「社会調査」の中に含められることが多い。

また，「フィールドワーク」という言葉は，もともとはなにか特定の調査の方法をさすものではなく，なんらかの意味で「現場」に出かけて資料やデータを収集することを意味しており，統計的なものから参与観察まで幅広い方法が含まれている。最近，これを非統計的なものに狭く限定して考える人もいるが，それは間違いであって，統計的調査でもデータ収集の現場は「フィールドワーク」であることを忘れてはいけない。

4. 調査倫理

4.1 学問としての倫理

　学術研究の倫理というのは，かつてはもっぱら学問としての倫理を問題にしていた。データを捏造しないこと，他人の説や論文を剽窃したり無断引用しないことなどの具体的な規範のほか，やや抽象的に，科学的な客観性につとめること，知的に誠実であること，などがある。これらは今日でも，どんな学問にとっても依然として妥当する重要な倫理規範であることに間違いはない。「学問共同体」において「真理の探求」という価値に奉じようとする個人であれば，誰であれ従わなければならない規範だといえるだろう。

　学術的な社会調査も，こうした一般的な規範に従うべきことはいうまでもない。むろん，現実の研究者は，個人的な名誉や成功や利害関心などによっても動かされているので，意図的ないし無意識的に，こうした規範から逸脱することも稀ではない。とくに，知的な誠実性という倫理は，たとえ，自説に不利なデータがみつかったとしてもそのことを包み隠さずに公表することや，観測データの収集にあたってはできる限り客観的な観点から偏ることのない収集のしかたをとるべきだということを含意していると考えられるが，この知的な誠実性を100％完全に貫ぬき通すことは，けっして簡単なことではないのである。

　社会学にとっての共通の知的財産ともいうべき古典的著作の中にも，この倫理に反したことが行われているという指摘が，最近いくつか現れてきている。事柄の性質上，決着のつけがたい問題なので，いまここで真実が何であったのかを述べることはできないが，こうした指摘があることを知っておくことは，データに基づいて研究を行う人にとって必要だと思われるので，一つの例を簡単に紹介しておきたい。

　それは，マーガレット・ミードの『サモアの思春期』(1928年) に関する疑惑である。彼女は1925年から26年にかけてサモア諸島のタウ島を中心に現地調査を行い，主として次のような主張からなる報告をこの書物にまとめ上げた。その主張とは，サモアの少女たちは，（当時の中産階級の）アメリカの少女たち

と違って，厳格な性規範に縛られることなく，性に関してきわめて自由で開放的な日常生活をおくっている。また，一般的にサモアの社会では，身分や社会的地位の上下を軸とする権威主義的な規範が非常に緩く，人々はお互いきわめて平等主義的であり，それゆえ社会的な闘争や対立が非常に少ない平和な社会になっている。そして，こうした社会構造を背景にして，サモアの若者たちにはアメリカにおけるような思春期特有の情緒的な不安定さや内面的葛藤がみられない。これらが，サモアにおいてミードが発見したとされる経験的データである。

　このミードの報告は，二つの側面で大きなインパクトを与えた。一つは，彼女の師フランツ・ボアスと理論的に対立していた文化の生物学的基盤説に対して，サモアの事例が決定的な反証を与えるものとして，アメリカの「文化」人類学の確立に大きく貢献したことである。もう一つは，プロテスタンティズムの影響下にあったアメリカ中産階級の厳格で権威主義的な文化を相対化し，思春期の子供たちへの性規範を中心とする拘束はより緩やかであるべきだとするリベラルな教育理念に支持を与えるものとみなされたことである。

　ところが，ミードがサモア社会において見いだしたとされる経験的事実は本当は間違いだったのではないかという疑いが，その後にサモア社会を研究した学者たちから提起されているのである。彼らの調べた限りでは，サモアの性規範はミードがいうほどに緩やかなものではなく，身分的階層性はかなり厳格に存在しており，個人間あるいは集団間での闘争や対立は頻繁に起こっていた。彼らは，当時23歳であったミードが，主要な情報提供者であったサモアの少女たちから，からかわれて嘘をつかれていたのではないかとも疑っている。さらに，言葉のハンディもあってミードはあまり熱心に現地の社会を調査したわけではなく，階層的な厳格さや激しい闘争や対立などの出来事を見落としてきたか，もしくはなかば意図的に無視してきたのではないかと考えている。

　サモア社会も，ミードの調査時から今日にかけて大きく変化してしまっているので，いまとなっては何が事実であったのかを明らかにすることは非常に難しい。しかし，もう確かめるすべは乏しいのだから，ミードの報告が真実であったかどうかを問題にしてもしかたがないと考えるのは，正しくない。なぜなら，そうした態度は，「他人が検証することができないようなデータを報告す

るときには，何を報告しても構わない」ということにつながるからである。たとえ，他人が検証することが不可能なものであっても，経験的データの報告においては，できうる限りの知的誠実性が求められる。このことは，とくにインタビュー調査のようにインタビュアーにしか入手できないデータをもとにして研究を進めていく場合に，よほど注意しておくべきことである。

4.2　学術研究の特権性の否定

　今日，学術研究に関わる倫理には，それまでにはなかった別の要素が重要になってきている。これは，学術研究がかつてのように特権的で超越的な位置にあるものではなくて，それ自体が一つの社会的行為だという認識に基づいている。これは，自然科学であるか社会科学・人文科学であるかを問わない共通のものである。

　自然科学の分野の中では，医学や生物学などのように人間や動物を扱う学問において多くの倫理問題が存在しており，医療倫理や生命倫理などにおいて激しい議論や対立を伴いながらも真剣に取り組まれている。穿った見方をすれば，責任の範囲を明確にすることによって，医療従事者が医療過誤で訴えられる際の不確実性を縮減しようというのが動機なのではないかと思える場合もある。しかし，どのような動機によるものであっても，学術研究や医療行為がきわめて高度の倫理性を求められる社会的な行為であることを確認することは，非常に重要なことである。

　社会調査もかつては学術と研究の特権性を前提にしていた。人類学的な調査研究をさして「白人の中産階級の視点に立った，非白人の社会もしくは労働者階級ないし下層社会の研究」だといわれることがあるが，これは人類学に限らず多くの社会調査にあてはまっている。調査する研究者は，調査対象である社会とそこで暮らす人々とは別世界に住む超越的な観察者であり，研究者が属す共同体は対象となっている共同体の側からは近づきえないものだという構図があった。19世紀から20世紀の前半にかけて，アフリカ，アジア，オセアニア，アメリカ現地人社会などにおいて盛んに行われた人類学的民族学的調査が，基本的にそういうものであったことは否めない。それらはしばしば植民地行政のための資料という意味をもっていた。この点では，非西欧社会の中でいち早く

西欧列強の仲間入りをめざした日本も例外ではなかった。アイヌ民族や沖縄研究，そして台湾社会，朝鮮社会，満州，ミクロネシアなどで盛んに民族学研究が行われた。

むろん，こうした研究のほとんどは非常に学術的な価値の高いものである。それらが帝国主義的な権力構造を背景にしていたからといって，それだけの理由で学術的な価値までも貶めることは適切なことではない。

ただ，<u>当時の調査研究が「調査者の超越性」を前提にしていた</u>ことは，純粋に学術的なレベルにおいても<u>問題性</u>のある構図であったことは指摘されなければならないし，ましてや，今日において政治的で非対称的な権力構造を背景にした調査研究というものは，もはや倫理的に正当化できるものではない。現代が「ポストコロニアルな時代」とよばれることの本当の意味は，そうした特権的な視点は，規範的にはもちろん，学問内在的にも維持できなくなったということである。

先進社会における社会調査についても，同じことがいえる。先駆的な社会調査として，フランスのル・プレーの『ヨーロッパの労働者』（1855年）やイギリスのチャールス・ブースの『ロンドン民衆の生活と労働』（1886～1903年）があげられる。これらは，急速な都市化と産業化の中で困難な生活状況におかれていた労働者階級や貧困層の生活実態を明らかにし，改善すべき問題の所在を指し示したという点で，きわめて画期的な仕事であるが，それと同時に，彼らが労働者階級や貧困層の人々とは別の世界の住人であったことも，事実である。同じことはアメリカのシカゴ学派を中心とする都市の実証的調査をはじめとする多くの社会学的調査についてもあてはまる。たとえば，オーストラリア・アボリジニーの研究で知られるロイド・ウォーナーは，アメリカの地域社会を対象にした有名な『ヤンキー・シティ・シリーズ』（1941～59年）の調査研究において，自覚的に人類学調査と同じような研究方法を採用したと述べている。ここで彼が人類学的方法として考えているのは，(1)対象社会が一つのまとまりをもったコミュニティだと想定することと，(2)対象社会を客観的な視点から（自分自身の文化を離れた視点から）分析して記述すること，の二つである。この方法は，それ自体としては悪くはないのだが，このように述べるときの前提に，「対象社会からは超越した研究者」という構図があったことは否定できな

い。

　このように，調査者はあくまでも調査対象の人や社会の外側に立った観察者であるという設定は，通常の意識調査でもごくあたりまえのことであった。これは，できるだけ「客観的」であろうとしたことが主な理由だと考えてよい。しかし，そうした「客観的」な調査研究が学術的あるいは行政的に意義があるのだという観点は，調査者が当然のこととして特権的な立場にいるかのような錯覚をもたらす傾向があった。調査研究は社会的に価値のある営みなのだから，対象となる人々は当然それに敬意を払うべきであるしそれに協力する義務があるという見方が一般化していたのである。

　今日，このような見方はもはや成り立たない。根本的に重要なことは，調査者と対象者とは同じ世界に住み，同じ共同体を構成する対等の人々だということである。それは，日本社会の中で日本人を対象に調査を行うときも，外国に行ってそこに住む現代文明とは異なった生活をしている人に調査するときでもおなじである。障害をもつ人たちに調査する場合でも，子供や老人に調査する場合でもそうだ。調査者と調査対象者とは，ともに共通の共同体を構成する。学術研究は，共通の共同体の中の一つの社会的行為なのであって，そこには内属するものとしての道徳性が求められるのである。

4.3　調査に特有の倫理

　すべての調査研究はこの観点に従って行われなければならない。これが，調査倫理の本質をなしている。これから述べるいくつかの倫理条項は，こうした根本的な規範的原理を具体的な場面に応用したものである。

　では，調査研究は，どのような具体的な倫理条項に従うべきなのだろうか。すでに多くの学術団体が調査倫理に関わる倫理規程を作成している。細かい規程では多少の違いがあるものの，基本的にはきわめて共通性の高いものになっている。調査対象者との関係についての調査倫理は，ちょうどピッタリくる日本語はないが，以下のように「インフォームド・コンセント」「ハラスメントの回避」および「コンフィデンシャリティ（秘密保持）」の3項目にまとめることができるだろう。

　（1）**インフォームド・コンセント**　　調査は原則として，調査の目的，収集

データの利用のしかた，そして結果の公表のしかたをあらかじめ対象者に知らせてその了解をとったうえでなされなければならない。対象者は調査を拒否する自由がある。ただし，これには二つの例外規程が一般に設けられている。一つは，街頭観察など，対象者に知られないかたちでデータをとる調査の場合である。もう一つは，虚偽実験・虚偽調査（deceptive survey），つまり，対象者には真の実験・調査目的を偽って実験や調査に参加してもらうタイプの研究である。両方を含めて秘匿調査（covert research）とよばれる。調査倫理は必ずしもこのタイプのものを完全に禁止するものではないが，対象者の感情と尊厳に対する十分な配慮は要求される。

(2) ハラスメントの回避　対象者に暴言を吐いたり，嫌がらせをしたりするのは論外だが，高飛車に振る舞ったり傲慢な態度をとったりすることも許されることではない。むろん，セクシャル・ハラスメントも厳禁だ。さらに，調査票やインタビューでの質問文が，対象者への差別的あるいは攻撃的な言辞を含んでいるかもしれないことに十分注意しなければならない。ただし，だからといって調査内容に事前検閲をかけるようなことが望ましいとはいえない。たとえば，学歴や所得をたずねることを対象者が嫌うからといって質問項目からはずさなければならないと考える必要はない。ここで重要なことは，そうした問題について十分に配慮をした上で質問文を作ったりインタビューを行ったりすることである。

(3) コンフィデンシャリティ　対象者のプライバシーと個人情報の保護が絶対であることはいうまでもない。調査そのものは，必然的に対象者の個人情報を開示してもらうことから成り立っているが，それはあくまで統計的ないしその他のかたちで匿名化され一般化されたデータとして探求目的に活用するためである。対象者から得た個人情報の秘密は厳守されなければならない。それは，当該調査だけではなく社会調査一般への信頼にとって，根本的な要件である。そのため，回答を得た調査票は厳重に管理し，報告書や論文では回答者の匿名性の保護に万全を期さなければならない。もとの個票データが公開されるときは，個人が同定されるおそれのある情報は削除するのが原則である。ただ，個別のインタビュー調査などで，どうしても実名を記したり，個人の同定が避けられないようなときは，そのことをあらかじめ対象者に明確に伝えて完全な

承諾を得ておくことが肝要である。

いずれにしても調査倫理の基本は，調査者が調査対象者と対等に共通の社会を構成していることを自覚して行為することであり，各種の倫理条項はその自覚を促すための指針を提供するものである。学術的ないし実務的な探求を達成するという目的のための社会調査がその使命をまっとうするためには，このような自覚が不可欠なのである。

なお，調査者と対象者とが対等に同じ共同体に属すということから生じうる次のような誤解にも注意しなければならない。第一に，調査研究それ自体が，対象世界と同一の地平に属すからといって，もはや「客観性」や「真理」という価値は意味をもたないということにはならない。すなわち，社会調査を含めて，社会についての探求というものは，社会の内部に属しながらも客観性や真理という価値に仕える営みであることには変わりはない。そして第二には，調査者が対象者や対象世界と一体化している，あるいはできると思うとしたらそれは錯覚である。調査者は対象者の利害や観点を代理できるのではないし，同じ利害や観点をもっているとは限らない。調査はいつも他者との出会いである。その自覚こそが，倫理性にかなっていてかつ学術的・実務的にも意義のある探求を可能にする。

＊＊＊　第1章　練習問題　＊＊＊

1.1　次のような社会現象はどのようにしたら経験的に観測することができるか。どのような経験的観測データがあったら，その現象を確かめたことになるのか，あるいはその現象が否定されたことになるのか，考えてみなさい。

  (a)　A子はB男の恋人である。
  (b)　大卒者の就職において，男女差別が存在している。
  (c)　政府には国民の生命と財産を守る責任がある。

1.2　下の図は，政党支持を「自民」「革新」に分けたときの1955年から1995年にかけての時代変化を示したものである。この図から，戦後日本の政治対立や政治構造の変化について，どのようなことを理解することができるか考えてみなさい。

4. 調査倫理　19

図　階層別「自民‐革新」支持率の推移（20〜69歳男性）

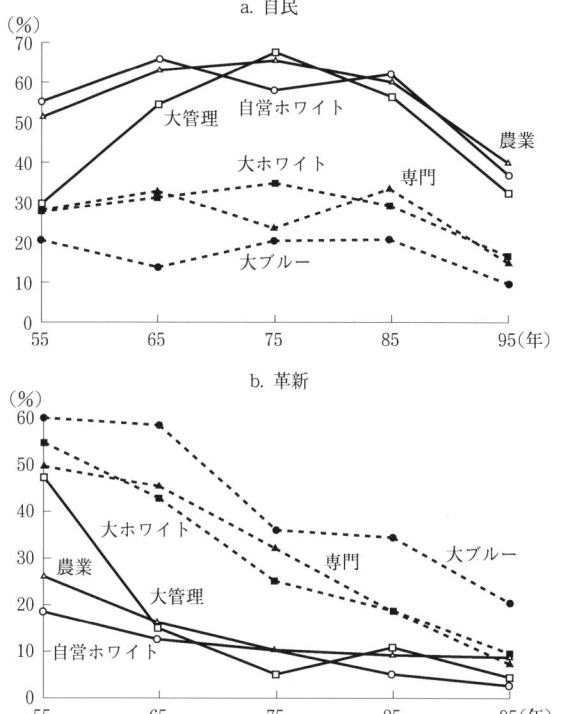

（注）　55年の「自民」は「自由党」と「民主党」の合計。「革新」は社会党と共産党の合計で，55年は「右派社会党」「左派社会党」および「労農党」を含む。なお，階層のうち，小企業ホワイトカラー，小企業ブルーカラー，および自営ブルーカラーの中間的グループが表示されていない。
　　また，「大管理」は大企業ホワイトカラーのうちの管理職階層であり，「大ホワイト」はこの層を除いた残りからなっている。
（出所）　原・盛山［1999］『社会階層』東京大学出版会，26頁より転載。

1.3　社会調査についての次のような考えや行いには，どのような倫理上の問題点があるか。

(a)　私の行う社会調査は学問的にも社会的にも意義が大きいのだから，対象者がそれに協力するのは当然だ。

(b)　回収率を上げるためには，調査に協力してくれた人への謝礼が高額なものになってもやむをえない。

(c) 調査研究を進めていったら，当初考えていた仮説に合わないデータが得られたけれども，それに言及すると論文がまとめられなくなるので，無視することにした。

(d) 年齢や学歴や職業をきくことはプライバシーの侵害になるので，たとえ社会調査といえども質問してはいけない。

第2章
量的調査と質的調査
それぞれの意義

1. 統計的研究と事例研究

1.1 基本的な概念

　社会調査はよく統計的研究と事例研究とに分けられる。あるいは，**量的調査**（quantitative research）と**質的調査**（qualitative research）という分け方もなされる。しかし，これらの区分にはいくつかの誤解がつきまとっているので注意してほしい。

　まず概念を明確にしておこう。**統計的研究**とは，統計的データを用いた研究である。統計的データとは，何らかの観測対象の個体群があって，その群の中で諸個体がとっている**値の分布**からなるデータである。たとえば，優・良・可・不可という成績の分布データが，統計データである。ここで値は数値であることもあれば，「優」や「良」のように数値でないこともある。個体は個人の場合もあるし，そうでない場合もある。たとえば，一人の個人だけに関する異なる時点や複数の科目の成績の分布も一つの統計的データであり，その際の個体は個人ではなく，時点や科目になる。あるいは，世帯や企業や社会が個体になることもある。一般的に統計的データを構成する**個体**のことを**ケース**という。

　それに対して**事例研究**とは，社会現象の中で一つのまとまりをなすと考えられるものを想定して，それについて研究することである。たとえば，マリノフスキーの『西太平洋の遠洋航海者』（1922年）では，ニューギニアのそばのト

ロブリアンド島の住民を中心として構成される社会空間が一つの「個体」とみなされている。ベネディクトの『菊と刀』（1946年）では，戦前から戦時中にかけての日本人の生活様式や社会的思考様式が一つの「個体」として切り取られている。事例研究とは，その言葉「case method」が示すように**個体研究**なのである。この場合，どういうものが個体として切り取られてくるかは無限の可能性がある。たとえば，歴史家が歴史上の人物を取り上げるのも，あるいは精神分析家が一人の患者を取り上げるのも，社会思想史家が一人の思想家を取り上げるのも，事例研究である。経営学者がある企業を研究するのも，行政学者がある自治体を研究するのも，社会学者がある農村を研究するのも，やはり事例研究である。

このように，**統計的研究が複数の個体からなる個体群の全体**に関心をもっているのに対して，**事例研究は一個の個体**に関心をもっている。これが，両者の基本的な違いである。ここで，重要なことは，統計的研究と事例研究とは相互排他的なものではないということだ。なぜなら，「個体」という概念はどこにでも設定できるからである。統計的研究も，それが対象としている個体群の全体をレベルの異なった一つの「個体」だとみなせば，一つの事例研究になるし，同時に，事例研究が統計的研究を伴うことはよくあることだ。たとえば，日本の社会階層を統計的データを用いて研究するということは，一方からみれば統計的研究であるが，他方からみれば，「現代日本の社会階層」という一つの個体についての事例研究である。そして，農村研究や企業研究のように一般に事例研究とされるものも，しばしば内部に個人や世帯に関する統計的データを活用している。

1.2 量的調査と質的調査

「量的‐質的」という区分は，データの値の性質による区分である。数量的データを扱うものを**量的調査**ないし**量的分析**といい，そうでないものを**質的調査**ないし**質的分析**という。この二つは対立的な概念であることはまちがいないが，しかし，次の点に注意しなければならない。

(1) 「量的‐質的」の区分と「統計的‐事例」の区分とは異なったものである。統計的研究の中にも質的データの分析が含まれうるし，事例研究の中にも

図 2.1 量的 – 質的の区分と統計的 – 事例の区分との関係

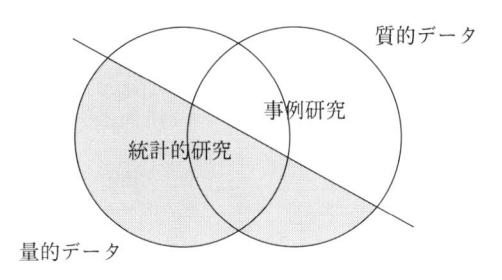

量的データの分析が含まれうる。

(2) 実際のデータには，質的でもありかつ量的でもあるものが存在する。たとえば，日本語で書かれたあるテキストは一般には質的なデータとみなされる。しかし，その中のある単語の「頻度」や二つの単語の「統計的関連」などは，量的データを構成する。このことは「データベース」というものになじんでいる人にはあたりまえのことだろう。たとえば図書検索に利用する文献データベースは，もともとは膨大な質的なテキストの集合である。そこから何らかのキーワードで検索すると，それに該当する文献のリストが現れるが，その文献の数は量的である。二つのキーワードで共通に現れる文献の数も量的であり，後者の数を前者の数で割ったものも量的である。

以上の関係を図にまとめると，図 2.1 のように示される。

このようにしてみると，量的 – 質的，あるいは統計的 – 事例という区分に関する従来の見方の中にはさまざまな誤解のあることが推察される。では，これまでどんな誤解があって，本当はどのように考えることが正しいのだろうか。

2. 対立という神話

2.1 誤った対比

まず，統計的研究と事例研究に関してよくなされる対比を表 2.1 にリストアップしてみた。

表 2.1　統計的研究と事例研究との誤った対比

	統計的研究	事例研究
a	量的	質的
b	法則定立的	個性記述的
c	普遍化的認識	個別化的認識
d	客観的	主観的
e	部分的	全体関連的
f	単純・画一的	総合的・多次元的
g	外面	内面
h	説明	理解・解釈
i	静態的	動態的
j	浅い	深い

（手書きで a に「正」、b〜j に「誤」と注記）

　これらのうち，a「量的－質的」の対比をのぞくそれ以外のすべては，根本的に誤りである。しかも上で述べたように，「量的－質的」の対比にしても統計的研究と事例研究という区分と一致するものではない。以下，どこが間違いなのかを少し詳しく説明することにしよう。

◇　極端な科学主義とそれへの反発

　誤った対比が生じた最も根本にある原因は，一方で社会現象の探求において極端な科学主義的態度が根強く存在してきたのと並行して，他方で，統計的研究や数量を扱う研究が極端な科学主義と同一視されてきたということにある。

　ここでいう極端な科学主義とは，「すべての科学的探求は，理念としてではなく事実として，客観的なものでなければならないし，現象の中に普遍的な法則を発見することをめざすものでなければならない」という考え方を意味している。これは，自然科学の実態からみてもかけ離れているが，社会現象の探求として，明確に誤っている。ただし，科学主義が誤っているからといって，「科学」という理念を否定する必要はない。それは，人類に共通の世俗的な方法で「客観的な真理」をめざそうとする営みであって，社会現象の探求もこの理念を自然科学とともに共有している。

　注意すべき第一の点は，「客観的」であることは，あくまで到達目標であって，現実に存在する探求の営みそのものの性能ではないということである。科学主義は両者を混同しているが，それは，あたかもマラソンの選手が「2時間を切るタイムをだすことを目標」として走ったり練習したりしていることを，

「2時間を切るタイムをだしている」ことと同一視するようなものだ。

　第二の点は，社会現象の探求と自然科学とのある重要な違いである。第1章で述べたように，自然科学の対象である自然現象は，すべての人間の認識作用からは独立して外部にあるものと想定することができる。それに対して，社会現象は人々のさまざまな営みからなっており，人間の外部に独立して存在しているのではない。さらにまた，社会現象は自然現象とは違って「意味」からなっている。こうしたことは自然科学で成功したやり方をそのまま社会現象の探求に適用するだけではうまくいかないことを示唆している。

　近代における自然科学のすばらしい成功は，そのやり方が社会現象にもあてはまるだろうという幻想を生んだ。それだけではない。近代の社会理論そのものが，ホッブズの機械論的で合理主義的な理論に代表されるように，ある意味でもともと自然科学主義的だったのである。これは不幸なことであった。この延長上に，数量化したり法則を立てたりすることが，それ自体として科学的で客観的なことであるかのような錯覚が生まれたのである。

　その一方で，こうした極端な科学主義に対する反発も同時に出現した。これも不幸なことに，極端な反科学主義に流れる傾向があり，数量化したものや法則的なものを扱うことは社会現象を認識する方法として誤ったものだという考えが一つの派閥をなしていったのである。

　社会調査に関するこうした極端な二つの立場の対立は，社会調査の方法や調査研究の評価において，望ましくない混乱をもたらしている。その現れの一つが，表2.1のような統計的研究と事例研究との誤った対比のさせ方である。

2.2　統計的研究は法則定立的ではない

　表2.1の対比のうち，まずb「法則定立的－個性記述的」とc「普遍化的認識－個別化的認識」の誤りを説明しよう。法則定立的という言葉が使われるとき，念頭におかれている「法則」には基本的に2種類のものがある。一つは，ニュートンの万有引力の法則や化学におけるボイル＝シャルルの法則や電気におけるオームの法則のような，物理化学において確立された法則である。もう一つは，マルクス主義の史的唯物論やスペンサーの社会進化論のような歴史の発展法則である。このうち歴史の発展法則は，1960年代までの社会科学者や

社会理論家のあいだではかなり信じられていたが，今ではその虚偽性は明らかだと考えてよい。したがって，そのような意味での法則定立は，研究が統計的であろうとなかろうと，そもそもできるはずのないことである。

　他方，確立された物理化学法則の多くは基本的に真だとみなしうる。したがって，社会についての探求が，社会現象についてそうした類の法則を見出そうとすることは，ただちに間違いとはいえない。たとえばヴェーバーは，グレシャムの法則「悪貨は良貨を駆逐する」を，社会現象に関する一つの法則の例としてあげている。経済を例にとればほかにも「需給均等の法則」「限界効用逓減の法則」など，「法則」とよばれるものが少なくない。もっとも，これら「法則」とよばれているものが，物理化学のそれのように「真であると確立された」ものであるかといえば，とてもそんなものではない。むしろ，その妥当性は大いに疑わしいと考えた方がいい。

◇ 経験的一般化の誤り

　社会調査との関連で「法則定立」のようなことが語られているとき，その「法則」のイメージは基本的に「経験的一般化」であって，「もし……ならば，……である」とか，「もし……が増大すれば，……も増大する」というような言明が「法則」として提示されることになると考えられている。**経験的一般化**とは，経験的に観測されたデータにおいて見出されるなんらかの「傾向」が一般的に成立すると主張することである。この経験的一般化という考え方に大きな間違いが潜んでいる。

　たとえば，ある社会調査で，「男性の方が女性よりも性別役割分業に賛成する傾向が強い」という調査結果が得られたとしよう。この「　」内は，それ自体としては一つの調査データにおいて実際に観測された命題であり，こういう命題を表す言明を「観察言明」とよぶ。たとえば，一羽の白鳥（スワン）をみつけて，「あの白鳥は白い」というのが観察言明である。他方，言明には個別言明と普遍言明とがあって，「すべてのXはPだ」という形のものを普遍言明，「この特定のXはPだ」という形のものを個別言明という。明らかに，法則的な言明は普遍言明の形をとる。そして，普遍言明が真ならそれに対応する個別言明も真だということが導き出せる。しかし，逆に個別言明から普遍言明を導き出すことはできない。それには，論理的な根拠がない。観察言明は必ず個別

言明であるから，このことは，観察から普遍言明を導き出すための論理的手続きは存在しないことを意味している。これは，18世紀イギリスの哲学者ヒューム以来の常識である。

ところが，経験的一般化というのは，個別言明でしかない観察言明を，一挙に普遍言明にもっていこうとするものである。すなわち，「ある白鳥は白い」という観察言明から，「すべての白鳥は白い」という命題を導くことである。しかし，この導出は間違っている。実際，スワンの中には黒鳥（ブラック・スワン）もいるのである。同様に，先ほどの社会調査の結果がえられたからといって，「いつでもどこでも，男性の方が女性よりも性別役割分業に賛成する傾向が強い」という普遍言明を立てることはできない。

一個の観察だけでなく，たくさん観察を集めればよいではないかと思う人もいるかもしれない。しかし，たとえ日本で数千羽の白鳥を見ていても，ひとたびオーストラリアに行ったら黒い白鳥が存在することに気づくことになるだろう。（テレビやインターネットで見ることもあるかもしれない。）数多くあれば「普遍化できる」ということにはならないのである。

◇ 法則定立と仮説設定の違い

もっとも，私たちは日常的に経験的一般化をよく行っている。たとえば，初対面の人を第一印象で「この人は無愛想な人だ」と判断したりするのも一種の経験的一般化だといえる。あるいは，どこかの宝くじ売り場で一等の当たりが出たという事実から，「あの宝くじ売り場は当たりくじが出やすい」と思ったりするのもそうだ。このように，観測された経験的データのもっている性質が時と場合を超えて同じように成立しているだろうと考えることは，非常に多い。もしも経験的一般化が誤りだとしたら，日常生活のこうした思考のしかたをやめなければならないことになるのだろうか。

実は，経験的一般化が誤りだということは，経験的一般化をしてはいけないということではない。経験的一般化を，「正しい」命題を導き出す論理的な手続きだと考えることが誤りなのである。正しいか正しくないかはわからないけれど，ともかく何らかの命題を考え出すというのであれば，経験的一般化を大いに活用して構わない。ただし，このようにして考え出された命題は，けっして「正しいことが保証された」命題ではない。そして，そのように何らかの命

題を考え出すやり方は無数にあるのであって，経験的一般化がその中でとくに重要だというものでもない。

　正しいことが保証されているわけではないけれど，ともかく「このようになっているのではないか」と考えられている命題のことを「仮説」という。私たちが日常生活で人を第一印象で判断したり，たくさんの白鳥を見て「白鳥はみんな白いのだ」と考えたりするのは，すべて仮説なのだ。あるいは，ある統計データにおいて「男性の方が女性よりも性別役割分業に賛成する割合が高かった」という観測事実から，経験的一般化を行って「どんな場合でも，男性の方が性別役割分業に賛成する傾向が強い」というふうに考えるのも仮説である。そして，こうした仮説は正しいことが保証されているわけではなくて，むしろ，しばしば誤ったものである。したがって，たとえ統計的データから経験的一般化を行ったとしても，それは「法則を定立した」のではなくて，せいぜい「（誤っているかもしれない）一つの仮説を考えついた」ということにすぎないのである。

　もともと，統計学的研究を「法則定立」に結びつけたのは，19世紀に統計学を学問として成立させるうえで大きな役割をはたしたケトレーやゴルトンなどの統計学者たち自身であった。彼らは，人の現象や社会現象の中には統計学的法則が存在しており，統計学を用いればそうした法則が発見できると信じていたのである。たとえばケトレーは，人々の身体的特徴だけでなく，知的，道徳的特性の統計的な平均値が代表的個人を表現しているという「平均人」の概念を主張した。また「回帰 regression」の概念で有名なゴルトンは，遺伝と進化の法則を統計的に定立しようとしていた。そして，20世紀のはじめ頃からその後にかけて，統計的手法が社会学に広く取り入れられていったとき，このような考え方が，基本的に受け継がれていったのである。

　今日では，このように統計的研究から直接に法則が定立できるだろうという考えは，自然現象の統計的研究や統計学そのものにおいてもほとんどなくなっている。そもそも現在の自然科学では，教科書の中で探求の歴史を語る際に「法則」という言葉を用いることはあっても，何か新しい発見を「法則」として表現することはまずありえない。というのも，実際の科学上の新しい発見の多くは，「法則」という言葉によってイメージされる「経験的データからの帰

納的一般化」ではなくて，むしろ「経験的データを説明するために探求者によって思いつかれた新しい理論」だということが広く知られているからである。

したがって，今では，統計的研究と法則定立とを結びつけて考えるのはきわめて稀なことであって，もしかしたら，量的調査と質的調査を対立的にとらえている一部の社会学者だけかもしれないのである。

◇ 統計的データも一つの個別事例

統計的研究に「法則定立」や「普遍化的認識」を結びつけて考える傾向の背景には，ある錯覚がある。統計的研究は「数多くの個別ケース」を扱っているので，個別ケースを超えた何かを認識することに志向しているという印象がある。たしかに統計的研究は直接的には「平均」や「比率」などの分布の指標を測定しようとしており，これは個別ケースの**集合の性質**であって，その意味において個別ケースを超えているといえるだろう。しかし，これからさらに，統計的認識は個別ケースを超えているがゆえに，観察を超えた法則や理論的な普遍性をもちうると考えるとしたら，それは錯覚だといわなければならない。個別ケースを超えていることは観察を超えた普遍性をもつことをまったく意味してはいないのである。統計的認識それ自体は単に多くの個別ケースに関する観察データにすぎない。それに対して，法則や理論的な普遍性は観察されたデータを超えた世界の性質であって，統計的データから直接的に到達できる類のものではない。むろん，事例研究データからであっても同様である。理論的に普遍的な知識は，統計的か事例的かを問わず，データを超えたところに探し求めなければならないのである。

2.3 事例研究も普遍化的

普遍化的認識や客観的という特徴を統計的研究に帰するのも，同じようにまちがっている。「普遍化的認識」という言葉が使われるとき，認識には「普遍化」を志向するものと「個別化」を志向するものとがあると前提されていることになるだろう。しかし，認識が普遍化を志向しないとはどういうことだろうか。もともとどんな探求も，その探求が何らかの意味で普遍的な価値をもつという想定のもとでなされるものである。たとえ，ある個別的な事例だけに徹底的にこだわってデータを集める場合でも，その個別的なデータを通じてわれわ

れが何かより広い世界について新しく知ることができるだろうという希望に支えられている。なぜなら，研究とは，その成果を広く他の人々と共有したいという志向に導かれているからである。したがって，普遍的な価値をもった認識に志向するという点では，統計的研究も事例研究も同一でなければならない。

◇ 統計的研究も主観的

統計的研究が「客観的だ」といわれるときのイメージのもとには，統計的研究がある意味で客観的な道具をより多く用いているという事実がある。(a)統計的研究は一般に調査票を用いることが多いが，調査票とはいわば誰にとっても共通の測定装置である。どんな調査員と対象者にとっても共通の調査票が用いられることによって，個別的な状況や個別調査員を超えて，ある種「客観的」な測定に近づけられる。(b)数字や平均や比率などの道具は人間にとって普遍的な道具である。(c)さらに，統計的な検定や計量モデルなども誰でも学んで利用することのできる分析用具である。

しかしそれにもかかわらず，次のように統計的研究もまた事例研究と同じ程度に「主観的」だといわなければならない。

(1) 事例研究では，まず対象事例をどう選ぶかで研究者の主観が入るが，同じことは統計的研究で調査設計をどうするかにおいても起こっている。対象母集団の設定，調査票の構成，分析戦略などにおいて，研究する側のさまざまな主観が入り込まざるをえないので，厳密に「客観的」な調査などというものは存在しない。

(2) 統計的研究があらかじめフォーマットされた調査票を用いるのと違って，事例研究では自由インタビューや行動観察などを通じてデータが構成されていく。その際，何がデータとして収集されていくかに主観的な選択が入り込むということがしばしば強調される。たしかに同じ事例でも，別の研究者であったら異なるデータを構成しただろうという可能性は高い。しかしこの点でも，調査票を用いた統計的研究にも似た状況がある。第一に，調査票の具体的な構成が一つの主観的な選択である。同一の対象者に異なる調査票で質問したならば，当然，異なる回答パターンが得られるだろう。(このことは第5章の「ワーディング」で説明する。)第二に，より具体的に，調査票調査における各問の「選択肢の設け方」や「回答のコーディングのしかた」などにおいて，研究者の主観

はまぬがれない。調査票という観測装置は，研究する側の主観的な企図と前提のもとで構成されるものなのであって，それによって収集されるデータは，事例研究の場合と同じ程度に，主観的なものである。ただ，調査票は一般に公開されているので，その点，研究者がどのような主観的な観測装置を用いたのかが，他の研究者にも比較的わかりやすいようにはなっている。

◇ 解釈の重要性

　すでに述べたように，社会調査は解釈である。これは，事例研究か統計的研究かの違いを超えて，すべての調査にあてはまる。たしかに統計的研究の中には，研究する人の主観的な解釈があまり関わっていないようなものもある。今日では，統計的データがありさえすれば，誰でも簡単に既存の分析手法を用いてそれなりの「アウトプット」を出すことができる。たとえば，「重回帰分析にかけてみたら，偏回帰係数，その有意性，決定係数，等々はこのようになりました」（第13章参照）というかたちでの報告は，誰にでもできる。ここには「解釈」の余地はない。官庁統計や世論調査の結果を示すという目的ならこれでもいいだろう。しかし，こうした調査の場合でも，アウトプットを出してそれで終わりということはまずない。たとえば世論調査で「内閣支持率が予想を超えて50％を上まわった」というような分析結果が出たようなとき，われわれは「なぜ内閣支持率はそのような値を示すのか」という点に関して「解釈」を加えるのが普通なのである。ましてや学術的な調査研究の場合には，データを用いて研究上の問いに答えようとすることが目的である。そのためには，統計的データの場合には統計的な計算結果を，また事例研究の場合にはその事例に関わる膨大なデータを，研究上の問いとの関連において「解釈する」という作業が不可欠なのだ。

　あの有名な「アノミー的自殺」というような概念にしても，それがかなり強引ともいうべき，ものすごい「解釈」のなせる業であったことに注意して欲しい。自殺統計データのどこにも「アノミー的自殺」というような分類はない。それは直接観測しうるものではなく，デュルケムが膨大なデータの時系列変化やクロス・セクショナルな変異を「解釈」するために，独創的に考え出した概念なのである。すぐれた調査研究とは，そのような「解釈」――むろん，いつも正しいとは限らない――を不可欠の構成要素とするのである。

最後に,「部分的－全体関連的」とか「単純・画一的－総合的・多次元的」というような対比の間違いも,これまでの延長上で容易に理解できるだろう。たとえば,統計的データを駆使した日本の階層構造に関するSSM調査という研究（原・盛山『社会階層』1999年 など）は,「日本の階層構造」という「事例」についての,全体関連的で,総合的・多次元的な研究であるといえる。「部分的か全体関連的か」「単純・画一的か総合的・多次元的か」というような違いは,統計的か事例的かの区分とはまったく独立に存在するものなのだ。それは研究の目的と,その目的にそってわれわれがどれだけ必要なデータを収集し,総合的に分析する努力を傾けるかだけの違いだと考えた方がいいのである。

3. 違いはどこにあるか

統計的研究か事例研究かあるいは量的か質的かは,研究の目的にそって慎重に決められるべきである。そのためには,それぞれの方法の特性を正しく知っておかなければならない。

3.1 統計的研究の基本特性

まず,統計的研究は,統計的な諸指標を測定することに基礎をおいている。統計的諸指標というのは,諸個体の特性の統計的な分布がもっている性質を表すものであって,その特性が質的（カテゴリカル）であるとき——たとえば,男性か女性か——には,分布を表す基本指標として比率があり,特性が量的であるとき——たとえば年齢——には,平均や分散などの基本指標がある。また,二つ以上の特性を組み合わせると,質的な場合にはクロス表やさまざまな関連度の指標があり,量的な場合には相関係数などが求められる。そしてこれらを基礎にしたさらに複雑な諸指標の算出や計量的分析も存在している。

比率や平均などで表される「分布のしかた」は,個体の特性ではなく,諸個体からなる集合の「集合としての特性」である。統計的研究は,諸個体の**分布のしかた**に関心をもつのであって,個々のケースに関心をもつのではない。これが統計的研究の基本特性である。単純化していえば,統計的研究では「平均

が問題なのだ」。(むろん,分布のしかたは,平均だけで表されるのではないが。)

◇ **メリットとデメリット**

　統計的研究は,分布のしかたを表す統計指標の測定を通じて現象への探求を進めていく。これはつまり,統計指標として捉えやすい現象には積極的に注目していくけれども,それによっては捉えにくい現象は注目されにくい,ということを意味する。これは,メリットでもありデメリットでもある。メリットをいえば,統計的指標として捉えられた部分については高度に発達している**統計的分析手法を利用することができる**。とくに,複数の諸特性(変数ともいう)のあいだの関連のしかたを探求することは,統計的研究の得意技というべきだろう。それに対してデメリットは何かといえば,その最大のものは,統計的に分析できない現象とはあたかも存在しない現象であるかのようにみなしたりアプリオリに無視してもかまわないかのようにみなしてしまう**思い込み**を生じさせやすいことである。これはいわば「**道具の物神化**」が起こりやすいということである。なまじっか道具が発達しているがゆえに,既存の道具だけを頼りにして仕事をしていけば研究として十分だ,という誤った思い込みが生じやすい。これは,社会調査が「意味世界の探求だ」ということを忘れさせる。

　しかし,必ずそうなるというものではない。道具を物神化しないこと,データを通じて意味世界を探求することの重要性を忘れないこと。そうすれば統計的研究は,単なる数字遊びではない社会学的探求としての社会調査になる。

3.2　事例研究の基本特性

　次に,事例研究について考えよう。事例研究とは,**何らかの個体として切り取られた現象**についての研究である。このきわめて単純な特徴が,事例研究の可能性とその危うさとを規定している。

　(1)　まず銘記すべきことは,方法上の,あるいはより正確には,技法上の限定性のなさである。統計的研究であれば統計分析手法という確立された技法を利用することが予定されているが,事例研究の技法は何も決まっていない。どんな技法も可能であるが,逆に,技法らしきことを何も使わなくても事例研究でありうる。事例研究の技法にフィールドワークやドキュメント分析が必然的に結びついているわけではない。この技法上の開放性は,可能性であると同時

に脆弱性でもある。したがって，事例研究の場合は，研究戦略の周到な組立てとその継続的なチェックとが，統計的研究よりもはるかに強く求められることになる。

　(2)　事例研究は統計的研究と比べると，対象との距離が近い。統計的研究が一般化され抽象度の高い道具立てに依存する度合いが高いのに対して，事例研究では個別的で具体的な現象に即した記述が重視される。とくに，質的データとよばれるものが中心となる場合には，われわれが慣れ親しんだ日常的な現れのレベルにおいて現象が捉えられる。これによって，研究における現象記述のわかりやすさというメリットが生じる。これは，高度な計量モデルを用いる統計的研究とは著しく対象的である。（ただし，常にそうだとは限らない。会話分析や構造主義的テキスト分析の一部に典型的にみられるように，質的データに関しても高度に抽象的な図式を用いるものがある。）

　(3)　その一方で，対象への現象的な近さは，それゆえに対象の解明にも近いという錯覚を生じやすい。研究者は，生の事実を触れんばかりの距離で直接にみているのだから，それが提示する知識と記述には特権的な価値があると考えたり，何らの加工も施さない諸事実の記述こそが優れた研究だと考えたりすることがある。事実に語らせれば，世界はおのずから自らを現してくるというのである。

　もしもこうした考えが正しいのなら，研究者の記述よりも当事者やその配偶者が語る方が優れていることになる。しかし，次章で述べるように，研究とは問いを立ててそれを解明することにあるのであって，事実に語らせることにあるのではない。どんなに現象に肉薄して事実に語らせているかのように思える場合でも，研究として提示されている語りはあくまで研究者のものであって，そこで記述されている「現象」とは研究者が了解した限りでの「現象」にほかならないのである。

　このように，事例研究や質的研究にはしばしば統計的方法における道具の物神化とパラレルな，**現象の物神化**ともいうべき態度や，法則定立的科学という神話とパラレルな，**生の事実**という神話が生じやすい。この点は見過ごされることも多いので，十分に注意しなければならない。

3.3 事例の「代表性」という問題

ある個体だけに注目することは，どのようにして意義づけられるか。この疑問は事例研究に対して常に投げかけられるものだが，これまで適切な説明は存在してこなかった。ある人は，選ばれた事例が「代表性」や「典型性」の条件をみたしているかどうかがポイントだと考えているけれども，これは間違っている。どんな事例が代表的もしくは典型的かは，たくさんの事例をみてみなければわからないのであって，一つの事例だけを研究していてもそうした判断は下しようがないのである。

この問題にもしばしば混乱がみられるが，まず押さえておかなければならないことは，**重要なのは事例の意義ではなくて，研究の意義だ**ということである。問われるのはそれについていかなる研究をなしたかであって，どの事例を取り上げたかではない。このことは銘記しておこう。

事例研究の場合でも，必ず何らかの理論的問題関心が関係している。事例のある現象を理論的に説明したり，事例を用いてある理論を例証しようとするときには，そうした理論に対する人々の共同的な関心が研究の意義を支えてくれる。たとえ前もっては何の「代表性」も認められない事例であっても，理論的問題に答えうる研究成果が生み出されれば，その事例は事後的に有意義なものとなる。いわば「研究によって事後的に〈代表性〉を獲得する」のである。たとえば，クラという広域的な交換システムの発見や母系親族社会の構造的特徴の提示などによって，マリノフスキーが対象とした「トロブリアンド島」(『西太平洋の遠洋航海者』1922 年) は一つの代表事例となった。リンド夫妻の「ミドルタウン」(『ミドルタウン』1929 年) も，ホワイトが対象とした「コーナーヴィル」(『ストリート・コーナー・ソサエティ』1943 年) も，同様である。

ところで，なぜ統計的研究では「代表性」が問題にならないのだろうか。実は，やはり問題になるのだ。日本社会の階層構造を探求しようとするときに，一つの市だけで統計データを集めてもしかたがない。統計的研究を行うときは，そのことはよく分かっている。それは，統計的研究が集団の集合的特性に第一義的な関心をもっているがゆえに，探求の対象である「集団」の設定とそれに見合ったデータ収集が重要であることを，明確に意識せざるを得ないからである。データ収集のしかたが適切である限りにおいて，統計的研究にとっての代

表性は問題にしなくてもいい。

　ただし，それはあくまで関心の対象としての集団を所与として考えたときのことでしかない。統計的研究であっても，「なぜその集団なのか」という新たな代表性問題が生じうる。そして，このレベルの代表性問題は，事例研究の場合と同じことになる。なぜ日本の階層が探求の対象であって，アメリカの階層ではないのか。なぜヨーロッパの自殺であって日本の自殺ではないのか。こうした問いは，事例研究の場合と同じように生じうるのだ。

　これに対しては，事例研究の場合と同様，次のように考えればいい。どんな集団に対する統計的研究であっても，もしも研究の成果が何らかの観点からみて学問共同体にとって意義あるものと認められるならば，その集団を取り上げたことは十分に意義あることなのだ。要するに，本当は「代表性」とか「典型性」とかはむしろどうでもいい。どんな事例や集団であれ，ポイントは，しかるべき問いを立ててそれに答えるという探求の中で意義ある活用のされ方をしているかどうかである。

4. 質的研究の基本特性

　これまで主として統計的研究と事例研究との対比について，多くの誤解があることを指摘してきた。最後に，質的研究というものの意味について述べておこう（質的研究の狭義の方法については第14章で述べる）。

　質的研究はドキュメント分析やフィールドワークなどで代表されることもあるが，すでに述べたように，ほかに質的データを使った統計的研究やさまざまな文書，映像，音声からなるデータを扱う研究が含まれる。こうした研究が社会現象や文化現象の探求にとって大きな役割を果たすことはいうまでもない。数量化されないものを扱うことなしに，われわれの探求は成立しない。なぜなら，社会現象は「意味」からなっているのであって，その現れ方の一側面においてのみ数量が関わるだけだからである。

　しかし，だからといって，質的研究を量的研究に対して特権的な地位にあるとみなすことは適切ではない（逆も同じ）。しばしば，質的研究は「社会生活

の内奥にある意味や精神的なものあるいは人々の感情に迫ることができ」，したがって「現実を生き生きとしたかたちで提示したり再構成したりすることができ」，「深みと厚みのある分析を与えることができる」といわれる。しかし，真実はこうだ。もしも研究がそうした性能をもちうるのだとしたら，それは**研究する人の力量による**のであって，質的か量的かとは無関係だ。

　ここで質的研究の基本特性を押さえておこう。第一に，社会調査研究における質的なものとは，日常的な社会現象をできるだけ加工しないで記述したものからなっている。たとえば，調査票を用いた面接調査は対象者の回答をあらかじめこちらが用意したフォーマットに従ってのみ記録していくのに対して，自由面接法では，対象者の話をそのまま録音したり録画したりした記録を活用する。あるいは，一人の人間の死をまぢかに観察することは日常的体験に属すが，死亡統計の数値は日常的なものではない。

　第二に，質的データには個人の主観的世界を比較的直接的に表現したものが多い。会話，日記，手紙，小説，論文などがそうである（むろん，路上観察や，教会・寺社記録文書のように，そうでないものも少なくない）。これらは「解釈提示素材」とよぶことができる。

　これら**日常性**と**解釈自己提示性**とが，質的データの基本特性を構成している。質的研究が「生き生きとした現実」を捉えたり，「内面や精神的なもの」を捉えたりできているとみなされがちなのは，データが日常的で解釈自己提示性をもっているからである。この特性は，多くの利点と同時に，いくつかの危うさをはらんでいる。

　(1)　質的データは量的データよりも，意味世界としての社会的世界への近接度が高い。日常生活世界の意味構成のされ方が比較的直接的に表示されている。当事者の視点に映じている世界，彼/彼女によって理解され解釈され意味づけられている世界を記述する上で，質的データの果たす役割は大きい。

　(2)　しかし，社会調査研究の目的は必ずしも対象者によって解釈された世界像を再構成して示すことではない。むろん，これも一つの目的を構成する。とりわけ学説研究や人物研究にとってはそうである。しかし，研究とはどこかで必ず，当事者の自己解釈を超えた解釈を研究者自身のものとして提示しなければならないものであるし，実際そうならざるをえないものである。質的データ

において提示されている解釈はあくまで研究の素材であって，研究の結論ではない。

(3) 質的研究が陥りがちな誤りは，データ自体がもっている日常性と解釈自己提示性に研究者が安住してしまうことである。解釈がすでに提示されているということは統計的研究にはない強みであるが，それはかえって素材としての解釈に満足し，それ以上の探求の必要性を感じなくさせる危険をはらんでいる。これを避けるためには，常に研究の問いの意味を反省し，研究成果として提示しようとしているものが問いに答えたものになっているかどうかを自らチェックしていなければならない。

データや方法は研究にとっては素材と道具であって，研究の成果や目的ではない。この基本原則を間違えなければ，統計的でなければ科学的でないとか，質的でなければ真実がわからないというような「方法への誤ったこだわり」は避けられる。

たとえてみれば，質的データは木や革のぬくもりのある素材，量的データは強靭な金属の素材である。いい研究とは，それぞれの素材を活かしたいい製品を造形することである。木で車のエンジンを作ろうとすることや，衣服を金属で作ることは馬鹿げている。質的データの日常性と解釈自己提示性という特性を活かしたいい研究を生み出すことができれば，質的研究のもつ意義は大きいだろう。

*** 第2章 練習問題 ***

2.1 社会学的研究を量的調査と質的調査，あるいは統計的研究と事例研究に分けて考えるとき，次のよく知られた研究はそれぞれどちらに分類できるだろうか。（いくつかのものについて）自分で調べてみなさい。

(a) ヴェーバー『プロテスタンティズムの倫理と資本主義の精神』
(b) レヴィ＝ストロース『親族の基本構造』
(c) マートン「準拠集団の理論」『社会理論と社会構造』
(d) ハンター『コミュニティの権力構造』

(e) ダール『統治するのはだれか』
(f) リンド夫妻『ミドルタウン』
(g) アドルノほか『権威主義的パーソナリティ』
(h) リースマン『孤独な群衆』

2.2 次のそれぞれの命題は，はたして「客観的に正しい」といえるか。もしいえるとしたら，それはどのような意味での「客観性」か。

(a) この『社会調査法入門』は日本語で書かれている。
(b) この『社会調査法入門』では，量的調査でも質的調査でも客観性をめざすべきだと主張されている。
(c) この『社会調査法入門』における学問の方法についての考え方は，極端な科学主義でもないしポストモダニズムでもない。

2.3 練習問題2.1にあげられているそれぞれの社会学的研究について，データや事例の「代表性」という概念が適切かどうかを考察せよ。

第3章
調査と研究の進め方

1. 終わりから順に考える

1.1 到達点のイメージ

　研究というものにはいつも相対立する方向で二つのプロセスが流れている。一つは，時間的な順序にしたがって研究が展開していくプロセスである。このプロセスは基本的に企画から始まって，データ収集と分析を経て，論文や報告書の刊行で終わる。

　もう一つは，どういう論文や報告書を刊行するかから始まって，そのためにはどういうデータを集めてどのように分析したらいいのかを詰めていくプロセスである。つまり，到達地点を先に考えて，そのために辿るべき経路を検討し，確定していくプロセスである。たとえば，いくつかの交通手段を乗り換えてA地点に t_A 時までに到着しなければならないというときにも，このプロセスを辿る。t_A 時までにA地点に着いているためには，まず t_B 時までにB地点に到着してAに向かうバスに乗り換えていなければならない。さらにそのためには，t_C 時までにC地点に着いてBに向かう列車に乗り換えなければ……というようにである。

　研究に限らず，すべての人間の意図的な行為には，正順作業プロセスと逆順計画プロセスの二つが流れているといえるだろう。とくに研究の場合には，それがきわめて人間らしい「創造的」な営みであって，それゆえ本来的に「やっ

てみなければわからない」という側面が強く、この不確実性を少しでも縮減するために、そのぶんよけいに逆順計画プロセスが重要となるのである。

　いま、何らかの研究の出発点にいるとしよう。たとえばあなたの勤務先で、上司からある調査研究を命じられたという状況でもいい。あるいはみずから進んで調査研究の企画を提案しようと思いついた状況であるかもしれない。あるいはまた、何らかの調査研究をもとに論文を執筆しなければならない学生や大学院生であるかもしれない。とにかく、研究の出発点にいる人が、まず第一になすべきことは、その**研究の到達点をイメージする**ことである。走り出す前に、スタート地点でゴールをイメージすること。というのも、研究は陸上トラック競技と違ってあらかじめ走行路とゴール地点とがゲームのルールで決められているわけではないので、ゴールをイメージしない限り、「どこへ向かって走ればいいのか」が決まらないからである。

　到達点をイメージすることと同時に行うべきことは、いまいる出発点からイメージされた**到達点までの経路を考察する**ことである。もしかするとこの考察によっては、イメージされた到達点に実際に達することが不可能だということがわかるかもしれない。そうでなくとも著しく困難そうだとか、やってみなければわからないという不確実性がきわめて高い、ということがわかるかもしれない。あるいは逆に、あまりにも簡単に達成されそうだと思えるかもしれない。不可能だとわかったり不確実性が高すぎる場合には、到達点のイメージを変更する必要がある。できないこと、きわめて高い確率でできそうもないことは、研究目標として適切ではないだろう。

　ここで重要なことは、経路について考察するためには、あらかじめさまざまに**可能な経路についての何らかの知識**がなくてはならない、ということである。経路知識なしに研究を始めることは、地図も時刻表もなしに旅に出るようなものだ。ただし、研究の経路の途中には地図も時刻表もない部分がありうる。創造的な研究であればあるほどその部分が大きく、まったく経路知識がないままで研究に取りかからざるをえないこともある。創造性はリスクを伴うのである。しかしたとえそのような場合であっても、まずは地図と時刻表が存在しないかどうか探してみなければならないし、もし存在するのであれば、それらの知識を集めて活用するのでなければならないだろう。こうした経路知識にあたるの

が「調査法」という方法についての知識である。

1.2 探求の順序

さて，調査を伴う研究は一般に図3.1のような作業プロセスからなっている。

図3.1 調査研究のプロセス

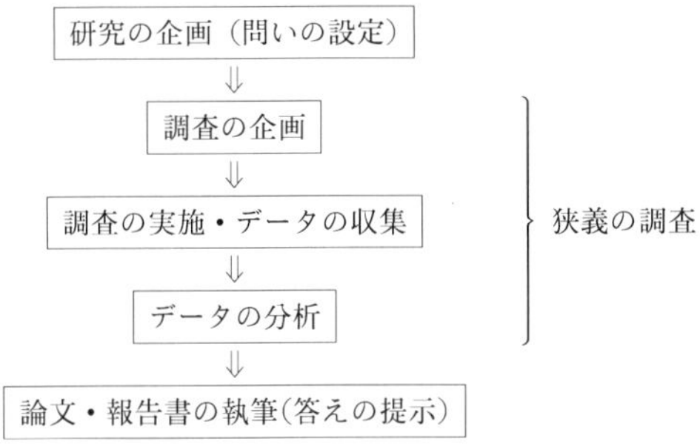

```
     研究の企画（問いの設定）
            ⇓
         調査の企画
            ⇓                    ⎫
   調査の実施・データの収集       ⎬ 狭義の調査
            ⇓                    ⎭
         データの分析
            ⇓
  論文・報告書の執筆(答えの提示)
```

このプロセスは，調査研究が行われる際の実際の時間的順序を表している。論文・報告書の執筆は必ず最後にくる。本書も含めて，調査法のテキストの章構成や授業の流れも，大体この順序になっている。実際の時間的順序は，図3.1のように流れていくのである。

◇ 研究の企画

調査研究は，とにもかくにも **「研究の企画」** から始まる。「企画」というのはやや形式ばった表現で，重要なのは，何かについて「探求してみたい」という意思である。そして，そうした探求の出発点には，何よりもまず **「問い」** が存在しなければならない。「なぜ少子化は進んでいるのか」「なぜ環境は悪化していくのか」「社会はこれからどうなっていくのか」などのような問いである。（もっとも，これらの例はいずれも大きすぎて具体的な研究テーマとしては必ずしも勧められない。もう少し小さな問いの方が現実的だろうが，ともかく，そうしたものが「問い」である。）

ところで，問いを出発点として研究の企画を立てるという作業に入ると，今度は，図3.1の研究プロセスを逆に辿って考えることになる。なぜなら，まず到達点のイメージを作らなければならないからである。「研究の企画」の内部のプロセスは次ページの図3.2のようになっている。

ここではまず最初に，実際のデータ収集などに入る前に，探求の出発点で生じた「問い」について，できるだけ多くの既存の研究やすでにある資料に目を通して，「この問いに対してはどんな答えがありうるのだろうか」ということをさまざまな角度から頭の中で検討してみなければならない。それは，自分で立てた問いに対して，まず頭の中で答えを探してみて，とりあえず何か「可能な答え」を思いつくということである。それが**到達点のイメージ**である。こうした**ありうべき答え**は，一つだけでなく，複数個あってもいい。たとえば，「なぜ少子化は進んでいるのか」という問いに対して，(a)「社会が豊かになったから」とか，(b)「人口が増えすぎたから」とか，(c)「育児と就業を両立させる社会のしくみができていないから」など，さまざまな「ありうべき答え」を思いつくことができるだろう。

このように，「問い」に対して何らかの「ありうべき答え」を用意する。これが研究企画の第一ステップを構成する。いうまでもないが，それは実際には間違った答えであるかもしれないし，どうやっても答えであることを証明できないものであるかもしれない。そもそも，問いそのものが不適切なものである可能性もある。しかし，それらが実際に正しい答えなのかどうか，あるいは問いが適切なものであるかどうかは，まさにこれから行おうとしている調査研究によって明らかにされるべきことなのだ。もしもあらかじめ「正しい答えだ」ということがわかっているのであれば，わざわざ苦労して調査研究などしなくてよいのであって，**正しいかどうかがわからないからこそ**，調査研究を行うのである。

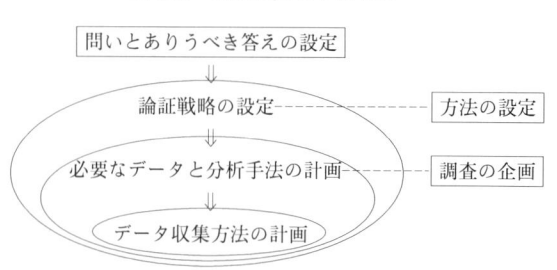

図 3.2 研究企画のプロセス

```
        問いとありうべき答えの設定
                 ⇩
         論証戦略の設定 ------- 方法の設定
                 ⇩
      必要なデータと分析手法の計画 ------- 調査の企画
                 ⇩
         データ収集方法の計画
```

◇ 論証戦略と作業仮説

　企画における第二のステップは，「**論証戦略**」を考察すること，つまり，「どのようにしたら，今考えているありうべき答えが問いに対する『正しい答え』であることを示すことができるか」を考えることである。

　たとえば，さきの「なぜ少子化は進んでいるのか」という問いに対する可能な答えの一つに，(c)「育児と就業を両立させる社会のしくみができていないから」があるが，どのようなデータをどのように分析してどんな結果が出てきたならば，この答えが実際に「正しい答え」であることを示したことになるのか，はじめからわかっているものではない。

　この問題を考えるのが，図3.2の2段目の「論証戦略の設定」における課題である。それは，「問い」とそれに対する「ありうべき答え」とのセットを，経験的に観測できるデータや論理の次元に下ろしてきて再定式化するという作業である。たとえば，さきほどの例には，（思いつくままにあげると）育児と就業を両立させるような社会のしくみをもっているような社会（地域）とそうでない社会（地域）とを探し出し，その二タイプの社会（地域）のあいだで現在の出生力やその時代変化に違いが存在するかどうかを調査する，というような調査研究計画を立てることが「論証戦略の設定」にあたる。

　こうした論証戦略の中心的な内容を構成するのが，第三のステップ「**必要なデータと分析手法の計画**」である。つまり，「どのようなデータを集めてきて，それをどのように分析していき，さらにそれによってどんな結果が出たときに『ありうべき答え』が実際に『正しい答え』であると証明されたことになるのか，あるいは，逆にどんな結果が出たときに『ありうべき答え』が答えとして間違ったものであることが明らかになるのか」ということについての見通しである。この見通しを立てることが，狭い意味での「調査の企画」の出発点となる。

　ここで，「どのようなデータ分析の結果が出てきたら，もともとの問いに対して何が言えることになるのか」というときの「期待されるデータ分析の結果」が，しばしば「**作業仮説**」とよばれるものに対応している。たとえば，さきほどの少子化の問いに対する育児と就業の両立というありうべき答えの例でいえば，「両立させるしくみをもっている社会Aと，そうでない社会B」とが経験

的に同定できているときに,「Aの出生率のほうがBよりも高い」と予想することが作業仮説を立てることにあたる。一般的には,「Xの値の高い人々はYの値も高い傾向があるだろう」とか,「集団AよりもBの方が,Xの値が高い傾向があるだろう」とか,「重回帰分析をすると,変数xの偏回帰係数は有意にプラスの値を示すだろう」(第13章参照)というように,統計的データ分析の方法と結びついて特定化された推測が作業仮説である。

　やや中級レベルの話になるが,こうした「作業仮説」は,はじめの「問いとありうべき答えのセット」と同じものではないことに注意してほしい。作業仮説というのは,あくまで,データとそれを分析する手法とがある程度決まっているときに立てられる仮説である。それに対して,初めの「ありうべき答え」というのはまだどんなデータをどう分析したらいいのかもわからない段階で立てられるものである。両方とも「仮説」であるが,調査研究において異なるレベルに位置している。

　問いに対して,ありうべき答えを用意するときに想定されている仮説を「**基本仮説**」とよぶことにしよう。いまの少子化の例では,「少子化の要因の一つは,育児と就業を両立させる社会的しくみができていないことにある」という主張が基本仮説になるだろう。そして,図3.3のように,こうした基本仮説が正しいかどうかを観測可能なデータのレベルで確かめられるように特定化された仮説が作業仮説である。基本仮説の段階では,まだどんなデータをどう分析したらいいかの見通しは立っていないが,作業仮説の段階ではその具体的な見

図 3.3　基本仮説と作業仮説

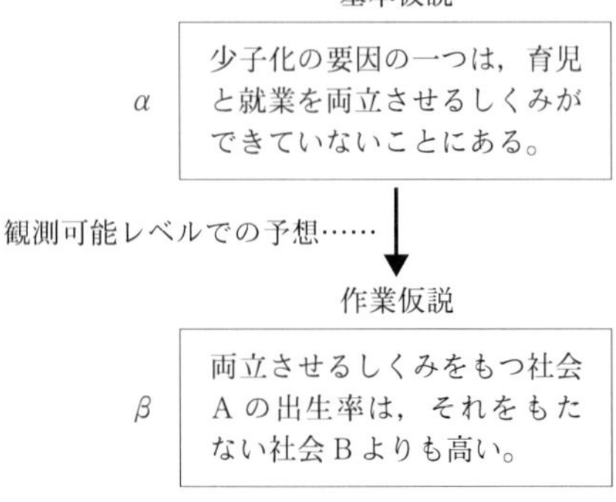

基本仮説

α　　少子化の要因の一つは,育児と就業を両立させるしくみができていないことにある。

↓観測可能レベルでの予想……

作業仮説

β　　両立させるしくみをもつ社会Aの出生率は,それをもたない社会Bよりも高い。

通しが立っている。このように，初めの問いとありうべき答えのセットからなる探求課題を，観測可能なデータと分析手法のレベルに下ろして定式化することを試みる作業が「論証戦略の設定」である。

図3.3のように基本仮説と作業仮説とが特定化されているばあい，両者のあいだには，次のような「論証構造」が想定されていることになる。

論証の構造
(1) 基本仮説 α が正しいならば，データレベルで作業仮説 β が観測されるはずだ。
(2) 作業仮説 β がデータで支持されたならば，基本仮説 α の正しいことが検証されることになる。

以上のように，調査研究では研究の企画の段階において，どんなデータを収集してどのように分析することによって当初の問いに答えるかという論証の戦略を十分に練り上げておくことが望ましい。ただ，誤解を避けるためにつけ加えておくと，この論証の戦略はけっして完璧なものである必要はない。ここで厳密さが求められる度合いは，探求しようとしている課題や問いによっても違ってくる。既存研究がたくさんあって，探求課題がきわめて明確になっているときには，そうした研究の蓄積の中に分け入っていくためにはより洗練された論証の戦略が必要になるだろう。逆に，まだ研究がそれほど進んでいない問題領域では最初から完璧なものが期待されたり求められたりすることはない。研究の途上で論証の戦略を組み立て直す必要に気づくこともよくあることだ。期待通りのデータが入手できなかったり，予想された分析結果が出てこなかったり，見通しを覆すような結果がえられたり，というようなことはいくらでも起こる。そうした見込みちがいは研究というものにはつきものである。それを恐れる必要はまったくない。

要は，出発時点で到達点を見通した計画は不可欠なこと，しかし計画通りにはいかない可能性が開かれていることを覚悟しておくこと，そして，見通しの誤りに気づいたらそのつど率直に計画を見直して再構築すること。スケジュールの決まっている旅行と違って，研究は試行錯誤でかまわないのである。

2. 問いの基本タイプ

2.1 どんな問いを立てるか

　すでに述べたように，研究の出発点は問いを立てることである。問いがなければ何も始まらない。ところが，これが案外と難しいのだ。研究が創造的なものであるゆえんの一つがここにある。

　むろん，多くの場合には，あらかじめ大まかな問いは与えられている。たとえば，会社や研究室で「○○について A 市住民の意識調査をすることが決まった」として，調査の実施を命じられたりすることもある。このようなときは調査を実施しさえすればいいのだから，問いはすでに与えられたものであるようにみえるかもしれない。しかしその場合でも，調査の企画段階では「当初の問いをどういう調査研究によって探求するか」を考察しなければならず，それには「そもそも何のために○○についての調査を行うのか」を明確にしなければならないだろう。それも，「問いを立てる」ことの一部をなしているのである。むろん，どんな問いでもかまわないというのではない。

　ひとくちに「問いを立てる」といっても，問いにはさまざまなタイプのものがある。問いの基本的な諸タイプを分類すると，表 3.1 のようになるだろう。

　問いは大きく分けて，「事実はどうなっているか」というものと，「なぜそのような事実が生じているのか」というものとがある。たとえば，「階層的不平等ははたして拡大しているのだろうか」という問いは前者のタイプのものである。それに対して，かりに不平等の拡大が観測されたとき，「なぜ不平等は拡大しているのか」という問いが後者のタイプのものである。前者は「how（どうなっているか）」の問いであり，それに答えることは「記述」の問題である。そして後者は「why（なぜ）」の問いであって，それに答えることは「説明」の問題である。

　一般に調査研究は，第一義的には前者のタイプの記述の問いを立てる。「内閣支持率は何％か」「性別役割分業への肯定的態度は減少しているか」「ホームレスの人々の生活実態はどうなっているか」などである。国勢調査などのよう

2. 問いの基本タイプ

表 3.1　問いのタイプ

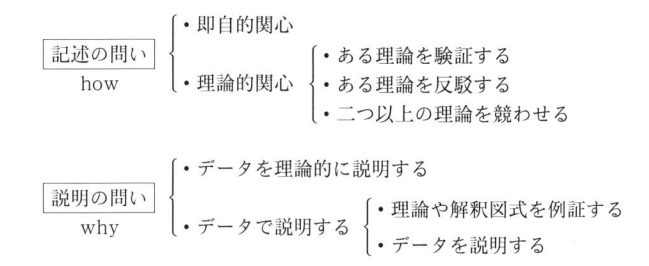

$$
\begin{array}{l}
\boxed{\text{記述の問い}} \\
\quad \text{how}
\end{array}
\begin{cases}
\cdot \text{即自的関心} \\
\cdot \text{理論的関心}
\end{cases}
\begin{cases}
\cdot \text{ある理論を検証する} \\
\cdot \text{ある理論を反駁する} \\
\cdot \text{二つ以上の理論を競わせる}
\end{cases}
$$

$$
\begin{array}{l}
\boxed{\text{説明の問い}} \\
\quad \text{why}
\end{array}
\begin{cases}
\cdot \text{データを理論的に説明する} \\
\cdot \text{データで説明する}
\end{cases}
\begin{cases}
\cdot \text{理論や解釈図式を例証する} \\
\cdot \text{データを説明する}
\end{cases}
$$

な確立された継続調査である官庁統計，世論調査，市場調査などは基本的にこのような記述を課題としている。

　学術的な調査研究の場合には，実務的調査と比べると説明の問いへの関心が高くなる。学問はさまざまな理論や解釈図式から構成されている。理論や解釈図式とは，観測されている諸現象を秩序あるものとしてみることを可能にするもの（あるいは，そうすることを試みるもの）であり，「説明する」とは諸現象や諸理論を秩序あるものとして構成し直していくという営みのことである。すなわち，説明の問いとは，観測された諸データを相互に関連づけたり，データと理論とを関連づけたり，新しく理論を構築したりすることに関わっている。

　とはいえ，すべての調査研究が学術的な問題関心のもとで行われるわけではないし，そうでなければならないということもない。記述の問いと説明の問いとは，それぞれの意義を持ちうるのであって，優劣があるのではない。しかし，それぞれの問いのタイプの内部で意義の高低がありうるし，意義のあり方は問いのタイプによって異なっている。

2.2　記述の問いとその意義

　記述の問いが問いとして意義あるものであるためには，問われている事実を認識することに意義がなければならない。ここで重要なことは，意義とは基本的に社会的・共同的なものだ，ということである。独りよがりな問いは「意義」をもちにくい。

　さて，記述の問いにも，学術上の理論との関連が強いものと，そうでないものとがある。前者を，「理論的関心の問い」とよび，後者を「即自的関心の問

い」とよぶことにしよう。

　(1)　**即自的関心の問い**とは，ある現象を観察したりデータを集めたりすることそれ自体に意義があると考えられているような問いである。そうした問いが社会的に共有されている度合いが高く，したがって意義の大きいものであるのは，主として次の二つの場合である。第一は，その現象そのものが当の社会と大きく重なり合うので，社会の成員たちにとっておのずから大きな関心の的となる場合である。国勢調査などの官庁統計や重要争点に関する世論調査などがこれに該当する。第二は，ある社会や集団・組織における集合的実践にとって，「その事実がどうなっているのか」が重要な問いをなしているという了解が，その社会や集団・組織において共有されている場合である。企業にとっての市場調査，市町村における「福祉ニーズ調査」などの実態調査，政府にとっての各種経済統計，などがそうである。このように，実務的調査の多くは即自的関心によって支えられている。

　(2)　**理論的関心の問い**とは，記述の問いが，なんらかの理論背景との関連において立てられているような問いである。この場合には，記述の問いの意義は，主として当の理論への関心が社会一般もしくはある学問共同体において共有されている度合いと，当の記述の問いがどの程度その理論に関連していると了解されるかとに関わっている。このタイプに属す研究には学術的なものが多い。たとえば戸田貞三の『家族構成』(1937年) は，日本社会は大家族が支配的だというそれまでの言説に対抗して，彼自身の小家族理論をぶつけて実証したものである。あるいは，権力エリート論的なF.ハンターの『コミュニティの権力構造』(1953年) のあと，エリート論か多元論かをめぐって数多くのコミュニティ研究が行われたが，それらも理論を背景にしたものであった。戦後日本の数多くの労働調査や，各国における数多くの階級・階層の調査研究も，さまざまな理論を背景にしている。

　ところで，当初はどちらかといえば即自的関心の問いのための実務的な調査として始まった研究が，学術的なものとして大きく発展することがある。

　たとえば「相対的価値剥奪」の概念や「準拠集団の理論」を生み出すもとになった調査として有名なスタウファーたちの『アメリカの兵士』(1949年) の研究は，社会学者たちによって実施されたとはいえ，もともとアメリカ軍にと

っての実務的意義の強いものであった。はじめから，社会学の理論概念をつくることをめざしたわけではない。しかし，そこにおいて「昇進できる割合の高い兵士の集団の方が昇進制度に対する不満が高い」というような調査データがえられ，それは「恵まれた状況にある者の満足度は高いはずだ」というわれわれの常識的な理解（暗黙の理論）に対立するものだったので，研究者の大きな関心を惹くことになったのである。

どんな問いであれ，実務的もしくは理論的な関心に支えられているのであれば，そこに「問いの共同性」が確保できるチャンスは大きい。それに対して，実務的でも理論的でもないような問いの場合，問いの共同性をあてにすることはできない。たとえば，「私の親族のあいだでの人間関係を調べてみよう」，「AさんとBさんの会話をすべて記録してみよう」，「エリザベス・テイラーとオードリー・ヘップバーンのどちらのタイプを好む男性が多いか調べてみよう」というような問いである。つまり，なんらかの理由で自分にとっては興味関心があるのだけれども，その関心が他の人々に共有されている可能性がほとんどないような問いである。このような問いを探究するのは個人の自由だし，個人の自発性は探求にとって非常に大切なことではあるけれども，こうした問いが容易には他人の関心を惹くものとはならないだろうことは覚悟しなければならない。

2.3 説明の問いとその研究例

次に，説明（why）の問いについて述べておこう。この問いは，一定の諸事実がなぜそのようなものとして生じているのかを説明したり，理解したりすることをめざしている。

これもまず二つのタイプに大別される。一つは「データを説明する」タイプのものであり，もう一つは「データで説明する」タイプのものである。

(1) **データを説明する**タイプ　この研究をもっとも良く代表するのは，何といっても第1章で紹介したデュルケムの『自殺論』だ。彼は，ヨーロッパ各国の自殺統計を甥のM. モースの助けを借りて再集計し，自殺率の時系列的あるいはクロス・セクショナルな変異の諸パターンというデータを，「自己本位的自殺」「集団本位的自殺」および「アノミー的自殺」を軸とする自殺の社会

学理論を構築して説明したのである。

　データを説明するタイプの探求の焦点は，データを新しく収集することよりは，むしろ，データを説明する新しい理論を提示することにある。あるいは，ある程度知られた理論の場合でも，データと理論とをともに整理し直すことによって，データに対する新しい説明のしかたを提示する。研究の創造性はそうした理論や説明のしかたにおいて発揮されるので，データそのものは必ずしも自らの手で収集したものとは限らない。デュルケムの『自殺論』でも，もともとのデータは各国の官庁統計である。

　他の研究によってえられたデータを説明するタイプの研究例は少なくない。マートンの「準拠集団の理論」（『社会理論と社会構造』）は『アメリカの兵士』の調査研究データを説明しようとしたものであるし，ホマンズの『ヒューマン・グループ』(1950年) は，レスリスバーガーたちの「ホーソン実験」やホワイトの『ストリート・コーナー・ソサエティ』の事例などを説明しようとする理論を提示したものである。ほかに，他の研究者による膨大な人類学的調査データをもとにして体系的な理論を構築しようとしたレヴィ゠ストロースの『親族の基本構造』(1949年) や，マードックの『社会構造』(1949年) などが有名である。

　他方，説明されるデータを自分自身で収集した研究として，たとえばソローキンは『社会的および文化的移動』(1927年) において，自らや他によって収集されたさまざまな社会移動データをもとにして階級理論に取って代わる成層理論をうち立てた。日本でも富永健一ら（『日本の階層構造』1979年）が，1955年から1975年までのSSMデータを活用して，社会移動に関しては「業績主義化理論」を，そして中意識の拡大については「地位の非一貫層の拡大による説明」を提示している。

　(2) **データで説明する**タイプ　このタイプの場合，「説明されるもの」にいくつかの種類があり，説明のしかたもさまざまである。

　たとえばヴェーバーの『プロテスタンティズムの倫理と資本主義の精神』(1920年) では，説明が次のように二段階になっている。説明されるべき第一のことは，「西欧のみにおいて資本主義が成立した」という周知の事実であり，これを説明するのに「プロテスタンティズムの倫理」という要因をもってきた

というのが第一段階である。この段階での説明論理の核心は，よく知られているように，カルヴァンの預定説が世俗内禁欲主義をもたらし，さらにそれが資本主義の成立に関与しているという論理的ないし心理的なメカニズムにある。これ自体は高度に理論的なものである。さらにヴェーバーは，第二段階のデータによる説明を用意している。それは，(a)同書の冒頭で提示されている「プロテスタント地域における工業化の高さ」，(b)イギリスのピューリタン神父バクスターの説教書，そして(c)独立期アメリカの実業家・政治家フランクリンの自伝や日めくり暦，である。(a)はプロテスタンティズムと資本主義との関連の強さを示唆するデータである。(b)はピューリタンの言説が実際に世俗内禁欲主義を説いていることを示すデータであり，(c)は，すでに資本主義の担い手となった企業家のエートスの中に，世俗内禁欲主義の残照が見られるというデータである。これらのデータは，ヴェーバーの第一段階の説明理論にとってのいわば「状況証拠」という役割を果たしている。したがって，厳密には「データで説明する」というのは言いすぎであって，「データで例証する」といった方がいい。

多少とも実証性をもった理論的な著作の多くが，このように「事実を理論で説明し，理論をデータで例証する」という構成をとっている。たとえば，ブルデューの「文化再生産論」(『再生産』1970年，など)は，文化資本の概念を用いて階級移動の少なさを説明し，さらに，文化資本とその相続という理論を例証するために，言語テスト成績と階級とが関連しているというデータをもってくるという構成になっている。ほかに，多少なりとも理論的なところのある事例研究の多くが，このタイプのものである。ゴフマンの一連の仕事(『アサイラム』1961年，など)や，レイベリング論を展開したベッカーの『アウトサイダーズ』(1963年)などをあげることができる。

◇ 計量モデル内での「説明」についての注意

データで説明するタイプの中で，とくに統計的な社会調査法の教科書がもっとも一般的に解説しているものとして，データをデータで説明するというタイプのものがある。たとえば重回帰分析によって「ZをXとYとで説明する」というような研究がそれである。この場合の「説明」とは計量モデル内での説明であって，それは理論的な説明とは大きく異なっている。なぜなら「ZをX

とYで説明する」という形の統計的分析がおこなっていることは,「データに含まれているX, Y, およびZのあいだの関連を, ある計量モデルにしたがって整理して記述する」ということにほかならないからである。計量モデル内の「説明」というのは, データレベルで変数の関連を見るということと同じである。それは,『自殺論』におけるデュルケムのような「理論的な説明」ではない。

　計量モデルが異なる学問のどのような現象に対しても原則的に適用可能であるという汎用性をもっているのはこのためである。汎用性のある計量モデルは, それが適用される現象が社会的なものか心理的なものかそれとも自然的なものかの違いは無視して作られている。それは, データの形式的な構造だけを問題にしているからである。

　しかし, 学術的探求の目標は, 現象を理論的に説明することである。理論的な説明は, それぞれの現象に即して構築されなければならない。自然現象の説明理論と社会現象のそれとが同じであることはまずない。現象に即した説明理論は, 現象に即した概念図式を用いて構築される。むろん, その中に,「平均」や「相関」のような通学問的な統計的概念も用いられうるのだが, それらだけで構成されることはない。「アノミー」とか「世俗内禁欲」とか「相対的価値剥奪」などは, すぐれて現象に即した理論概念なのである。したがって, 一般的に何かを説明しようとするときには, 単に計量モデルの中での変数同士の統計的な説明だけではなくて, 必ずどこかでそうした理論概念を用いた理論的な説明がなければならないのである。

3. よい問いとは

　ある意味で, よい問いが立てられれば研究は50％完成したようなものである。では, よい問いとはどんなものか。そしてそれはいかにして立てられるのだろうか。

　この最重要な問題に対して, こういう手続きを踏めば必ずいい問いが立てられますよというようなマニュアルは, 残念ながら存在しない。そういうものが

あれば研究する人は何も苦労しないだろう。さらには，坐禅を組んで瞑想の訓練を重ねればいいとか，弱者や虐げられた人々の立場に立てばいいとか，統計的分析手法を十分に習得すればいいとか，そういうものでもありえないのである。

◇ ひらめきとイメージ

　基本的にはよい問いはひらめきによってしか生じないのだが，ひらめきのためには「どういう問いを立ててそれにどう答えるべきか」という問題意識を常に抱いていることが重要である。問いの必要性が意識されなければよい問いが生まれることは難しい。そして，より具体的にはよい研究をたくさん読むこと。自分の研究にとっての規範となるようなもの，もっと簡単に言えば，「自分もこういう研究をしてみたい」という憧れの対象であるような既存研究に出会うことが重要である。これは，学術的研究だけでなく実務的な調査の場合でも同じで，「よい調査」に出会った経験がなければ，自分でよい調査のイメージを作ることは難しい。

　それと同時に，当該のテーマに関係しそうな文献をどんどん読んでいくことを通じて，その中から自分の問いが次第に明確な像を結んでくるのを待つことも大切である。ただ黙って待つのではなく，常に「自分が問うべきことはこの文献の研究ですでに答えられているのか」という問題をもって多くの文献を読まなければならない。そうすると，そのうちに「既存の研究を読むだけではわからないことがある，それは自分で調査研究をしなければ先へ進めない」というような感覚が生じてくるものである。このように，何か既存の研究ではわかっていないことが存在していることに気づくことができれば，それはよい問いが自分の中に生まれ出たことを意味するといえるだろう。

◇ 既存の知識・理論に対する「疑い」

　よい問いへのひらめきは，既存の知識の中に何か不完全なものがあるという感覚がもとになっているのだが，教科書をはじめとする多くの書物や論文は，それが提示する知識があたかも完全で欠陥のないものであるかのように装ってみせる傾向がある。それはいたしかたないことで，われわれは「真理」だと思われることをいったん確定することなしには，さらに新しい真理をめざすことなどできないだろう。しかし，もしもすべての人が既存の知識をすべて「真理」

だとして受け入れるだけにとどまっていたら，いかなる知識の革新も創造的な研究も生まれようがない。

　知識や理論というものは，いつの時代でも本当はどこかしら不完全なものである。創造的な研究は，既存の知識の中に潜在的に隠れている欠陥を発見し，それを修復したり取り除くようなかたちでの（部分的あるいはかなり全面的な）新しい知識を提示することから成り立っている。もっとも，このような意味での研究ができるのは，それぞれの学問分野でそれなりの訓練を重ねた後になってからであろう。調査研究の初心者にそれを要求するのは厳しいかもしれない。しかしその場合でも，そして学術研究に限らず，実務的な調査や事業企画の場合でも「問いが重要だ」ということは変わらない。

◇ 問いの共同体

　問いのよさのかなりの部分は，その問いが既存の知識や問題関心とどれだけよく関連しているかにかかっており，その意味で，問いはある種の「学問共同体」や「実務共同体」を前提にしている。これは閉じた共同体ではなくて，問いを共有し新しい答えを求めているという意味で開かれた共同体である。問い自体も新しく更新されていく。学術研究ではない場合でも，行政上や経営上の課題のように，問いを共有する人々の共同体が存在する。

　したがって，問いの構築にとってもっとも重要なことは，そうした学問や実務の共同体で**共有されている知識や問題関心を修得する**とともに，そこにどんな探求課題が存在しているかを考えていくことである。その際，各学問の内部には，たとえば社会学における「階層研究」とか「逸脱研究」というようないわゆる「専門分野」のより小さな「下位共同体」があるので，そうした専門分野の既存の達成地点から出発して，それをどれだけ進展させることができるかという観点から問いを考えていくことが望ましい。

◇ 問いは変化する

　問いは，研究の出発点で立てられたものがそのままずっと研究の終了時まで不変に保ち続けられるというものではない。むしろ，研究の実際のプロセスの**中でどんどん修正されるべき**ものである。というのは，研究には常に「やってみなければわからない」という不確実性がつきまとうからである。たとえば，『ストリート・コーナー・ソサエティ』のホワイトの場合でも，スラム地区で

の参与観察を行いながら，彼自身の人々とのつきあい方やどこに研究テーマの焦点をおくかなどについて，常に反省的な思考をめぐらしていたことを「アペンディクス」に記している。研究では「歩きながら考える」ことも重要なのだ。

4. データ収集と分析

　問いが設定され，その探求の中でデータの果たす役割が明確に定められたならば，次のステップはそのデータを収集し分析するしかたの計画を作成することである。その際，考えるべきことは，
(1)　どういうデータを
(2)　どのようにして収集し
(3)　どのように分析するか
である。いずれも，問いが何であるかによって決まってくる。

4.1　データの種類

　社会調査が関わるデータは，一般に**量的データ**と**質的データ**とに大別される。量的データは統計的データともよばれ，統計的調査によって収集されることが多い。(厳密にいえば，データが量的だとは「数量で表されている」ということだから，必ずしも統計的であるとは限らない。たとえば，ある日の昼食代が500円だったというデータは，量的ではあるが統計的ではない。しかし，特別な場合を除いて，社会調査の文脈では量的データはすなわち統計的データだとみなしてかまわない。)

　質的データとは，第一義的には，データの値が数量で表現されていないものをいう。したがって，たとえば「女」か「男」か，「大卒」か「高卒」か，というようなデータも「質的」である。このようなタイプのデータはしばしば統計的データの中にも含まれており，その場合には**カテゴリカル・データ**とよばれることもある。ただし，統計的データの中では，このような質的なデータも基本的にはそれぞれの値の出現頻度のような量的指標を用いて分析されることになる。つまり，統計的データの中のカテゴリカルなデータは，質的でもあり，

同時に量的でもある。

したがって、質的データは統計的研究によって収集されることもあれば、非統計的研究によって収集されることもある。

質的データとは、その値が数量的でないものがすべて含まれるから、その内部はきわめて多様である。あえて分類すれば次のようになるだろう。

 (a) 統計的研究におけるカテゴリカル・データ
 (b) 統計的研究における自由回答・観察記録
 (c) 聴き取り調査の記録
 (d) 参与観察の記録
 (e) さまざまなドキュメント文書（日記、手紙、書物、古文書、公文書、など）
 (f) さまざまな音声・映像メディア

4.2 どのように分析するか

これらの分析のしかたも多様にありうるが、多くは、統計的に分析するかそうはしないかで分けられる。統計的に分析するとは、基本的に「頻度」や「平均」を求めることである。質的データには平均が定義できないけれど、頻度は求まる。たとえば(e)のドキュメント文書に関して、文書の中のさまざまな「キーワード」の出現頻度や、異なるキーワード間の統計的関連のしかたなどを求めることができる。こうした「質的データの統計的分析」は、一つの重要な分析手法である。

統計的でない分析とは何をすることになるだろうか。それはまず第一に、**(A) 問いとの関連においてデータは何を表示しているかを考察する**ことである。たとえば、『ストリート・コーナー・ソサエティ』の中の有名なエピソードに、ノートン団という不良グループのボーリング大会での各人の成績とノートン団内での地位との関連の分析がある。ホワイトは、「ノートン団内での地位の構造がどのようなメカニズムを通じて維持・強化されていっているのか」という問いを立て、その問いに沿って観察を積み重ねるとともに、観察記録を分析した結果を一つの物語の形で報告している。

この例の場合は、観察している途上で問いが明確になっているが、この逆の

極端な場合，調査や観察が終わるまでに必ずしも問いが十分に明確になっていないこともある。望ましいとはいえないが，研究途上で問いが変わることもあるので，あながちあってはならないことではない。こうした場合，まずなすべきことは，(B)**データが意味をもつような問いとは何かを自問しながらデータを徹底的に読む**ことである。これは，たとえば芸術作品に対峙するときの批評家の態度でもある。つまり，当の作品あるいはデータから何を発見することができるかという問題意識をもち，研究者が，自らの言葉で語りうるような，そして語るに足るような何かをデータの中に発見できるまでは，データに沈潜するということである。これは必ず発見がえられるという保証はないから，リスキーな作業だといえる。研究とは，多かれ少なかれそんなものだ。

もしも幸運にして，「語りうる何か」をつかめたら，今度は(A)のように，その何かとの関連において，データを全体的に考察し直せばよい。

量的・統計的データの場合でも，基本は同一である。もしも，問いが明確であるならば，(A)のように，その問いとの関連においてデータを統計的に分析していけばよい。さまざまな分析手法が開発されているから，当該の問いとデータに関してどれが適切な手法であるかを判断しながらさまざまな分析を試みることになる。

しかし，統計的分析の場合でも，当初の問いに沿って分析してみたら予想外の結果がでてしまったり，混乱するような結果がでてしまったりすることが決して少なくない。そのような場合，そして，むろん最初から問いがあまり明確ではない場合も，やはり(B)と同様の「歩きながら考える」作業に入らなければならない。すなわち，とりあえずでてきた分析結果を丁寧に眺めまわして，そうした結果（の一部）が意味をもつような問いとは何か，を考えることである。そして，これを考えながら，さらにさまざまな統計的分析を繰り返していく。

統計的分析と質的データの分析との違いは，せいぜい次の点だけである。統計的分析の場合には，データから「意味」を読みとるためには単なる数値が並んでいるだけのデータをいったん統計的に分析して，「平均」や「比率」や「相関係数」などのような形のアウトプットを出さなければならない。それにたいして，質的データの場合はその解釈性によって一般に個票データそのものがある程度の「意味」を表示している。これだけである。（もっとも，理解不能

な発話や聴きとれない音声データや,暗号のような文書データもないわけではない。)

その点をのぞけば基本は共通だ。問いに答えることをめざす。これが分析としてなすべきことである。

＊＊＊　第3章　練習問題　＊＊＊

3.1　練習問題2.1に挙げられている社会学的研究のいくつかを取り上げて,それらがどういう問いに答えることをめざしたものであるかを考察せよ。

3.2　少子化の問題について次のような問いを立ててみた。それぞれについて,どのようなデータがあれば問いに答えることができるかを考えてみよう。

(a)　出生コーホート(出生年を等しくする人々の集団)によって,少子化傾向はどのように異なっているか。

(b)　所得階層によって少子化傾向はどのように異なっているか。

第4章
社会調査を企画する

　この章からは，第14章を除いて，主として統計的調査について解説することになる。統計的調査はさまざまな側面で定型化された方法が発達しているので，テキストを通じて修得できるところが大きい。その中で，本章で解説するのは，実査を中心とする狭義の社会調査の企画のしかたについてである。調査の企画というのは学園祭の企画に似たところもあって，経験によって学ぶことも少なくないのだが，あらかじめ，調査を企画するとは何を考えればいいことなのかを理解しておくことも必要である。そのためには，テキストを手がかりにして調査研究の全体イメージをつかみ，頭の中での模擬演習を体験してみることも大切だ。

1. 調査の企画段階で考えるべきこと

　社会調査を実際におこなってデータを収集・分析し，最終的に報告書ないし論文のかたちで結果を公表するという営みは，一軒の家を建てるようなプロセスに似ている。設計し，工程作業手順を明確にし，必要な予算や労力を見積もり，それらの調達のめどをつけた上で，実際の作業に取りかかるのである。
　何といっても，社会調査は時間と労力とお金がかかる。そのために，企画は十分に練られたものでなければならない。ここでは，調査を企画する段階で検討しておかなければならないいくつかの基本的な事項について説明しよう。

1.1 オーガニゼーション

　社会調査，とくに統計的な調査を一人で行うのは難しい。量的な分析に耐えるだけのケース数は最低でも 400〜500，普通ならば 2000 前後のケースが必要だ。このような大量のデータを収集しようと思ったら，さまざまなかたちで多くの人の協力を仰がなければならない。

　多くの統計的調査はチームを組んで行われる。したがって，チームづくりこそが，調査研究の出発点でありまたその成否を死活的に左右する。チームづくりに失敗すると，研究そのものが失敗する。チームについては二つの可能性がある。一つは，既存の組織がそのまま研究チームの母体として利用できる場合だ。官庁や企業が調査しようとするときは，しばしばこの方法がとられる。というよりも，実際には既存の組織が主体となって調査をしようということになることが多い。

　もう一つは，大学の教員や大学院生たちが中心となる場合で，ここでは調査研究のために新しくチームを組織しなければならない。とくに文科系では，日常的には組織や集団で研究してはいないのがふつうだ。そこで，いろんなネットワークを活用して新しい臨時の研究組織を作る。

　既存組織が基盤にあると，さまざまな面で非常に便利なのは，いうまでもない。意志決定のしかた，役割分担，研究補助員のリクルートなどが容易であるし，何よりも恒常的な組織と建物があるので，個票データや資料を保管して次の研究に役立てることができる。その反面，あまりに組織が堅固だと，自由で創造的な研究が抑制される危険もある。

　それに対して，臨時の研究チームの場合は，新しい組織づくりとその維持運営についてかなりのエネルギーが必要になる。そのかわりに，テーマに応じた機動的で創造的な運営の可能性も大きい。

　どちらもそれぞれのメリットとデメリットがある。メリットを生かしつつ，デメリットを最小限に抑える工夫が大切だ。

1.2 費　　用

　社会調査にはお金がかかる。一人で行う場合でも交通費や宿泊費がかかる。これは，自分の住まいから離れた地域や海外で調査する際にはかなりのコスト

コラム1　小さな標本の大きな理論

　場合によって，非常に小さな標本を一人で集めたものでも，よい研究が産み出されることがある。M. グラノヴェターという社会学者の「弱い紐帯の強さ」の研究は社会ネットワーク研究を代表するものだが，データとしては個別インタビューによるものが100ケース，郵送によるものが100ケースというふうに非常に小さいものであった。この研究でグラノヴェターは，人々が転職したり新しく職に就いたりするとき，その職についての情報をえた経路は，親密な友人よりも単に見知っているだけの疎遠な知人の方が多いことを見出した。これは，社会関係にとって，閉鎖的で濃密な連帯性だけでなく緩やかなネットワーク的な結合も重要であることを示したもので，その後の研究に大きな刺激を与えたものである。この研究はグラノヴェターのハーバード大学での博士論文であり，彼一人でデータ集めをしなければならなかったので小さな標本数になったのだが，導き出された理論的含意の大きさが，標本数の小ささを十分に補ったのである。

になる。ましてや，多くの人々が関わる統計的調査にかかる費用は非常に大きい。したがって，調査研究のためには「研究費を調達すること」が不可欠だ。

　統計的調査の場合，どれだけの費用でどのくらいの規模の調査ができるものなのか，簡単な試算を表4.1に示してみた。ここでは次のやり方をとるものとしている。(a)調査と分析は基本的に自分たちの研究チームで行い，調査会社には委託しない。ただし，データ入力は外部に委託する。(b)対象者への面接等は，アルバイトの調査員を雇用して実施する。(c)調査は中規模のある一つの都府県内の50の地点に住む1000人を対象にして行う。(d)サンプリングも実査（面接の実施）も日帰りで可能だとする。(e)アルバイト費用は，1日約1万円とする。

　これはあくまで試算であって，実際には人件費やその他の費用は経済情勢によって変化することと，宿泊費などを含まない最小限の金額であることに注意しなければならない。ある程度の余裕を考えれば，だいたい1サンプルあたり4,000円の費用がかかると考えた方がいい。

　しかもこれは，データ入力を除いて，実査などはまったく委託しないという前提での費用である。もしも，調査票の印刷とサンプリングからデータの入力までをすべて調査会社などに委託したとしたら，さまざまな管理費用（これは上の試算では計上されていない研究者自身の仕事に対応する管理的および専門的な

表 4.1 調査費用の試算（個別面接調査の場合）

(1) 印刷費等
- (イ) 調査票（A4 判で 10 頁程度）　　1,200 部　×　100 円　＝　120,000 円
- (ロ) 選択肢リスト（回答票）　　　　　100 部　×　300 円　＝　30,000 円
- (ハ) 依頼状　　　　　　　　　　　　1,200 部　×　10 円　＝　12,000 円
- (ニ) 封筒　　　　　　　　　　　　　1,050 枚　×　10 円　＝　10,500 円
- (ホ) 依頼状郵送費　　　　　　　　　1,000 部　×　80 円　＝　80,000 円
- 小計　　　　　　　　　　　　　　　　　　　　　　　　　　252,500 円

(2) サンプリング費用
- (イ) 選挙管理委員会宛依頼状発送経費　50 部　×　100 円　＝　5,000 円
- (ロ) サンプリング人件費　　　　　　25 人/日　×　10,000 円　＝　250,000 円
- (ハ) 交通費　　　　　　　　　　　　25 人　×　2,000 円　＝　50,000 円
- 小計　　　　　　　　　　　　　　　　　　　　　　　　　　305,000 円

(3) 調査実施費（個別面接調査の場合）
- (イ) 調査員手当　　　　　　　　　　50 人×3 日　×　10,000 円　＝　1,500,000 円
- (ロ) 調査員交通費　　　　　　　　　50 人×3 日　×　3,000 円　＝　450,000 円
- (ハ) 調査員通信費　　　　　　　　　50 人　×　1,000 円　＝　50,000 円
- (ニ) 対象者謝礼　　　　　　　　　　1000 ケース　×　500 円　＝　500,000 円
- 小計　　　　　　　　　　　　　　　　　　　　　　　　　　2,500,000 円

(4) その他
- (イ) コーディング補助員費　　　　　25 人/日　×　10,000 円　＝　250,000 円
- (ロ) データ入力費用　　　　　　　　700 ケース×4 枚×50 円　＝　140,000 円
- 小計　　　　　　　　　　　　　　　　　　　　　　　　　　390,000 円

総計　3,447,500 円

人件費と，会社としての利益とを合計したもの）が加わるので，1 サンプルあたりの費用はこれを大幅に上回る．とくに，全国調査で宿泊費や交通費に多くの費用がかかるときは，1 万円前後になることも少なくない．

　逆に，個別面接調査ではなくて郵送調査にすれば，表 4.2 に示したように調査実施費の部分が大きく縮小する．

　こうした経費をどのようにして調達するかは，残念ながらこのテキストの守備範囲を超える．いずれにしても，社会調査はけっして軽くはない金銭的コストがかかること，それゆえにこそ，いざ調査を行うにあたっては意義のある目的をもって周到な計画を立てなければならないことを，よく理解してほしい．

1. 調査の企画段階で考えるべきこと   65

表 4.2　郵送調査における調査実施費の試算

(3)郵送調査の場合の調査実施費

(イ)	調査票郵送費	1,000 部 ×	2 回 ×	160 円	=	320,000 円
(ロ)	督促依頼状郵送費	700 部 ×	2 回 ×	160 円	=	224,000 円
(ハ)	封筒代	1,700 部 ×	2 回 ×	15 円	=	51,000 円
(ニ)	封入人件費	3 人 ×	2 日 ×	10,000 円	=	60,000 円
	小計					655,000 円

1.3　スケジュール

　調査研究はさまざまな作業の積み重ねからなっている。調査の企画段階でそれらの順序とタイムスケジュールを考えておかねばならない。標準的な作業手順とスケジュールを記すと 図 4.1 のようになる。

　このうち,「(2)調査票の作成」と「(3)サンプリング」とは,ほぼ同時並行的に進めることができる。また,「(4)実査マニュアルの作成」と「(9)コードブック・基礎集計表の作成」とは,小さな調査では省略されることもあるが,原則として作成することが望ましい。「(2)調査票の作成」の中の「プリテスト」も,省略しない方がいい。

　それぞれの作業に必要と思われる時間を (　) 内に記した。「(1)調査の企画」の成案がなって(2)および(3)に進んだ時点から,「(10)分析」に取りかかることができるまでだけで,ほぼ 6 ヶ月を要する。郵送調査の場合には,「(5)調査の実施」に 1〜2 ヶ月程度余分にかかると考えた方がいいだろう。

　これらの作業のタイム・スケジュールをあらかじめ作成しておき,それに沿って作業を進めていけば,おのずからデータの収集という意味での狭義の調査は完成する。無理のないスケジュールを立てるべきであることはいうまでもないが,あまり間延びしたスケジュールを立てたり,スケジュールをまったく立てないということは望ましくない。多くの人のさまざまな協力や共同作業が不可欠のときには,あらかじめ予定を共通に確認し,労力を集中できるようにすることが必要だからである。

図 4.1　調査の企画からデータファイルの作成まで

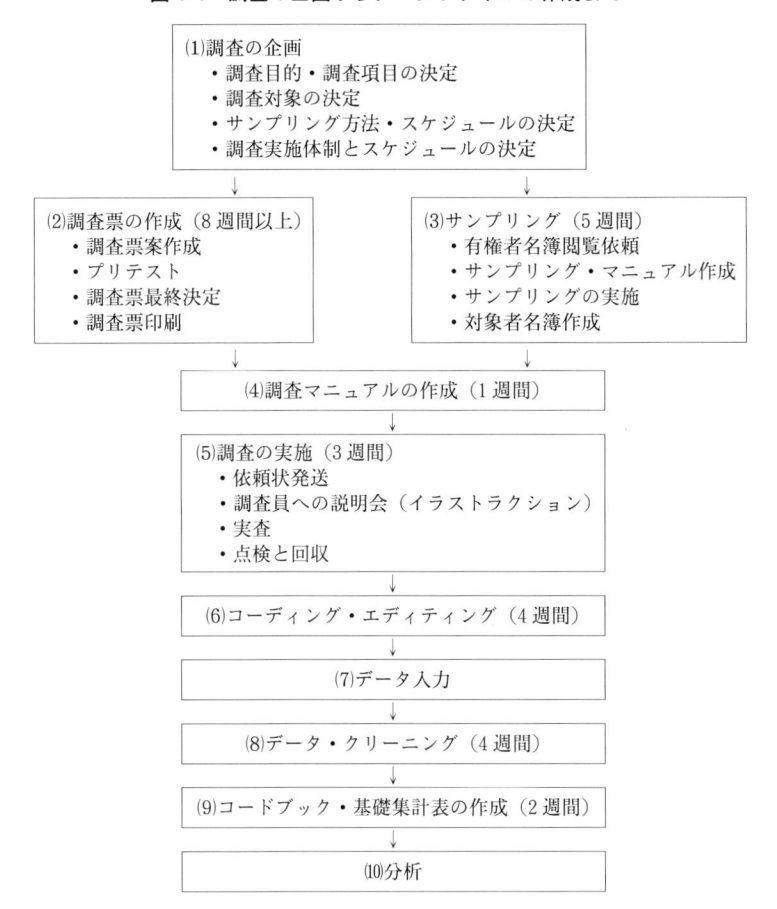

```
(1)調査の企画
  ・調査目的・調査項目の決定
  ・調査対象の決定
  ・サンプリング方法・スケジュールの決定
  ・調査実施体制とスケジュールの決定
           ↓
┌──────────────────────┬──────────────────────┐
(2)調査票の作成(8週間以上)    (3)サンプリング(5週間)
  ・調査票案作成               ・有権者名簿閲覧依頼
  ・プリテスト                 ・サンプリング・マニュアル作成
  ・調査票最終決定             ・サンプリングの実施
  ・調査票印刷                 ・対象者名簿作成
           ↓
(4)調査マニュアルの作成(1週間)
           ↓
(5)調査の実施(3週間)
  ・依頼状発送
  ・調査員への説明会(イラストラクション)
  ・実査
  ・点検と回収
           ↓
(6)コーディング・エディティング(4週間)
           ↓
(7)データ入力
           ↓
(8)データ・クリーニング(4週間)
           ↓
(9)コードブック・基礎集計表の作成(2週間)
           ↓
(10)分析
```

2. 統計的調査の種類

　統計的調査には，個別面接調査のほかにもいくつかの方法がある．それぞれの長所と短所を比較し，自らの調査研究にとって適切なやり方を選ぶ．
　検討すべき主なポイントは，(a)調査の正確さ，(b)回収率，(c)時間・人および金銭的コストの三つである．主な調査方法について，表4.3にまとめてある．

表 4.3 調査の種類と特性

調査の種類	正確さ	回収率	コスト
個別面接調査	◎	◎	△
留置調査	○	◎	○
郵送調査	○	×	◎
電話調査	△	○	○

以下,それぞれの調査方法について説明しよう。

2.1 個別面接調査

調査法調査の基本タイプである。標本としてサンプリングされた個々の対象者に調査員が直接面接し,調査票を読み上げるかたちで質問し,回答を調査票に書きとっていく他計式の調査法である(回答者本人が調査票に記入するものを **自計〔自記〕式**,調査員が記入するものを **他計〔他記〕式** という)。対象者本人であることの確認,質問の意味の伝達,回答の正しい記入,虚偽回答のチェックなどの点で,調査の正確さは最も優れている。コストの面,それも単に金銭的なコストだけでなく,大勢の調査員に各地で一斉に同一の規格で実査に取り組んでもらうための周到な準備と組織化のコストが膨大だというマイナス面はあるが,厳密で精確な調査研究をめざすのであれば,個別面接調査に勝るものはない。

2.2 留　置　調　査
　　　とめ　おき

対象者を個別に訪問するという点では個別面接調査と同じだが,その場で聴き取るのではなく,調査票を手渡して対象者自身に記入してもらうよう依頼し,一定期間おいたあとで再び訪問して回収する自計式の調査である。忙しい対象者であっても,個別面接調査よりは応じてくれやすい点,プライバシーに関わる内容も比較的聞きやすい点,そして一人の調査員が回れる対象者数をやや多くできる点の三つのメリットがある。しかし,質問内容の誤解や記入の誤り,ほんとうに本人が記入したかどうかの確認などの点で,正確さがやや犠牲になる。このため留置調査は,質問がそれほど複雑ではないものや,意見ではなく,家族員の構成などの属性などのように家族の別の人が記入してもあまり困らな

い質問内容のもので，高い回収率が望まれるものなどの場合に用いられる。

2.3 郵送調査

標本対象者の住所がわかっている場合，調査票を郵送して対象者本人が記入したものを返送してもらう方法が可能である。宅配便でも同じで，これを郵送調査という。この方法は明らかにコストが低く，とくに調査員を雇用する必要もないし，広い範囲のどんなに交通の便の悪いところでも郵送代だけで調査できるというメリットがある。また，回答者の匿名性が高いという点では，回答しやすい面もある。しかし，回収率が非常に低いという欠点がある。調査票を発送して2, 3週間後のキリのいい日を指定して「○月○日までにご返送下さい」と依頼するのだが，それで返送されてくるのは20％くらいである。そのため，未回収の人にはなんどか督促の依頼を発送することになる。回答していただいた人には，あとで謝礼品を送ると明記しておくことも必要だ。場合によっては，電話で連絡することもある。そうした努力をした上でも，40〜50％の回収率がえられればいい方だ。(ただし，TDM＝Total Deseign Methodと称する詳細な工夫によって回収率を上げることができるという説もある。)むろん，回収率のほかにも，本人確認の不確かさや誤記入・誤回答などの問題もある。

にもかかわらず，低コストで大量に調査できるところから，統計調査のなかで郵送調査の比率はかなり高い。しかし，回収率が低すぎるとせっかく無作為抽出したとしても回収標本に偏りが生じる危険が大きいので，この調査は比較的簡単な質問内容で回答の信頼性と母集団についての推定をあまり厳密に考えなくてもいいような調査のときにのみ用いるべきだろう。

2.4 電話調査

マスコミの世論調査などでは，電話調査も多くなった。ただし，従来のように電話帳をベースにした電話調査ではなくて，**RDD**（Random Digit Dialing）とよばれる方法にとってかわられている。これは，パソコンを利用して電話番号をランダムに発生させ，通じた電話の中から業務用を除いて家庭用の電話に出た人にインタビューするものである。あらかじめシステムが構築されていれば，短時間に大量の調査が比較的低コストでできるというメリットがある。郵

送調査と同じく，遠隔地でも難しくない。しかし，電話での質問内容はかなり簡単で短いものでなければならないし，家庭用電話に出た人にインタビューするのが基本なので，「20歳以上の成人」というようなあまり特定化していない母集団か，世帯に関する調査などに限定される。さらに，厳密な標本構成のためには一般にもとのデータの属性分布にやや複雑な補正をかける必要がある。システム構築のコストも合わせると，世論調査を専門とする機関でなければ利用するのは難しい。

以上のほかに，学校や職場，あるいは何らかの集会の場で調査票を配布し，その場で記入してもらったり，あとで回収したりする**集合調査**がある。このやり方は，無作為抽出にはなりえないので，せいぜい探索型の調査とみなすべきだろう。

3. 調査対象の設定

3.1 代表性ではなく適切さ

社会調査は主として，誰かに質問して回答を得ることからなっている。それは統計的調査と質的調査とを問わない。したがって，誰に何を質問するかが肝要である。ここでは，「誰に」という問題について考えておこう。

第2章でも述べたが，「誰に」という問題は事例やサンプルの「代表性」あるいは「典型性」の問題として語られることが多いけれども，それは正確ではない。たとえばデュルケムの『自殺論』のデータを構成している19世紀西ヨーロッパ諸国における自殺が，人類一般のそれを「代表」しているかどうかはわからないし，重要なことではない。あるいは，ホワイトの『ストリート・コーナー・ソサエティ』のフィールドであったボストンのイタリア系移民街が，アメリカの大都市スラム地区の「典型」であったかどうかも，どうでもいいことだ。

「誰に」という問題にとって重要なことは，代表性や典型性ということではない。それは次のように考えなければならない。第一に，事例やサンプルの選択において考えるべきことは，それが，探求の問いにとって「適切な関連のあ

る」対象ということだ。たとえばスラムを研究しようとするときに，郊外住宅地やビバリーヒルズのようなところを対象地にするのは馬鹿げているが，適切な対象地はさまざまなところに存在している。また農村を研究しようとしているときでも，対象地として適切なところはいくらでもあるだろう。ここで，唯一考えておかなければならないのは，「調査対象としての条件は何か」ということだけであり，その条件を満たす対象を設定することである。この「条件」は，探求の目的によって決まってくる。そして，「条件」を明確にしていくための考察を進めていくことによって，逆に探求の目的も，より明確に深められたものになっていく。

　これは統計的研究でもまったく同じである。たとえば，「少子化に関わる結婚観・家族観を調べてみよう」というような大まかな問いから出発したとしよう。このレベルの問いの立て方では，誰に何を聞いたらいいかあまりにも漠然としている。全国のすべての年齢層に聞くべきか，それとも限定していいのかも決められない。ここでもし予算などの都合で，せいぜい1000サンプルくらいの調査しかできないという制約がかかっているとする。そうするとまず，調査企画として「限られたサンプル数のもとでいかにして有効な調査を行うか」の問題に直面する。そして，このとき「有効な調査」とはどういう調査か，を真剣に考えなければならなくなる。

　ここにおいて一般的には二つの大きな選択肢がある。すなわち，広く薄くサンプルを設定するか，狭くサンプルを設定するかである。全国の幅広い年齢層という設定が前者，それに対してたとえばA市の20代と30代の男女というような設定が後者だ。「広く薄く」の場合には「母集団が大きい」というメリットがある。調査によって得られるデータによる分析結果は，その大きい母集団に対して直接的に妥当しうる。しかしその反面，分析のしかたに大きな制約がかかることに注意しなければならない。というのは，広く薄い対象設定だと，たとえば20代のサンプルは全体のせいぜい5分の1にしかならない。全部で1000サンプルだと20代のサンプルはせいぜい200サンプルだ。しかも，回収率が60％だとして，有効回収票は120ケースくらいにしかならない。そうすると，ここで「20代の結婚観は，性別，学歴，および居住地域によってどのように異なるか」というような分析を行おうとすると，とたんにケース数が足

りないということになる。

　狭い設定の場合はこの逆だ。A市における20・30代の対象者に限定すると，「年齢による違い」と「居住地域による違い」は主要なテーマからはあらかじめ外される。そうすると，「性別と学歴とによる違い」を分析するのに使える有効ケース数を600程度見込むことができる。これならば，さらに突っ込んだ分析も可能だ。そのかわりに，この分析結果は，少なくとも直接的には「A市の20・30代」という小さな母集団にしか妥当しない。

　どちらを選択するかは，調査者が自分で決めることだ。そして，ここでどう決めるかは，何をどのように探求するのかの目的をより特定化することになるのである。

　この問題は，事例研究の場合の「対象事例の設定」という問題と同一のものである。そして，両者に共通する基準は，「探求目的にとって適切に関連する対象を選ぶ」ということであり，逆にいえば「選ばれる対象にふさわしいように探求目的を深めていく」ということである。

3.2　無作為抽出か否か

　ところで，統計的調査の場合には一般に「無作為抽出」が原則だけれども，実はすべての統計的調査が必ず無作為抽出でなければならないというものではない。無作為抽出の意味と実際のやり方については第7章で詳しく説明するが，簡単にいえば無作為抽出とは「母集団の分布特性をリーズナブルに推論しうるための標本の条件」であり，具体的には「母集団のすべての成員の被抽出確率が等しいこと」を意味している。世論調査や市場調査ではこの条件は絶対である。しかし，探求目的によっては，必ずしも無作為抽出が絶対的条件とはならない。

　よく知られているように，社会心理学的ないし心理学的実験の多くが，無作為に選ばれたのではない被験者を対象にして行われている。たとえば同調行動に関するアッシュの有名な実験があるが，それは次のようなものだ。

　教授に「被験者になってほしい」と頼まれた学生が実験室に行くと同じように頼まれたらしい学生たちがすでに着席している。空いている席をみつけて座ったところへ教授がやってきて「これから知覚の実験をします」といって，縦

線が1本ずつ描かれている何枚ものカードをみせながら，すでに前方に掲示してある3本の縦線のうち，どれと同じ長さにみえるかをたずねる。1枚のカードが示され，右端の学生から順に答えるという手順を繰り返していくが，非常に易しい問題なので誰も間違えることはない。ところが，ある程度実験が進んだところで，当の学生が「2番が正しい」と思ったのに，右端の学生が「1番」と答える。次の学生もそうだ。当の学生は戸惑ってしまう。最初のうちはそれでも自分が正しいと思った答えを言うけれども，しだいに自分の判断をおさえてほかの学生の答えに同調するようになる。

　要するに，すでにいた学生はすべて「サクラ」で，本当の被験者は一人だけ。彼が最後に答えるように席が設けられていたのである。アッシュによれば，サクラが全問題の2/3を故意に間違えた場合，被験者の全回答のうち33％が誤った答えであった。同じカードを別の被験者に単独で答えてもらったときは誤りの割合はわずか0.07％だったから，明らかに有意な差がある。しかしこの被験者はすべてアッシュの勤務していた大学の学生である。はたして，こんな偏ったサンプルから，「人は集団の圧力が強いと自説を曲げて同調してしまう傾向がある」と一般化することができるのだろうか。

　実は，無作為ではない統計データはこれに限ったことではない。医学研究の大部分がそうだ。データのほとんどは，その研究者が所属している病院に来た患者のものである。薬学でも，新薬の承認手続きに必ずプラセボを使った薬効の臨床実験が課せられているが，そこでも被験者は身近な患者であったり，学生であったり，臨床実験の被験者としての報酬をあてにしている人からなっていて，けっして無作為に選ばれたものではない。なぜ無作為でなくてもいいのだろうか。

　その理由はこうである。実は，探求しようとしている現象が，個人の社会的な諸属性とは無関連だと想定できるのであれば，実験や調査の対象者を社会的な属性の観点から無作為に抽出する必要はない。大学生であろうとなかろうと，ある病院の患者であろうとなかろうと，人間一般にとって等しくあてはまるような現象を解明するという探求目的の場合には，誰が選ばれるかは問題ではないのである。すなわち，「現象の文化的・社会的中立性」が前提されているのである。

3. 調査対象の設定

ただし、これはあくまで「仮定」である。もしかするとその前提が間違っているばあいだってあるかもしれない。実際、社会心理学の実験的研究では、アメリカでの研究を日本で再現しようとすると、異なる結果が出ることが少なくない。大学生で行ったことを一般の人々を対象に行ったときにも違いが出ることがある。このような場合には、実験の前提であった「文化的・社会的中立性」は実は成立していなかったのだと判断しなければならない。ただしこのことは、この実験が文化的・社会的中立性を前提にして出発したのはそもそも間違いだったのだということをかならずしも意味するものではない。どんな実験や調査も、最初からすべての文化や社会的属性の違いを完全に考慮に入れた上で始めるというわけにはいかない。「すべての要因を考慮に入れた調査や実験」というものはありえないのであって、われわれはどんなに普遍的であろうとしても、実際にはどこか部分的で偏ったところから出発せざるをえないのである。したがって、出発点において文化的・社会的中立性を前提にして研究を始めることを非難することはできない。要は、そうした前提から研究を進めていったときでも、もしも研究の進展によってその前提が成立していないことが明らかになっていった場合には、研究全体をあらためて見直して再構築するという方向にむかえばいいのである。前提の不成立がわかったということは、現象についてより正しい知識がえられたとして、歓迎すべきことなのだ。

このことは、社会調査の対象設定を考える上でも、きわめて重要である。念頭においておかなければならないことは、**われわれはすべての変数とすべての個体のデータを得ることはできない**ということだ。つまり、必ず選択しなければならない。その選択は、探求の目的にとって、戦略的に決められなければならない。

逆にいえば、探求の目的は、選ばれる変数と個体の属性とによって次のような制約を受ける。

(1) 収集できない変数は分析できない。したがって、データに含まれていない変数は探求の目的にとって関連性がないか非常に小さいとリーズナブルに前提できていなければならない。

(2) データに含まれていない属性の個体は分析できない。したがって、探求の目的と前提にとっては、その属性による違いは無視してもかまわないとリー

ズナブルに想定できなければならない。

　これが二大原則だ。これは，事例研究にも統計的研究にも等しくあてはまる。したがって，たとえば先の「A市の20・30代を対象にした調査」の場合，「性別・学歴と結婚観との関連のしかた」という現象が，A市という特定の地域に限定されず，広く日本全体に妥当するだろうとリーズナブルに想定できるのであれば，標本の母集団はA市の人に限られるけれども，その調査データの分析結果は広く日本全国にも妥当するだろうと想定することができる。しかし，地域についてはそうであっても，おそらく「20・30代」のデータがほかの年齢層にまで妥当しうると想定するのはリーズナブルではないだろう。

　基本的には，このように考えて調査対象と質問する内容とを設計する。それは調査企画にとって，最も重要なことのひとつである。

4. 目的・設計・分析法

　第3章で述べたように，どういう調査を行うかは，何のために調査するのかの調査目的と，その目的のために集めたデータをどのように分析していくかの見通しがあってはじめて決まることである。調査の企画段階では，この「目的・設計・分析法」の3点セットが同時に検討されなければならない。とくに，どんな分析をするかの見通しもなしに，ただデータを集めてみようというだけでは，結局は無駄な労力と費用をかけただけに終わる。

　ここでは，この3点セットについて大まかな指針を示しておこう。

4.1　分布を知ることが主たる目的の場合

　世論調査や意識調査，あるいは家族構成や活動状況などについての調査は，母集団における分布状態を知ることに主な目的がある（記述の問い）。このような調査では，分析方法は比較的簡単なものでよく，母集団における何らかの変数の比率や平均を求めることが中心になるだろう。

　その代わりに重要なことは，母集団の明確な設定，それにあったサンプリング設計，そしてさまざまな推定上の誤差をできる限り小さくするための努力で

ある。

　さらに重要なことは，知ろうとしていることが何の分布であるのかについての明確な理解であり，そのために最もふさわしい質問文の設計である。たとえば，ただ漠然と「人々は環境問題についてどう思っているのだろうか」というような問題関心のままでは，調査にならない。環境問題もさまざまであるし，どう思うかも無限の「思い方」がある。問題をたとえば「地球温暖化」「オゾン層破壊」「砂漠化」「産業廃棄物」「家庭廃棄物」「リサイクル」などに特定化して，そのどれかまたはいくつかに絞るべきだし，「思い方」についても，「問題の深刻さの認知度」「原因に関する理解」「望ましい対策のあり方」などに細かく分けて，それぞれについて質問すべきである。

　こうした「知りたいことは何か」を検討することは，既存研究や文献をもとにして，テーマとなっている問題についての現状における多様な知識や主張や政策を自ら徹底的に分析した上で，どういう質問を投げかけることが調査の目的にとって最も適切なことであるかを考察する作業である。ただ単純に「分布を知りたい」という目的であっても，いい調査を設計するためには，そのテーマに関する周到な事前の勉強が不可欠なのだ。

4.2　分布の比較が主たる目的の場合

　性別による違い，年齢による違い，地域や国による違い，あるいは時代による違いなどを問題にしようとするのは，比較の問題である。多くのばあい，分布の比較も，分析法はおおむね簡単なものでよい。

　比較にとっては，母集団の概念とサンプリング設計がますます重要になる。たとえば，「関東と関西とを比較してみよう」としても，関東とはどこか関西とはどこかを明確にし，設定された母集団にふさわしいサンプリングを考えなければならない。

　国際比較や時代比較にはもっと複雑な問題が存在している。まず国際比較では，質問文の比較可能性の問題のほかに，国によってサンプリングや調査方法が異なってしまうという問題がある。こうした障害を乗り越えて，できる限り比較可能な調査を設計することが重要である。

　次に，時代比較の多くは過去に行われた調査結果との比較になる。したがっ

て，比較対象となっている過去の調査について正確な情報を集め，サンプル設計と調査票とをできるだけ比較可能なものにしなければならない。

なお，比較に際しては，適度なサンプル数がないと，母集団のレベルで違いがあるかないかの判断を導くことができない。この点でもサンプル設計が重要となる。

4.3 二つの変数間の関連の有無を吟味することが主たる目的の場合

「喫煙が健康に良くない」とか「夫の家事参加が多いほど夫婦の仲がいい」というような命題が正しいかどうかを統計調査で調べてみたいとする。このような場合には，(a)命題に含まれている概念的な変数を質問文でどうとらえるかということと，(b)どういう分析法を用いるかとが重要である。(a)はたとえば，「健康の状態」や「家事参加」や「夫婦の仲のよさ」などを，どのようにして調査として測定するかという問題である。「喫煙」のような単純な変数でさえ，単に「喫煙しているか否か」を聞くだけでいいのか，「喫煙の程度」も聞くべきか，あるいは「過去の喫煙」についても聞くべきか，などのようにさまざまに考えられる。

(b)のどういう分析法を使うかも(a)の質問文を規定する。もしも量的な変数の分析法を使うのであれば，単に「有無」だけでなく「量的な程度」をわかるようにした方がいい。逆に，もしもカテゴリカルな分析法を用いるのであれば，「健康の状態」や「家事参加」などをカテゴリカルな値で示せるように質問文を作らなければならない。

この場合にも，すでに似たような調査研究があるときは，それを詳しく検討して，質問文や調査設計の参考に活用すべきである。

以上のように，目的と設計と分析法は相互に密接に関係している。調査の企画にあたっては以下の章で述べる調査票の作り方，サンプリング，そして分析法についての十分な知識をもとに，調査研究の目的にうまく適合した計画が立てられなければならない。

＊＊＊　第4章　練習問題　＊＊＊

4.1　次の調査のそれぞれについて，調査目的と調査設計とが適合しているかどうか検討しなさい。

(a)　年齢別のインターネット普及率を知るために，郵送調査を行う。
(b)　小学生の学力が20年前と比べて低下したかどうかを調べるために，新しい学力テストを全国のすべての小学生に実施する。
(c)　摂食障害の社会的要因を探求するために，摂食障害について一般向けに書かれた書物を集めて質的な分析を行う。
(d)　要介護老人を抱えた家族の生活実態を探求するために，全国から3000人の有権者に個別面接調査を行う。

4.2　次の調査において，調査対象者あるいは調査事例を抽出する場合，無作為抽出を用いなければならないのはどれか。また，必ずしも無作為抽出でなくてもかまわないとしたら，その理由は何か。

(a)　大規模に開発されたニュータウンにおける地域社会の構造を探求するために，調査対象として2ないし3ヶ所のニュータウンを抽出する。
(b)　あるニュータウンにおいて，一人の成人が同じニュータウンに住む友人を平均的に何人もっているかを調べるために，成人の個人対象者を抽出する。
(c)　30代の女性が，結婚や仕事や人生全体についてどのように考えたりどのような問題に直面しているかを詳しい聴き取り調査を通じて探求するために，聴き取りの対象者を抽出する。
(d)　1930年代生まれの女性と比べて1960年代生まれの女性が，教育や就職や結婚・出産などのライフイベントのパターンにおいて平均的にどのように変化したかを調べるために，二つの出生コーホートから調査対象の女性を抽出する。

第5章 ワーディング

1. 調査票を作る

　調査票は全体が一つの観測装置である。それは複数個の問で構成され，一つの問はさらにサブ・クエスチョン（副問）を含むことがある。（ここでは，個々の質問文を表す「問」を，探求の「問い」とは区別して表すことにする。）形式的には試験問題と類似しているが，決定的な違いに注意しなければならない。試験の場合には「正しい解答」というものが存在するが，調査にはそれはない。問は「解かれるべきもの」ではなく，ただ単に答えられるべきものだ。したがって，「解答」ではなく「回答」という。

　一つの調査票を作っていくプロセスは，それ自体が調査全体の縮図になっている。一つの工芸品を創作するときと同じように，さまざまな部品，それらを作成し組み立てていく順序，そして全体のデザインが重要だ。具体的には次のような作業からなる。

① 質問項目をあげていく。
② 質問項目のだいたいの順序を考える（構成を考える）。
③ 各質問項目について，具体的な質問文を作っていく。
④ あらためて質問の流れや整合性に注意して全体の構成を検討する。

　これらはおおむねこの順番で進められていくが，それぞれの作業が他と有機的に絡み合っている。たとえば，質問項目をあげていくときには，暫定的にで

も具体的な質問文を作ってみる。そうすれば，その項目の意味が明確になる。また，最後に全体の構成を整える際にも，すでに作った質問文に修正を加える必要がしばしば生じる。

調査票は，いったん印刷に回したらもう修正はきかない。何百人，何千人という対象者に対して，同一の調査票で調査することに意味があるので，実査をやりながら途中で直していくのは不可能だ。しかも，調査票こそが，回答というデータを得るための唯一の死活的な観測装置なのだ。

社会調査の多くは，統計的と質的とを問わず言葉を媒介にした調査である。言葉を投げかけ，対象者がその言葉に応える。そうしたコミュニケーションを通して，われわれは対象者の側にある何かをデータとして観測していく。その際，コミュニケーションのしかたをある規格されたフォーマットにまとめたもの，それが調査票である。

したがって調査票を作る際の注意点は，**ワーディング**という用語でまとめられている。言葉遣いだけを問題にしているような印象を与えるが，実際には，文章だけではなく質問の順序や選択肢の設け方についての注意も含まれている。ただ，**文章が重要**だというのは正しい。なぜなら，具体的な質問文こそが，調査者と対象者とを繋ぐ具体的な媒体だからである。ある意味で，質問文は調査における調査者の思想を表現している。何を前提にし，何を問題にし，何を明らかにしたいのかという探求関心の全体がそこに盛り込まれるのである。それなのに，質問したいことをただ並べていっただけでは，勉強不足の記者が政治家に質問するようなものだ。

調査票が観測装置だということに注意しながら，本章ではまず③の具体的な質問文の作り方を説明し，次章で残りの項を説明する。

2. ワーディングの諸問題

質問文は，対象者から回答を引き出すための探針であり，対象者を照らしだすフラッシュ光である。質問文の良し悪しによって照らし出されてみえてくるものが違ってくる。ただし，いいか悪いかの基準は単純ではない。それは，回

答者の概念図式と質問文が提示するそれとの関係に依存している。

2.1 曖昧な表現

　当然のことながら質問文は明解でなければならない。たとえば，「あなたは，大きな政府と小さな政府のどちらが望ましいと思いますか」と聞かれても，「大きな政府」で何が意味されているのかはっきりしていなければ対象者は答えようがない。このような曖昧な言葉が実際に使われることは案外と多い。それは調査者がそうした質問文で十分に意味が通じると思いこんでいるからである。

　曖昧な質問文で問われた対象者の回答のしかたには，基本的に三つの可能性がある。第一は，対象者もまた調査者と同じような曖昧さで思考しているので，質問に対してとくに違和感を覚えることなく素直に回答することである。ここでは，言葉の意味体系が調査者と対象者とのあいだでそれなりに共有されているので，とくに問題は生じないし，気づかれることもない。「無知の共謀」ともいうべき事態である。

　第二は，対象者が調査者とは異なる意味に理解して回答する可能性である。たとえば，調査者が「大きな政府」で「社会保障に手厚い政策を行う政治」を意味しているつもりであったのに，対象者は「公共事業や補助金への財政支出の大きな政治」と理解して答える可能性がある。ここでは，「南口」で別の場所を思い浮かべたままなのに，それに気づかないで「駅の南口で待ち合わせよう」と約束するような「意味のギャップ」が起こっているのである。

　第三の可能性は，質問文の曖昧さに気づいた対象者が，回答するのを控えることである。もしも回答に「DK（わからない）」が多かったときには，こうした「回答困難」が起こっている可能性を疑ってもいいだろう。

　無知の共謀，意味のギャップ，そして回答困難の三つは，曖昧な表現によってだけでなく，一般に不適切な質問文によって生じる問題状況の基本タイプである。このうち，意味のギャップと回答困難には徹底的に注意しなければならないが，無知の共謀はある程度やむをえないだろう。質問文は，一定の共有された意味空間を前提にして投げかけられるものだからである。

　しかも，場合によっては，あえて曖昧な表現を用いた質問文を使わざるをえ

ないときもある。たとえば,「大きな政府」という言葉が曖昧なものであることは百も承知の上で,対象者が「大きな政府」という言葉にどのようなイメージを抱いているのか,あるいはその言葉にどのような回答を返してくるのかを調べたいこともありうる。そのときは,そうすればいい。

2.2 難しい言葉

　専門的すぎる用語や,業界用語や,一部の人たちだけで流通している言葉が質問文に使われると,曖昧な表現と同じ問題が生じる。私たちはたいてい,自らが使用している言葉の体系が他の人のそれと同じであると思っているものだ。しかし実際には,自分が使っている言葉が,他の人にとっては違う意味だったり未知のものだったりすることはけっして珍しくない。たとえば,「ES細胞」とか「NO_x 規制」というような用語は,生命倫理や環境問題に深い関心をもっている人にはよく知られているかもしれないが,初めて聞くという人も少なくない。したがって,「ES細胞研究についてどう思いますか」というような質問をしても,明確な意見をもって答える対象者は少ないだろう。
　もし,どうしても難しい言葉を用いた質問を投げかけたいときは,調査票のなかで,あらかじめわかりやすい説明をしておくべきである。

2.3 ステレオタイプと言葉の偏り

　政策や社会情勢についての意見を聞く質問は,人々の評価的判断をたずねている。このとき,もしも質問文のなかにあらかじめ評価的ニュアンスを含んだ言葉や言い回しがあれば,対象者はそれに影響されて答えるだろう。たとえば,「大きい政府」「官僚」「天下り」というような言葉は,「福祉を充実させる政策」「公務員」「公務員の民間への再就職」という言葉と比べて,マイナスのイメージが大きい。前者のような言葉には,出来合いの評価的イメージとしてのステレオタイプが形成されてしまっているのである。
　一般的には,質問文にこうした言葉を用いるのは望ましくない。回答がそれに引きずられてしまうからである。
　ステレオタイプでなくても,言葉遣いによって回答は左右される。たとえば,「あなたは消費税を上げることに賛成ですか」という質問と,「あなたは消費税

を上げることはやむを得ないと思いますか」という質問とでは，回答に違いがでるだろう。

　回答選択肢の設け方でもそうだ。「賛成，反対」という選択肢を用意するのと，「賛成，どちらかといえば賛成，どちらかといえば反対，反対」という選択肢を用意するのとでも違いが生じる。

　しかし，ここで注意すべきことがある。それは，**言語は完全には価値中立的であることは不可能だ**ということである。「福祉」や「公務員」という言葉にも，さまざまな人がさまざまな評価的イメージを抱きうる。そのことを完全になくすことはできない。

　したがって，調査者がすべきことは，調査の目的にとって最も適合的な質問文を作成することであって，完全に中立的な質問文を作成することではない。たとえば，「国民負担が大きくなっても福祉を充実させた方がいい」と考えているかどうかを聞きたいという場合，「国民負担が大きい」とか「福祉を充実させる」という言葉にはすでに評価的イメージが付着しているが，それはやむをえない。われわれは，文化的に中立的な環境で調査するのではなく，一定の共有された文化の内部で，そこに居住する人々のあいだの異なる特性の分布について調査するのである。知りたいと思う分布がうまく検出できるような言葉であれば，中立的であることに縛られる必要はない。

2.4　ダブル・バーレル（double-barrel）

　一つ一つの言葉は明解でも，文章としては曖昧になったり多義的になったりすることがよくある。調査票において気づかないでそういう質問文を作ってしまうことが多い。たとえば，SSM 調査で実際に使っている質問文でも，「家事や育児には，男性よりも女性が向いている」という意見について賛否を問うているものがある。これは「家事に向いている」という考えと「育児に向いている」という考えとが混合されており，典型的なダブル・バーレル質問である。

　ダブル・バーレルとはもともとは双胴銃のことで，調査法では一つの質問文の中に二つ以上の意味が含まれていることをいう。そうした質問文について意見を求められたとき，回答者はどちらの意味について回答したらいいのか困ってしまうし，回答結果がどちらへの反応であるのか識別できない。

◇ 重文型と複文型

　ダブル・バーレル型の質問文には基本的に 2 種類のものがある。一つは重文型で，英語でいえば and や or で結ばれた文である。先の「家事や育児」はこれにあたる。重文型のダブル・バーレルはみつけやすい。

　もう一つは，複文型である。英語でいえば because……のような複文を構成する接続詞で結ばれた文であり，次のような例がある。

①　「喫煙は健康に良くないのでやめるべきだ」
②　「まごまごしていると，他人に追い越されそうな不安を感じる」
③　「これからは，物質的な豊かさよりも，心の豊かさやゆとりのある生活をすることに重きをおきたい」

①が複文型のダブル・バーレルであることは，すぐ分かるだろう。この文には次の三つの命題が含まれている。

X．喫煙は健康に良くない。
Y．喫煙はやめるべきだ。
Z．X（健康に良くない）なので Y（喫煙はやめるべき）だ。

　もしも対象者が X，Y，Z のすべてに賛成ならば，当然①に賛成するだろう。また，そのすべてに反対ならば，①にも反対するだろう。しかし対象者によっては，X には賛成だけれど Y には反対の人や逆の人もいる。そういう人は①に賛成と答えるべきか反対と答えるべきか迷ってしまうだろう。また，そういう人が「賛成」と答えると，それは X，Y，Z のすべてに賛成の人と区別がつかない。「反対」と答えた場合も同様である。

　②と③は，ダブル・バーレルであることが気づかれにくい質問である。②がダブル・バーレルなのは，「まごまごしていると」という条件文（if 文）が挿入されているために，「If X, then Y」という構造になっているからだ。そのため「現実には Y ではないが，もし X ならば Y だろう」とか，「X ではないのに Y だ」という意見の持ち主はどう答えてよいか迷うことになる。

　③には 2 重のダブル・バーレルが生じている。一つは，全体が「X よりも Y だ」という構造になっているが，これには「X ではない」という命題と「Y

だ」という命題とが含意されているのである。したがって，たとえば「XとYの両方だ」とか「XでもYでもない」と思っている人が困ってしまう。もう一つは，Yの内部が「Y1やY2」という重文型のダブル・バーレルになっていることである。（なお，Yの内部は，意味も多義的である。なぜなら，「ゆとりのある生活」という言葉は「お金では買えない心のゆとりがある」というだけではなく，「時間的にゆとりのある」や「経済的（＝物質的）にゆとりのある」という意味さえももってしまうからだ。）

このように，複文型のダブル・バーレルはしばしばそれと気づかないことが多いので注意しなければならない。

いずれにしても，ダブル・バーレル質問には，二つ以上の異なる命題が含まれているので，全体についての賛否を問われた場合，それぞれの命題に対して賛否の異なる意見をもっている対象者にとっては回答することが困難になるし，たとえ回答がえられた場合でも，その回答が何を意味しているのかを識別することができないという問題が生じるのである。

◇ ダブル・バーレルが許されるとき

しかしながら，ダブル・バーレルを常に絶対的によくないものだと考えるのもまた正しくはない。

まず，重文型の場合には「XやY」という表現でもって，やや漠然と一つにくくることのできる現象を指示することが，XとYを区別して提示するよりも人々の特性をとらえる上でより有効だと考えられる場合には，ダブル・バーレルも許される。「家事や育児」はその例である。

複文型の場合はもう少し複雑だ。まず①の例は正当化しにくい。これはむしろ，まず「喫煙はやめるべきだと思いますか」というような喫煙に対する一般的な判断を聞いて，否定的判断の持ち主と肯定的な判断の持ち主を識別し，そのあと，それぞれに対して別々の理由のリストを提示してそれぞれの判断の理由を聞く，という二段構えの構成をとるべきだ。

②と③には一定の正当化の余地がある。とくに②の場合，質問文の焦点は「他人に追い越される」というような不安を感じているかどうかにある。「まごまごしていると」という条件節は，その不安感を際だたせるための修飾語の役割を果たしている。それを入れて強調するメリットのほうが，それによってダ

ブル・バーレルのために生じるデメリットよりも大きいかもしれない。

③の場合は,「物質的なものより精神的なもの」というよくある対立構図に訴えかけている。多くの対象者が素直にこの対立構図の上で物事を考えており,この質問文が（文章の曖昧さにもかかわらず）そうしたことを聞いているのだと理解してくれれば,これがダブル・バーレルであることはほとんど問題にならない。ただし,もしも対象者がもっと細かな意識構造をもっていたり,質問文の曖昧さにとまどったりする場合には,こうしたダブル・バーレル質問は明らかに不適切になるだろう。

2.5 インパーソナルとパーソナル

ワーディングに関する安田三郎のテキスト『社会調査の計画と解析』（1970年）以来,インパーソナルとパーソナルの区分は日本の調査法のテキストで盛んに強調されている。回答者自身の行動や意見を聞くのがパーソナル質問で,それに対して,世の中一般の人々の行動や意見についての回答者の意見を聞くのがインパーソナル質問である。両者を区別しなければならないのは,いうまでもない。たとえば,次のうち①がインパーソナル質問で,②がパーソナル質問である。

① 「あなたは一般的にコネで就職することに賛成ですか」
② 「あなたはコネがあったらそれを使って就職したいと思いますか」

しかし,この二つが異なる質問であることは誰にでもわかる。①のつもりで②を用いたり,その逆をしたりすることは普通考えられない。

2.6 事実判断・価値判断・世間判断

インパーソナルかパーソナルかが関わってくるのは,むしろ事実判断を聞いているか価値判断を聞いているのかはっきりしていない質問文においてである。たとえば,次の質問文を考えてみよう。

① 「あなたは,世間で重要なのはお金だと思いますか」

一見すると,これに「はい」と答える人は,精神的なものや人との関係より

2. ワーディングの諸問題

図5.1 「重要だ」の構図

- ○「重要だ」と思っているのは，回答者
  - ⇒ ・価値的な重要性 (A)：パーソナルな価値判断
  - ・事実的な重要性 (B)：パーソナルな事実判断
- ○「重要だ」と思っているのは，世間
  - ⇒ ・この事実がある，と回答者が思っている (C)：
    インパーソナルな価値判断についてのパーソナルな事実判断

もお金や富の追求に最大の価値をおくタイプのように思われる。しかしここには別の意味の問と回答が隠れている。それは，「世間の人々は自分たちにとってお金が重要なものだと考えている」というふうに回答者がみている，という意味である。さらにもう一つ，「社会生活を営む上で，一定の経済的基盤は必要だ」という平凡な意味もある。

チャート的に示すと，この質問文に対する「はい」の回答の意味は，図5.1の(A)～(C)の三つに分けられる。

ここでは，事実判断か価値判断か，そしてパーソナルかインパーソナルかが絡み合って多様な異なる意味が生じている。これは，質問文が，このうちのどの意味にもとれるような構文をとっているからである。

いまのは，実際にあったものを説明のために少し加工した例であるが，次は，現実に多くの調査でよく使われているものである。

② 「『伝統や慣習に従ったやり方に疑問をもつ人は，結局は問題を引き起こすことになる』とあなたは思いますか」

この質問文は，「権威主義的態度」とよばれるものを測定するためのもので，「はい」と答える人は権威主義的態度の持ち主だとみなされる。それは，②の『　』内が，「伝統や慣習には従うべきだ」という規範意識とほぼ同じことを意味していると想定されているからである。確かに，実際に調査データを分析してみるとそう解釈してもさしつかえない結果がでる。

しかし，②にはやはり別の意味がありうる。それは，『　』内を単なる事実陳述の命題だと解釈することである。「問題を引き起こす」ということを「価値判断は別として，人々のあいだに論争や対立を生じさせる」という意味にとれば，多くの人は，「それはそうだろう」と思うだろう。それまでみんなに自明視されていた伝統的なやり方や見方に対して，誰かが「それは本当に正しい

のだろうか」と疑問を提示すれば，それまで平穏だった世の中に波風が立つのは当然だ。そうすべきかどうかという価値判断はぬきにして，このことはいわば「社会学的事実」といっていい。社会学者なら誰でも，②に「はい」と答えざるをえない。

　だからといって，社会学者がみんな「権威主義的態度」の持ち主かといえば，それは違う。『　』内を規範命題とみるか事実命題とみるかで，「はい」の回答の意味がまったく違ってしまうのである。

2.7　イエス・テンデンシー

　回答者は一般に，「あなたはAだと思いますか」と聞かれたときの方が，「あなたは，Aではないと思いますか」と聞かれたときよりも，Aに対して賛成する度合いが高くなりやすいといわれる。つまり，質問文に対して，潜在的に「はい（Yes）」と答える傾向があるとされるのである。このことを「イエス・テンデンシー」という。

　しかし，安田のワーディング実験（『社会調査の計画と解析』）では，この意味でのイエス・テンデンシーは検出されていない。むしろ次の二つの傾向のほうが現実にありうることだ。一つは，回答者が「調査者あるいは調査員はこんなふうに答えてもらいたいと思っているのではないか」ということを忖度して，無意識のうちにその方向に答えようとする傾向である。ある商品のマーケティング・リサーチだということがわかっていれば，その商品に好意的に回答しようとするかもしれないし，原発に批判的な新聞社の調査にはとりあえず原発に批判的に答えておこうとするかもしれない。元来のものを「文法上のイエス・テンデンシー」とよぶとすれば，これは「調査者に向けたイエス・テンデンシー」といえるだろう。

　もう一つは，「こんな問いには，どう答えるのが世間並みの答えだろうか」と考えて，なるべく世間並みからはずれない答え方をしようとする傾向である。これは「世間へのイエス・テンデンシー」といえるだろう。とくに，「一般にAだといわれていますが，あなたはそう思いますか」というような質問文では，明らかにAに肯定的に答えるよう暗黙のプレッシャーがかかる。こんな質問文は適切ではない。

2.8 キャリー・オーバー効果

　質問文に対する回答は，その質問に先立ってどのような質問がなされたかによってさまざまな影響を受ける。地球温暖化について質問したあとで原発についての意見をきくのと，平和運動について質問したあとでそうするのとでは，原発についての意見の分布に違いがでる可能性は高い。

　しかし，だからといってキャリー・オーバー効果をゼロにすることは，論理的に不可能だ。調査票がどのように構成されるにしても，それぞれの構成のしかたにおいて必ず何らかのキャリー・オーバー効果が生じることを避けることはできない。

　重要なことは，キャリー・オーバー効果をなくすことではなく，適切なものにすることである。これは調査法の構成と質問文の順序の問題である。

2.9 誘導質問

　以上述べてきたように，対象者の回答のしかたは質問文の作り方によってさまざまに影響される。影響されるということそのものをなくすことはできない。しかしだからといって，調査者が意図する方向に回答を誘導することも不適切なことだ。これは調査倫理のイロハである。

　調査票において，回答者を誘導することが許されるのは，ただ一点，回答者が質問に対して回答しやすいように工夫するという目的のためだけである。むろんこのことを「誘導質問」とはいわない。

　そもそも，通常の調査の目的を考えたときに，誘導質問をすることは理にかなったことではない。学術的であれ実務的であれ，調査とは調査者にとって「客観的に」存在している社会的事実を観測するためのものである。少なくともそう設定しておかなければならない。ここで回答者を誘導することは，本来外在しているはずの事実を曲げて捏造することである。これが学術の目的に反することは論をまたない。実務の場合でも，敵の勢力を過小評価する情報が自己破滅的であったり，人気のない商品をそうでなくみせる市場調査が結局は損失を与えるように，事実でないものを事実であるとすることは自分自身にとってさえ有害なことなのだ。

　意図的な誘導的社会調査はデータの捏造にも似た学術的な犯罪，意図しない

それは恥ずかしい不作法と考えて，くれぐれも注意したい．

3. 調査票は超音波探査機だ

3.1 回答という反応パターンの解析

　調査票は，多くの対象者にフォーマット化された共通の質問文を投げかけて，対象者からの回答を引き出すための道具である．自然科学における観測装置に匹敵する．

　たとえば，「○○内閣を支持しますか」という質問文を投げかけると，「支持する」「支持しない」「わからない」などの異なる回答が引き出される．それらは，対象者たちの異なる特性を表現しているデータであり，われわれはこうして得られるデータを分析する．

　従来，調査票のモデルはサーチライト型で考えられることが圧倒的に多かった．すなわち，対象の特性はすぐ目の前に現れているのだから，直接それに光を当てれば特性は観測できると考えられてきたのである．内閣支持率の場合であれば，対象者の特性には「支持する」「支持しない」そして「わからない」の３種類があるのだから，何らかの適切な質問文を投げかければ，どの対象者がどの特性の持ち主であるかは正確に測定できるはずだと考えるのである．

　しかし，ちょっと考えてみればわかるように，多くの人は必ずしも「支持する」か否かというような明確な態度をもっているわけではない．「あの首相は何かやってくれそうだ」とか「あまり期待できない」などで表現されるような態度の方がむしろ多いだろう．日本の場合，選挙区の議員や県や市の首長の場合と違って，有権者が直接に自分で首相や内閣への支持・不支持を表明するような選挙はない．したがって，内閣を「支持する」かどうかという特性は，必ずしもすべての人々の中にあらかじめ存在する特性ではないのである．このような場合，サーチライト型の測定モデルはあてはまらない．

　調査票はサーチライトというよりは，超音波を発信してその反射音波を解析する超音波探査機を使って海中や地中に何があるかを推測することに似ている．われわれがサーチライトでものを見るときは，光を発射してその反射光を見て

いる。丸い物体は丸い形を返してくるし，四角い物体は四角い形を返してくる。反射光線が示している形状はそれを反射した対象物の形状に等しいとみなすことができる。それに対して超音波探査機では，返ってくる音波は対象物によって異なっているだけであって，対象物の形状をそのまま示しているのではない。われわれは，音波のパターンを解析することでそこに何があるかを推定するのである。

　もっとも，サーチライト型で考えてもよい場合もある。たとえば，性別や年齢のような明確な個人属性はそうだ。あるいは，「投票に行ったか」「海外旅行の頻度」などの行動もそうだ。このように，質問文が用いている測定の尺度が，実際に人々のあいだに存在している特性の尺度に一致している場合には，サーチライトのように考えてもいい。

　しかし，多くの社会調査では，質問文で用いている概念や尺度が実際の人々の特性であるかどうか必ずしも確かではない。内閣支持率調査のように，政治や社会のありように対する評価的ないし規範的態度のほとんどがそうだ。あるいは，「あなたは，上，中，下のどの階層に属していると思いますか」というような質問文でたずねる階層帰属意識もそうだ。これらにおいては，質問文とそれが用意している選択肢の組とが，人々が実際にもっている諸特性と合致しているかどうか確実ではない。むしろ，非常に疑わしい。

　このようにして，調査票調査やインタビュー調査のように，質問を投げかけて対象者からの回答を引き出すというタイプの調査の基本構図は，図5.2のように考えられる。すなわち，質問に対する回答を通じて，対象者の思念や態度がどういうものであるかを探求するのである。

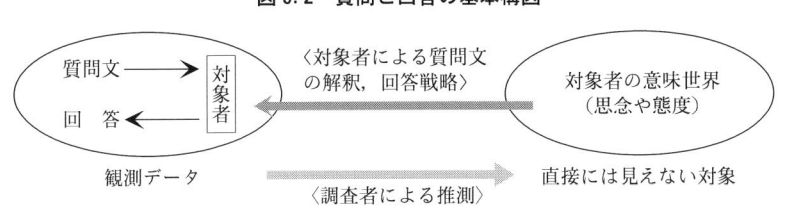

図5.2　質問と回答の基本構図

> **コラム2　権威主義的態度尺度**
>
> 　フランクフルト学派のアドルノ（T. W. Adorno 1903-69）らは，ナチズムやファシズムの擡頭を支えた要因の一つに，人々のあいだの権威主義的パーソナリティという性格特性の存在があったのではないかと考えて，社会調査を通じて人々の権威主義的態度の度合いを測定するための尺度を考案した。権威主義的パーソナリティは民主的パーソナリティと対比され，権威ある者への無批判的な服従や同調，逆に弱い者に対する強圧的態度，伝統や因襲への盲従，人種的偏見と少数者への非寛容，などによって特徴づけられる。権威主義的態度を測定する尺度は「F尺度」（FはFacism）とよばれ，「権威に対する尊敬と従属とは，子供たちが学ぶべき最も重要な美徳である」「われわれの名誉にたいするいかなる侮辱も，決して見過ごされるべきではない」などの項目からなっている。その後，さまざまな研究者がF尺度を参考にしながら，保守主義，政治的有効性感覚，自尊感情，不安感，同調主義などを測定するための多様な尺度を考案して，そうした態度と社会階層や政治的態度などとの関係を分析してきた。本文で取り上げている「伝統や慣習に従ったやり方に……」の質問文は，社会学者のM. L. コーンとC. スクーラーとが，社会階層とパーソナリティとの関係の研究において，権威主義的保守主義の度合いを測定するために用いたものをもとにしている。

3.2　対象者の言葉と調査者の言葉

　この構図を用いて強調しておくことがある。それは，対象者の意味世界を構成している言葉の体系と，調査者が探求において用いる言葉の体系とは，必ずしも同一ではない，ということである。

　このことを表す一つの例は，事実判断と価値判断のところで用いた「②　伝統や慣習に従ったやり方に……」の質問文だ。この質問文は，社会学者のあいだで「人々の権威主義的態度の度合い」を測定するために昔からよく用いられている。「権威主義的態度」というのは，社会学における理論的な概念の一つであり，調査者が探求において用いる言葉に属している。しかし，この言葉は質問文では使われていない。対象者には別の言葉を用いて質問し，それに対する回答データから，対象者の意味世界の特性を，調査者の言葉を用いて記述しようとするのである。

　この構図はけっして珍しいものではなく，きわめて一般に行われていること

だ。ただ，調査研究がこうした構図で行われていることには，あまり注意が払われてこなかった。

　この構図が意味することは非常に重要である。なぜならこれは，**質問文が表面的に用いている諸概念**が，もしかすると，**対象者の意味世界を構成している諸概念**とは異なっているかもしれないことを意味しているからだ。いいかえれば，われわれは，質問文が表面的に意味するものとは異なるものを測定しているかもしれないのである。

　このことは実際，内閣支持の世論調査でも起こっていることのように思われる。たとえば，新しく内閣が発足した当初の支持率は非常に高いことが多い。もしも支持率調査が「内閣の仕事に対する評価としての支持」を測っていると考えると，これは非常におかしなことだ。まだ何も仕事らしい仕事をしていないのに，評価が高いのは道理に合わない。したがって，支持率調査が測定しているのは「これまでの仕事に対する評価」ではなく，むしろ「これからの仕事への期待の度合い」なのだ。だから，本当ならば「支持しますか」ではなくて「期待していますか」という質問文の方が回答の意味には合致している。

　しかし，回答者は「支持しますか」と聞かれても「期待している度合い」を答えてくれる。それは，回答として返されてくるのは質問文の**字義通りのものへの反応ではなく**，質問の意味を回答者が**解釈した上での反応**だからである。

　このことは日常生活でしばしば起こっている。「何で嘘ついたの？」ときかれて，理由を答えるのではなく「ごめん悪かった」と謝るのもそうだし，政治家にインタビューしても，必ずしも投げかけた問いに対して字義通りの反応が返ってはこないのもそうである。これと同じことが調査票調査でも起こりうるのである。このことは，質問文を作る上でも，調査結果を分析する上でも，忘れてはならないポイントである。

＊＊＊　第5章　練習問題　＊＊＊

5.1　次の質問文はダブル・バーレルになっている。どのようにダブル・バーレルになっているかを考察し，それぞれを個々の文に分解しなさい。

(a) あなたは，職場の同僚とは，仕事が終わってからも話し合ったり遊んだりするつきあいをもつほうがいいと思いますか。

(b) あなたは，タバコによる健康被害をなくすために，公共の建物の中の喫煙は禁止すべきだと思いますか。

(c) あなたは，政治のことは難しすぎて自分にはとても理解できない，と思いますか。

5.2 年金問題について，20代と30代の人々の意見や加入状況などを調査したいとする。以下の項目に分けて，具体的な質問文を作ってみなさい。

(a) 公的年金制度についての知識
(b) 公的年金制度への加入状況
(c) 年金制度のあり方についての意見

第6章
調査票の構成のしかた

　本章ではさらに具体的に調査票の作り方を説明する。自分で調査票を作るにあたって最も重要なことの一つは，既存研究で用いられた調査票を十分に参考にすることである。関連の深い研究があれば，比較や再検討のために同じ質問文を用いなければならないこともある。失敗だと思われる質問文を修正して利用することもある。関連した研究がない場合でも，何か既存のものをおおいに参考にした上で，文章，質問の形式，回答選択肢の設け方などを考えていくといい。

1. 質問項目のまとめ方

1.1 質問項目をあげる

　調査票作成の第一歩は，調査票に載せる質問項目をあげていきながら，整理・統合したり追加したりして，順序をつけた**階層的な項目リスト**を作成していくことである。むろん，この過程で，ワーディングも同時に考えていく。

　質問項目には，大きく分けて(a)主テーマ質問，(b)副次質問，そして(c)フェイス・シートの3種類がある。

　(a) **主テーマ質問**は，調査研究の目的の中核をなす質問項目である。たとえば，階層移動の調査であれば本人と父の階層に関する質問群，内閣支持率調査であれば内閣支持をきく質問などがそうだ。まず主テーマ質問項目を決定する

こと。これは，調査の目的を明確化する作業でもある。

　(b)　**副次質問**とは，主テーマの質問を補助する役割を果たす質問である。これには主として，(イ)予備質問と(ロ)副問（サブ・クエスチョン＝SQ）とがある。予備質問は，主テーマの質問の前におかれて，回答者が主テーマ質問に答えやすくなるように，対象者の属性や基本的な知識をきいたりする質問である。副問は，主テーマ質問の後におかれて，補足的な事項について質問するものである。

　次の質問文例1において，問2が主テーマ質問にあたり，問1が予備質問，SQが副問にあたる。問2だけをたずねるばあいと違って，問1とSQがあることによって質問全体にふくらみが出て，対象者も回答しやすくなるし，分析する側も回答の意味がとらえやすくなる。

質問文例1

問1　あなたは，「クローン人間を造る」とはどういうことだと思っていますか。以下のうち，「クローン人間を造る」ということにあてはまっていると思う選択肢をすべてあげて下さい。
　　1．ある人と同一の遺伝子をもった人間を人工的に造ること。
　　2．ある人と同一の人格をもった人間を人工的に造ること。
　　3．ある人と同一の人物を人工的に造ること。

問2　あなたは，クローン人間を造るかどうかは，基本的に当事者の自由にまかせていいと思いますか，それとも何らかの規制をすべきだと思いますか。
　　1．自由にしていい。
　　2．ある条件が満たされれば，容認していい。　　→　SQへ．
　　3．禁止した方がいい。

SQ　［問2で2と答えた人に］その条件とはどのようなものですか。次の中からあなたの考えに最も近いものを一つ選んで下さい。
　　1．不妊治療のためであって，それ以外には遺伝的に関係のある赤ちゃんをもうけることが不可能なとき。
　　2．クローン胚を利用して，移植用の臓器を造ることを目的とするとき。
　　3．その他［具体的に記入して下さい］。

(c) **フェイス・シート項目**とは，性別，年齢など基本的な属性のことをいう。フェイス・シートとは，一般的にさまざまなアンケートや申請書類などにおいて記入者の基本属性を記入するページのことであり，ほかに，住所，国籍，人種，宗教，学歴，収入などを含むことがある。ただし社会調査の調査票としては，どのようなフェイス・シート項目を質問するか，そして，それらを調査票のどこに設けるかについては，注意深く考えなければならない。というのは，申請書類などと違って，調査票はもともと回答する義務のない人びとに回答してもらうものなので，プライバシーに関わる質問については慎重な配慮が必要だからである。これについて，基本的に次のように考えればいい。

(1) 調査目的にてらして必要最小限の項目だけにとどめる。しかし，必要な項目を省いてはならない。
(2) 質問項目をおく場所：
  (a) 関連する主テーマ項目が存在するときは，その近辺におくこともある。とくに，それ自体が主テーマ項目であるときは，初めに近いところで真正面から質問する。
  (b) 性別と年齢は初めの方においてもいい（とくに個別面接調査のときは，回答者が対象者リストの本人であることを確認する意味がある）。
  (c) その他，とくに学歴や収入などについては，一般的には終わりに近い方がいい。

1.2 質問項目を階層的グループに分ける

質問項目をあげていく作業は，それらをグループ分けする作業と同時に進めることになる。これは，たとえば次のような大項目―中項目―小項目（個別項目）という階層構造をなす。大項目や中項目の中心には主テーマ質問がおかれる（図6.1）。

図 6.1 質問項目の階層化

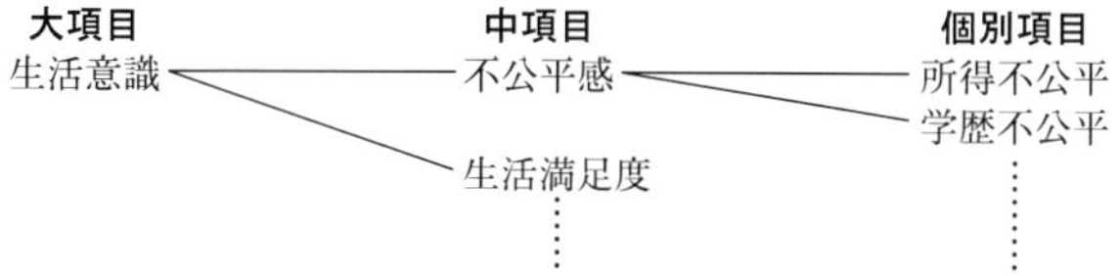

```
大項目        中項目         個別項目
生活意識 ─── 不公平感 ─── 所得不公平
      \               └── 学歴不公平
       └─ 生活満足度
                ⋮           ⋮
```

むろん，すべてがこうした3段階を構成するわけではない。中項目のないもの，あるいは1個別項目だけからなる大項目というのもある。グループ分けのしかたは，調査テーマを基軸としながらもある程度は便宜的なものになるだろう。

このようにして分けられた項目群をどのように配置していくか，それによって調査票の構成が基本的に決まることになる。

2. 質問文の形式と選択肢の設け方

質問文は一般に問の文章と回答選択肢とからなっている。その形式には次のようなものがある。

2.1 単項選択 (Single Choice, Single Answer; SA と略記することがある)

回答選択肢をどれか一つだけ選んでもらうもの。質問文例1では問2とSQとがこれにあたる。単項選択の質問文で最も注意しなければならないのは，回答選択肢のリストが**網羅的** (exhaustive) **で相互に排他的** (exclusive) になっていることである。つまり，どんな回答者も，基本的に選択肢リストの中からいずれか一つを，そして一つだけを選ぶことができるものでなければならない。

このうちとくに，賛成か反対か，あてはまるかあてはまらないかなど，二者択一的に問うものを**二者択一質問** (dichotomous question) とよぶ。分析の容易さや，質問文の簡明さからすれば，二者択一型の質問文のメリットは大きい。しかし，もしも当該の問に対して回答者が実際に抱いている意見がもっと複雑であるときには，二者択一型は望ましくない。

2.2 多項選択 (Multiple Choice, Multiple Answer; MA と略記することがある)

回答選択肢リストの中から，一つだけでなく複数個を選択して答えるようになっているもの。質問文例1では問1がそれにあたる。

これには次のような下位タイプがある。

(a) 固定型　選ぶ選択肢の個数を，あらかじめ「2つ」とか「3つ」とか

特定の数に固定しておくもの。

(b) 範囲制限型　選ぶ選択肢の個数を,「3つまで」とか,「1つ以上3つまで」というように, 制限するもの。

(c) 無制限型　選ぶ選択肢の個数を,「いくつでも」というように, とくに限定しないもの。問1はこれにあたる。

表 6.1　単項選択の集計表

	頻度	パーセント
A	125	27.4
B	68	14.9
C	93	20.4
D	170	37.3
計	456	100.0

多項選択の質問をするときは, 質問文の中で選択肢の個数にどういう制限を設けているのかあるいは制限がないのかを明示しておかなければならない。さもないと, 回答者はいくつ選んでいいのか困ってしまう。

もっとも, 原則的には, **多項選択を用いることはできるだけ避けた方がいい**。というのは, 多項選択は分析するのがきわめて厄介で, ごく普通の単純集計を求めることですら簡単ではないからである。たとえば, ある問にA, B, C, Dの4選択肢があるとする。単項選択であれば, 表6.1のような単純集計表が作成できて, それぞれの選択肢を選んだ回答者の割合（比率）が簡単に示せる。

もしもこれが「1つ以上2つまで選んで下さい」というかたちの多項選択肢質問だとする。回答者は1つだけ選ぶ人もいるだろうし, 2つ選ぶ人もいる。A〜Dのそれぞれについて選んだ回答者の数, すなわち頻度は表6.2のようになりうるだろう。この頻度に対しては二つのパーセントが存在し, それぞれについて考察する必要がある。ところが, 統計ソフトによっては表6.2のような集計表は出力してくれない（SPSSは多項選択質問を集計するために MULT RESPONSE というプロシジャーを用意しているが, 使い方が少し面倒だ）。

表 6.2　多項選択の集計表

	頻度	パーセント1	パーセント2
A	152	33.3	23.4
B	120	26.3	18.4
C	138	30.3	21.2
D	241	52.9	37.0
総回答者数	456	100.0	
総選択数	651	142.8	100.0

クロス表となるともっと複雑になる。さらに，三つ以上の変数を扱うような多変量解析では多項選択であることをいかした分析法は存在しない。

しかしながら，やむをえず多項選択の質問にせざるをえない場合もあるだろう。質問文例1の問1が多項選択になっているのは，「クローン人間を造る」ということがそもそも曖昧に理解されているだろうと予め推測されるので，その曖昧さをそのまま捉えるためには，「あてはまるものをいくつでも」という聞き方をせざるをえないからである。一般に，回答者の何らかの行動のきっかけや理由を聞く場合もそうである。きっかけや理由は一つだけとは限らないからだ。このように，相互排他的な選択肢リストで解答してもらうのが難しいときは多項選択になることもやむをえない。

このような場合でも，形式的には単項選択のかたちにもっていくやり方がある。その一つは，順序をつけて答えてもらうことだ。たとえば理由を聞く場合には，「第一の理由」「第二の理由」……に分けて回答してもらう。そうすると，「第一の理由」にあがってくるのは一つの選択肢だけだから，単項選択になる。

もう一つのやり方は，それぞれの選択肢のすべてについて，「あてはまる」「あてはまらない」の二者択一型で答えてもらうことだ。たとえば質問文例1の問1は次のように変形できる。

質問文例2

問3　あなたは，「クローン人間を造る」とはどういうことだと思いますか。以下のそれぞれについて，「クローン人間を造る」ということにあてはまっていると思われるかどうかを答えて下さい。

	あてはまる	あてはまらない
(a) ある人と同一の遺伝子をもった人間を人工的に造ること。	1	2
(b) ある人と同一の人格をもった人間を人工的に造ること。	1	2
(c) ある人と同一の人物を人工的に造ること。	1	2

以上をまとめると，次のようになるだろう。

(1) 多項選択はできるだけ避ける。
(2) 回答者の特性そのものが相互に排他的ではないものからなっていると推

測する十分な理由があるときにのみ，多項選択を用いる。
(3) その場合でも，なるべく順序づけ回答や二者択一型を用いるよう工夫してみる。

2.3 順序づけ法 (ranking method)

複数個の選択肢に順序をつけて回答してもらうもの。これには次のタイプがある。

① 完全順序づけ　すべての選択肢を1位から順番に順序づけてもらう。

② 部分順序づけ　「3位まで」というように，一部の選択肢を順序づけて選んでもらうもの。これは，多項選択での順序づけ回答に等しい。

③ 格付け法 (rating method)　「高い」「中くらい」「低い」というように順序づけられたカテゴリーに区分けしてもらう。これは実際には，それぞれの選択肢を一つ一つの下位の問と考えて，それぞれについて順序づけられたカテゴリーのどれに該当するかを答えてもらう形式をとることが多い。したがって，いくつかの質問文を並べてそれぞれについて「1. そう思う」「2. どちらかといえばそう思う」「3. どちらでもない」……というように順序がつけられた選択肢を選んで回答する形式も格付け法の一種だといえる。

④ 一対比較法 (paired comparison)　心理学的な研究で，刺激の強度に関する間隔尺度を作るために考案されたもので，異なる刺激の感覚強度をペアごとにどっちが強く感じるかを比較して答えてもらうもの。社会調査では，たとえばさまざまな商品の好みの強さをペアごとに比較して答えてもらい，その回答を統計的に処理することによって，商品全体の好みの順位尺度を作成したりすることができる。しかしペアごとの比較が大変面倒であるうえに，この尺度構成のためには「真の値」の分布に強い仮定をおかなければいけないので，社会調査ではあまり使われることはない。

2.4 自由回答 (Open Answer)

選択肢を設けないで自由に答えてもらい，その回答を記入欄に記録していくやり方。SSM調査では，生年月日，兄弟姉妹数，勤務先名称，勤務先事業，仕事の内容，大卒の場合の大学名・学部名，子供の数，同居している家族人数

などを自由回答にしている。これからわかるように，調査票調査において自由回答がふさわしいのは，(a)数値回答なのでわざわざ選択肢を用意する必要がないもの，(b)回答の多様性が大きすぎてあらかじめ選択肢を用意することが困難なもの，の2種類である。

　分析にあたっては，自由回答は一般に分析で用いる値にコード化される必要がある。これを**コーディング**という。ただし，数値の場合はそのままの値を用いればよい。文や語句の場合には，何らかの分類カテゴリーを用意して，それぞれの自由回答記述を分類しなければならない。この分類カテゴリーの集合を**コード表**という。コード表は，実査のまえにあらかじめ用意しておくものもあれば，実査の後で，実際の回答をみながら作成していくこともある。前者を**プリ・コーディング**，後者を**アフター・コーディング**とよぶ。SSM調査では，勤務先事業と仕事の内容には，国勢調査の産業分類と職業分類とを参考にして独自に作成したそれぞれのコード表を用いているのでプリ・コーディングになる。他方，大学名と学部名とはアフター・コーディングにしている。アフター・コーディングの場合には，すべての回答を抜き書きして全体をみたうえで，新しくコード表を作成しなければならない。

　通常の質問文の選択肢の最後に「その他（自由にお答え下さい）」という選択肢を設けることもある。これは，用意した選択肢が網羅的ではないと思われるときにとられる処置であり，自由回答の一種であるが，分析上の観点からはあまり望ましいことではない。なぜなら，この自由回答をデータとして活用するためには，手間をかけてアフター・コーディングしなければならないのだが，わざわざ作られた新しいカテゴリーの出現頻度は非常に低いのが普通なので，統計的分析には役に立たないことが多いからである。

　ただし，回答のしやすさという点ではメリットがないわけではない。回答者は一般に，あらかじめ用意してある選択肢の中に自分が答えたい内容にぴったり合うものがみつからないときには，フラストレーションを感じる。そういう質問が多いと真面目に回答しようとする気もちが弱くなる。その点，「その他」が用意してあれば，一応は自分の意志を表現する機会が与えられるのである。

　これとは別に，一つの質問文が完全に自由回答であるものを用意することもある。たとえば，調査票の最後に，「どうもありがとうございました。最後に，

この調査についてのご感想やご意見を自由に述べて下さい」という文をおくことがある。ほかに，政策や社会情勢についての自由な意見を答えてもらうこともある。これらは，自由面接法を部分的に調査票調査に取り入れたものといえる。比較的長い文からなる自由回答は，統計的分析だけでなく質的な分析も可能である。統計的分析ではやはりアフター・コーディングを行って，回答を分類することになる。質的分析のしかたは，後の第14章で説明しよう。

2.5 選択肢の設け方──基本的指針

　問の文章や質問文の形式と同じ程度に，調査の良し悪しを左右するのは，選択肢をどう設けるかという問題である。これについては次のように考えればよいだろう。

　(1)　性別や配偶者の有無など**属性**に関する質問などでは，選択肢がおのずから決まるものが多い。ただ，学歴や職業などには複数の可能性がある。これらは既存の社会学の調査票に必ずといっていいほど含まれているので，それらを参考にして決めたらいい。

　(2)　**数量**的な項目は，数量をそのまま答えてもらうよりは，**数量を区間に分けて**選択型にした方がいい場合がある。とくに，収入（所得）や貯蓄などの金銭に関わるものがそうだ。これらは対象者が答えることをためらう傾向のある質問だが，細かい実額よりも選択肢でたずねると対象者も答えやすい。しかも，実額をきくと，たとえば「500万円」とか「1000万円」のようなキリのいい数字に集中しがちになる。これはけっして正しい回答ではなく，単に省略的に答えているだけなので望ましくない。選択肢にすれば，これらの危険は少なくなる。

　(3)　賛否などの**程度**を聞く質問は多い。これは格付け法であるが，選択肢の設け方はさまざまにありうる。どう分析するかに照らしてケース・バイ・ケースで考えることになるが，もしも，選択肢の番号1，2，……を数量として扱って相関係数などの量的分析法を用いようとするのであれば，なるべく多段階（5ないしそれ以上）の選択肢を設けた方がいい。その際，段階を表す選択肢の**文章が順序を正しく**表現していることが重要である。

　(4)　一般論として，すでに述べたように単項選択の場合は網羅性と相互排他

性に注意すること。

2.6 欠損値

データには**欠損値**がつきものである。これには次の種類のものがある。
(1) 回答者が答えを知らなかったり（DK＝Don't Know），答えない（NA＝No Answer）としたもの。
(2) 調査員が聞いたり記入したりするのを忘れたものや，あとで誤答であると判明したもの。
(3) 回答者がその質問に該当しないもの（たとえば，無職者は「仕事への満足」に関する質問には非該当である）。

テキストによっては(1)の中のDKとNAを区別すべきだというものもあるが，実際には，回答者は知っていても答えたくない問に対して「わからない」と答える傾向があるので，両者を区別するのはほとんど不可能だ。また，(2)の意味での欠損も，結局のところNAとして扱わざるをえない。このため，通常は(1)と(2)を合わせて「DK，NA」として扱う。

集計や分析において，ある項目に関して値が欠損しているケースを含めて分析するか，それとも除いて分析するかは，その時々によって異なる。いずれにしても，どのケースのどの項目の回答が欠損しているかがわかるように**欠損値コード**を与えておく。一般的には「DK，NA」に対しては9や99，「非該当」に対しては8や98の値をつける。いうまでもなく欠損値として与えるコード値は，通常の回答がとる可能性のない値でなければならない。たとえば高齢者を含む調査では，年齢が99歳のケースや子供の数が9人であるケースが存在しうる。このようなときは，欠損値コードはそれぞれ999や99などに設定しなければならない。

3. 調査票の構成と質問文の順序

3.1 基本的な指針

個々の質問文案があらかたできたら，それらをどういう順序で配置するかと

いう構成作業にとりかかる。まず，良い構成とは，次のようなものである。
  (1) 対象者にとって，質問の意味がわかりやすくて誤解するおそれがなく，回答しやすいものになっていること。
  (2) 対象者にとって，質問について考えをめぐらせて答えようと努力することが，単に面倒なことというのではなく，あるていど楽しい自発的な作業になっていること。やや俗っぽくいえば「回答者をノセる」こと。

　こうした要請に沿うためには，具体的にはどうすればいいのだろうか。基本的に，次の指針をふまえることだ。
  (i) すでに述べたように，質問文全体を大項目—中項目—小項目のようなかたちで**階層的に分類**する。
  (ii) それぞれのレベルにおいて，導入—中核—補足という**順序パターン**に気をつける。

　階層的分類は，もともと質問文の作成にとりかかる前にある程度できているはずであるが，質問文が具体的に定まったあとで(ii)の順序パターンの構造を意識しながらあらためて分類を考える。

　導入—中核—補足という順序パターンは，調査票全体，大項目内部，中項目内部のそれぞれにおいて重要である。たとえば1995年SSM調査A票は，全体として次のような構成になっている。
　　A．導入部……性別，年齢，兄弟姉妹数など
　　B．中核部……職業，学歴，父の職業と学歴，配偶者の職業と学歴
　　C．補足部……住居，階層帰属意識，階層意識，政党支持，収入など

　この調査は階層がテーマなので，職業と学歴というプライバシーに関わる聞きにくい質問が中核項目であり，これはどうしても聞かないわけにはいかない。このため，少数の導入部質問のあと，単刀直入に中核的な質問に入るという構成をとっている。

　同様の順序パターンの考え方は大項目の内部にも適用できる。

　なお，調査票である大項目から次の大項目へと質問が進むときは，一種の場面の転換が起こることになる。対象者には，新しい質問群が何に関するものであるかを速やかに理解してもらい，答えるための心の準備をしてもらわなければならない。このため，「次に○○についてお聞きします」というような予告

を述べた上で，導入的質問→中核的質問→補足質問へと展開していくのがいい。

3.2 分　岐

　質問によっては，必ずしもすべての対象者に聞く必要のないものがある。たとえば，配偶者のいない人に配偶者の職業を聞くわけにはいかない。このようなときは一般にあらかじめ**スクリーニング質問**を設けて，それに対する回答によって次にどの質問に進むかを調査票上に明確に指定する。

　たとえば，配偶者の職業，子供の数，一番上の子の年齢という三つの質問をしたいとする。日本社会では，婚外子の割合は非常に少ないので，とくにそれをテーマとした調査ではない限り，結婚したことのない人には子供のことは聞かなくていいし，聞かない方がいい。したがって，これら三つの質問を含む質問群は次のような構成をとることになるだろう。

質問文例3

問12　あなたは結婚していますか。
　　　　　1．未婚　　　　2．既婚（配偶者あり）　　　　3．離死別
　　　　　　↓　　　　　　　　　↓　　　　　　　　　　　　↓
　　　　問16へ進む　　　　　問13へ　　　　　　　　問14へ進む

問13　[配偶者のいる人に] 配偶者の方の職業をお聞かせ下さい。
問14　お子さんは何人いらっしゃいますか [存命中の子供の数を聞く]。
　　　　　　　　　　　　　　　　　　　　　　　　　　　□□人
　　　　　　　　　　　　　　　　　　[0人のときは，問16へ進む]
問15　[子供がいる人に聞く] 一番上のお子さんは，いま何歳ですか。
問16　…………

3.3 同一質問群の表化

　態度や意見に関する調査などでは，一つのテーマについて複数個の質問を用意することが多い。何らかの尺度を構成したり，回答パターンを取り出したりすることに関心がある場合はとくにそうだ。そうでなくても，一般に同一テーマに対して多側面からの回答を得ることによって，そのテーマに関する人々の態度や意見の構造を探求したいということは少なくない。こうした一まとまり

の質問群は，質問文例4のように，回答選択肢リストを同一にするなど，質問の形式を整えるだけでなく，表の形にしてまとめて聞くのがいい。その方が，調査員にも回答者にも質問の意味が伝わりやすい。

質問文例4

問10 ［回答票3を示して］　日本の政治に関する次のような意見について，あなたはどのように思いますか。

	そう思う	ややそう思う	どちらともいえない	あまりそう思わない	そう思わない	
a　経済活動に対する政府の規制はできるだけ少ない方がいい。	1	2	3	4	5	9 DK, NA
b　これからは，経済成長よりも環境保護を重視した政治を行うべきだ。	1	2	3	4	5	9 DK, NA
c　政府は豊かな人からの税金を増やしてでも，恵まれない人への福祉を充実させるべきだ。	1	2	3	4	5	9 DK, NA
d　今の日本にはリーダーシップをもった政治家が必要だ。	1	2	3	4	5	9 DK, NA

3.4　回答票を作る

　個別面接調査では，対象者に調査票の中身は見せないのが普通である。質問文は調査員が読み上げて，回答者は耳で理解して回答する。しかし，このとき「はい」「いいえ」の二者択一質問であれば，回答のしかたは難しくないが，多くの選択肢がある中から一つを選ぶ場合，どんな選択肢があるのか回答者が正確に覚えておくのは大変である。そうしたときには，**回答票（回答選択肢リスト）**を用意して，回答者にそのつど提示するというやり方をとることが多い。回答票は，選択肢を回答者に示した方がいいと思われる質問文のそれぞれにつ

いて作成する。ただし、同一の選択肢をもった質問文には、同一の回答票を用いればよい。さらに、質問文例4のように、同一の質問形式の項目がひとまとまりになっているときは、その太枠内の部分のように、個々の質問項目と選択肢を一緒にしたものを回答票として示すこともある。

それぞれの回答票には、どの質問に用いるものかを明記しておき、調査票のほうでは、回答票を用いる質問にはその旨を「[回答票3を示して]」というように注記しておく。

3.5 カラム設計

調査結果の分析にはパソコンが用いられる。調査データをパソコンにどう入力するかは、調査票を作る段階であらかじめ明確に考えておかなければならない。**データの入力のしかた**はどういう分析手法や分析ソフトを利用するかによって異なる。そして、調査票の設計はデータの入力のしかたに合わせなければならない。

詳しくは第8章で説明するが、データは一般に数値のみからなるテキスト・ファイルに入力される。テキスト・ファイルは一行が半角で80桁からなるファイルなので、一人の回答者の回答が数行にわたることが普通だ。統計的調査は全員が同じフォーマットの調査票に回答しているから、ファイルの中でも回答データが同一のフォーマットで入力されていた方がいい。つまり、**調査票上のどの質問への回答がテキスト・ファイル上のどの位置に入力されているか**を、すべてのケースで同一にしておく必要がある。いいかえればすべての質問項目について、たとえば次のような対応関係が定まっていなければならないのである。

    調査票   テキスト・ファイル上
  問12（婚姻状態，配偶者の有無）への回答 → 2行目の43桁の値
  問13（配偶者の職業）への回答 → 2行目の44〜46桁の値
        ⋮   ⋮

これをカラム設計といい、調査票作成の最終段階で行うことになる（テキスト・ファイル上の桁のことをカラムともいう）。

それぞれの質問への回答コード値を記入するカラム位置が決まったら、それ

を調査票の各質問文あるいは回答選択肢の欄の適当なスペースに記入しておく。こうしておけばコーディングの終わった回収調査票を見ながら，テキスト・ファイルに直接に回答のコード値を記入していくかたちで，データを入力することができる。

3.6 調査票の表紙

　調査票は，単に質問文を並べればいいというものではない。すでに述べたように，それは対象者の生活や思念を観測するためのもっとも重要な道具であるが，それと同時に調査票には調査する側の意図や目的，そしてその背後にある思想や品性までもがおのずと込められてしまうものである。文章や服装や表情と同じように，調査票を通じて，調査する側は対象者や調査員に対して自らを表現してしまうのである。

　とくに調査票の表紙は，いわば調査の顔である。郵送調査や留置調査の場合，対象者が最初に目にするのが表紙である。他計式の個別面接調査でも，おのずから目に入るだろう。さらに，個別面接調査と留置調査の場合には，調査員に向けての顔でもある。したがって，表紙の内容とレイアウトには十分な心配りが求められる。

　質問文例5は，個別面接調査における調査票の表紙の例を示したものである。この表紙は次の項目から構成されている。

　(1)　調査のタイトル　　調査票には調査員と対象者にわかりやすいタイトルをつけること。このタイトルは，あらかじめ送られている依頼状のものと一致していなければならない。

　(2)　調査を行う主体や団体の名称や所在地など　　調査を行っているのがいかなる主体であるかが明示されていなければならない。調査会社に委託しているときは，調査会社と調査の主体をともに表示した方がいい。

　(3)*　対象者の氏名とその個人番号（ID番号）を入れる欄　　ここには，面接調査が終わったあとで氏名等を記入する。「地点番号」と「対象番号」の欄の下の丸つき数字は，あとでテキスト・ファイルにデータを入力する際のカラム位置を示している。

　(4)*　調査日時や調査員名等を記入する欄　　これも面接調査が終わったあ

質問文例5

○○○○に関する全国調査

○○○○年○月○日

地点番号	対象番号	対象者氏名
①	② ③	④ ⑤

[調査主体（団体）名]
[所在地]
[電話番号等]

調査日	調査時刻	所要時間
月　日	（開始）　時　分 （終了）　時　分	分

調査員名	回収点検者名	コーダー

ご　挨　拶

　私は……からまいりました調査員です。このたび私たちは○○○○に関して全国で約 3,000 人の方に調査を行っています。この調査の対象となる方々は，無作為抽出というクジビキに似た統計的な方法で選びました。若干立ち入った質問もありますが，お答えいただいた回答は，完全に極秘として管理し，学問的な立場から統計的に分析されます。お忙しいところ申し訳ありませんが，何卒ご協力をお願いいたします。

　さっそくですが，あなたご自身のことをおうかがいします。

問1　あなたのお生まれは何年何月ですか．[対象者名簿と照合し，対象者を確認する。]

　　　大正・昭和・平成＿＿年＿＿月＿＿日 19□□年□□月満□□歳　⑥～⑪

　　　| 性別　　1　男　　2　女 | □ | ⑫ |

問2
　…

とで記入する。実際に面接を行った調査員は自らの名前を「調査員名」の欄に署名する。次に，調査時にこの調査票を調査員から回収して点検した責任者は，「回収点検者名」のところに署名する。また，この調査票の回答をコーディング（自由回答にコード値を与えたり，性別の選択肢の数字を右側の升目に記入すること）した人は「コーダー」の欄に署名する。（これらについては第 8 章を参照

(5) 挨拶文　調査員が対象者に会って最初に述べるべき自己紹介と趣旨説明の文章を表紙に印刷しておく。調査員はこの文章に沿って，対象者に調査に応じてくれるように依頼することができる。

(6) 最初の質問文　かならずしも表紙でなくて2頁目に来てもいいが，この例のように生年月日を確かめて表紙に記入しておくと，点検やデータ・クリーニングの際に対象者名簿と照合して回答者を確認しやすくなる。

以上の項目のうち，*をつけた(3)と(4)とは，郵送調査や留置調査では簡略化した方がいいだろう。とくに郵送調査では，回答して返送する調査票が誰のものであるかを知られたくないと思う対象者が多い。したがって，調査票に回答者の氏名を記入するよう求めない方がいい。せいぜい，調査票の一番最後に，「調査に応じて頂いた方にはのちほど薄謝として○○をお送り申し上げたいと思いますので，差し支えなければお名前をご記入ください。」として，記入欄を設けておくにとどめておく。

なお，回答者氏名を記入しない場合でも，あとで督促の案内を出すためには調査票を発送した全対象者のうち誰から回答があったのかがわかっていなければならない。このためには，調査票にはあらかじめ番号を振っておく。回答者の中には，この番号も嫌ってわざわざ消して返送する人もあるので，挨拶文の中に，「番号は回答票を整理するために必要なものなので消さないで下さい」と断っておくとよい。

コラム3　職業カテゴリーと職業の聞き方

　社会学の研究では人々の職業は性別や年齢と並んで最も重要な変数の一つであり，社会調査で職業をたずねることは多い。ところが，これが案外と厄介なのだ。たとえば，ある世論調査では「事務・技術職」「製造・サービス従事者」「自営業」「農林漁業」「主婦」「無職・その他」という六つのカテゴリーを用意して，その中から回答者に選択してもらっているが，これには次の問題がある。まず(1)これらの選択肢の中で自分がどれにあてはまるのか決められない人も多い。たとえば，主婦でもあるし派遣社員でもある人，市議会議員，学校の先生，お坊さん，ミュージシャンなどはどのカテゴリーにあてはまるだろうか。そして，(2)それぞれのカテゴリーの「意味」が明確ではなく，回答者のあいだに，それぞれのカテゴリ

ーを区分けする共通のルールがあるわけではない。たとえば，塾で講師をしている人は，「事務・技術職」だと思うかもしれないし，あるいは「サービス」なので「製造・サービス従事者」と答えるかもしれない。あるいは，10人くらいの会社の経営者は「自営業」と答えるのか，それとも「事務・技術職」と答えるのかも不明確だ。

　上のカテゴリーのほかに，「公務員」「専門的職業（医師，弁護士，教育職など）」「パート・アルバイト」などのカテゴリーを加えたものもある。こうすると，専門的職業が独立するとともに，公務員やパート・アルバイト型の職業が区別されるので望ましい面もあるが，次の問題もある。(3)「公務員」や「パート・アルバイト」のカテゴリーが独立して設けられると，そのカテゴリーの中でどんな仕事をやっているのかがわからない。たとえば，大学の非常勤講師も居酒屋のアルバイト店員も同じになるし，公営動物園の飼育係と航空管制官も同じになる。

　さらに，よく「会社員」「労務職」「自由業」などのようなカテゴリーが使われるけれども，これらは必ずしも概念が明確ではないので，もしも使うとすれば「自由業（作家や音楽家など誰にも雇用されずに自分で働いている人）」などのような説明を付け加えておくべきだろう。

　職業についての質問文を作るにあたって基本的に重要なことは，職業を分ける軸は一つだけではなくて，本来，複数の軸で成り立っているものだということを理解しておくことである。一つは，公務員か民間会社の従業員か，民間会社の経営者・役員か，法人化していない自営業かなど「就業タイプ」を区別する軸である。次にそれとは別に，常勤か，パート・アルバイトか，派遣・契約社員かなど「雇用形態」の軸がある。そして，もっとも基本的な軸として，農業か，医師や教員のような専門職か，企画や文書処理などの事務職か，部長や所長などの管理職か，自動車組立工や旋盤工などの工場労働者か，デパート店員やコンビニ店員のような販売職か，などの「仕事内容」軸がある。さらには，役職上の地位による区分もありうる。

　したがって，もっとも望ましいのは，これらの異なる軸ごとに質問文を用意して回答してもらい，分析の際に，それらへの回答のパターンにもとづいて分析目的に沿った職業区分の仕方をそのつど工夫することである。これは実際にSSM調査が採用している方法である。

　しかし，このやり方は質問文があまりに長くて複雑になるので，多くの調査にとっては実際的ではないだろう。次善の策として推奨できるのは，少なくとも「従業上の地位」と「仕事内容」という二つの質問文を設けることである。「従業上の地位」というのは，上の初めの二つの軸と組み合わせて「公務員か否か」

「常勤かパート・アルバイトか」「自営か被雇用か」などが区別できる選択肢をつくって，その中から選んでもらうものである。そして，「仕事内容」は，農業，専門，事務などの選択肢で構成される。
　たとえば次のような質問文が考えられる。

問1　あなたのお仕事についてお聞きします。まず，あなたのお仕事を雇用されているか自営かなどの従業タイプで次のように分けるとすればこの中のどれに当たりますか。
1　経営者・役員
2　民間企業に常時雇用されている従業者
3　官公庁・特殊法人などに常時雇用されている従業者
4　パート・アルバイト・派遣社員
5　自営業主・単独業主
6　家族従業者
7　学生
8　無職

問2　では，あなたは勤め先で具体的にどんなお仕事をしていますか。
1　専門的技術的職業（教員，医師，音楽家，作家，情報技術者など）
2　管理的職業（課長以上の管理職，団体役員など）
3　事務的職業（企画，会計，文書処理，郵便事務など）
4　販売的職業（デパートや小売店などで商品を直接販売する仕事）
5　サービス的職業（理容師，コック，レストランの店員など）
6　保安的職業（自衛官，警官，警備員など）
7　運輸・通信従事者（運転手，船員，通信士など）
8　製造・建設従事者（工場，炭坑，建設現場などで働く人，畳職人なども含む）
9　農林漁業従事者
10　その他（具体的に　　　　　　　　　　　）
98　非該当（無職，学生）

　むろん，これ以外にもさまざまな選択肢リストが考えられるだろう。要は，分析目的にとって必要十分な聞き方をすることだ。（逆に言えば，分析で使う予定がないのであれば，わざわざ詳細に聞く必要はない。）

***　第6章　練習問題　***

6.1　調査票を作る上で，次のようなやり方をすることには，どのような問題があるか。

(a) 調査は何度もできるものではないので，この際，あとで研究に用いるかもしれない質問項目をできるだけ盛り込むことにした。
(b) 同僚と一緒に調査するので，各人がそれぞれ希望する質問文を作ったものをそのまま調査票にのせることにした。
(c) 性別をきくことは性差別だと非難されるおそれがあるので，質問項目からは除いた。
(d) フェイス・シート項目はまとめて調査票の冒頭できくようにした。
(e) 回答者の自由な意見を捉えたいので，なるべく自由回答できくことにした。
(f) 選択肢の記号を問の番号と区別するために a, b, c, ……にした。

6.2　育児における男女の平等な関わり方についての人々の考えを探求するために，次のような質問項目を入れた調査票を作成したい。調査票にはこれらの項目をどのような順序で配置したらいいか。適切だと思われる順序（一つとは限らない）を考えてみなさい。また，順序を入れ換えることで，調査にどのような違いが生じるか考えてみなさい。

(a) 現在の育児休業制度や児童福祉制度に関する知識
(b) 回答者は結婚しているか否か
(c) 回答者に子供がいるか否か
(d) 回答者は実際に育児にどう関わっているか，またはきたか
(e) 回答者の性別と年齢

第7章 サンプリング

　本章は母集団の特性について統計データをもとにして推論を行おうとするときの，調査対象者（ケース）を選ぶしかたであるサンプリングについて解説する。サンプリング（標本抽出）という言葉は，あくまで母集団を前提にした上で対象者（ケース）を抽出することをいう。そして，母集団の中にさまざまな属性をもった個体が均質ではないかたちで分布しているとき，サンプリングは原則として「無作為抽出」が望ましい。本章は，その無作為抽出に焦点をおいて解説する。

1．無作為抽出の原理

1.1　母集団と標本
　統計調査は，多くの場合**母集団**（population）というものを前提にしている。母集団とは，調査が探求しようとする対象物だといっていい。たとえば，内閣支持率の調査における「支持率」という比率は，「日本の有権者全体」という母集団を前提にして初めて概念化できる。あるいは「一夫婦あたりの平均子供数」の調査は，「日本のすべての夫婦」という母集団を前提にして「平均」が成立する。まえにも述べたように，統計調査の探求対象は**集団的特性**であり，一般的にはその集団が母集団である。
　集団的特性といってもそれは個々のメンバーの個別特性からなるものだから，

それを知るためには個々のメンバーのデータを集めて分析しなければならない。**サンプリング（標本抽出）** とは，母集団特性を知るために，観測されるべき個々のデータとなる個別調査対象者（ケース）を選び出すことである。

こうした統計調査は，**全数（悉皆）調査** と **標本調査** とに分かれる。全数調査とは，母集団の中のすべてのメンバーを選んでデータを収集する調査である。代表的なものに国勢調査がある。それに対して，標本調査は全数ではなく一部のメンバーだけを調査するものである。

常識的には，全数調査のほうが標本調査よりも優れているようにみえる。データの精度の観点からすると情報は洩れなく集めた方がいいに決まっている。しかし，主として次の理由から，むしろ標本調査のほうが優れていると考えられる場合が多い。

(1) 標本調査のほうがコストが低い　データの精度を上げるためには時間的・人的および金銭的コストがかかるが，負担しうるコストには限度がある。調査にとってはデータ収集は最終目的ではなく，母集団についての探求のための手段なのだから，探求にとって必要な精度が確保されるのであれば，それ以上に余分なコストをかけて全数調査を行う必要はない。

(2) 標本調査のほうがしばしば精度が高い　精度を悪くする要因には，標本抽出であることによるものと，それとは無関係なものとがある。前者を **標本誤差**，後者を **非標本誤差** とよぶ。この中には，意図的あるいは非意図的な誤答，誤記入，コーディング・ミス，入力ミス，計算ミスなどがある。こうした非標本誤差は，調査への熟練度が低く，注意力が乏しいと大きくなる。全数調査は理論的に標本誤差がゼロであるが，あまりに大量のデータを短時間で集計・分析しようとすると，非標本誤差が大きくなりやすい。多くの場合，注意深く管理された適度な規模の標本調査のほうが，誤差を全体として小さくすることができる。

(3) 全数調査は実際的に不可能なことが多い　調査拒否が一定の割合でかならず生じるので，法的な裏づけがない限り通常の社会調査で完璧な全数調査をすることは不可能に近い。

1.2 無作為抽出

◇ 無作為抽出の意味

　サンプリングは一般に**無作為抽出**（random sampling）でなければならない（ただし，冒頭で述べたような有限母集団の集団特性が探求目的だという前提のもとで）。このことはよく知られているが，その理由と意味がわかっているとは限らない。「ランダム」という言葉には，「無秩序」「でたらめ」という意味があるので，ランダム・サンプリングとは，「でたらめに対象者を選ぶこと」だと誤解されがちだ。ところが，実際はまったく逆で，ランダム・サンプリングはきわめて**計画的に秩序づけられた抽出**のしかたのことをいうのである。

　標本調査は母集団の中の一部の個体だけしか調査しない。われわれが観測するのは，抽出された一部の個体についてだけであり，それだけが観測データを構成する。しかし，われわれの探求の対象は，この抽出された個体群には限られていない。母集団全体が探求対象なのである。したがって，標本調査は，**観測された標本データをもとにして直接には観測していない母集団についての知識を得る**，ということをめざさなければならない。それはいかにして可能なのか。

　一般的には，観測されたものから観測されないものへと至るためのアルゴリズムは存在しない。とくに，観測されないものが「思念」や「メカニズム」である場合はそうだ。しかし，魚群探知機や，温度計と温度，レントゲン写真と疾病，脳波検査機と脳の活動などの場合のように，観測データが何を意味するかについての標準的な推論方法が開発されていることがある。

　標本調査と母集団の特性との間にも，図7.1のように，ある条件の下でこうした標準的な推論方法が存在する。その条件が無作為抽出であり，推論方法が第10章以下で述べる検定と推定である。この原理は，「**標本がどのようにして抽出されたものであるかについての知識に基づいて**，標本データから母集団特性を推論する」というものだ。ポイントは強調部分の「抽出方法の知識」である。といっても，たくさんの方法があるわけではない。「無作為の抽出だ」という知識だけが，推論を可能にする。

　無作為抽出をフォーマルに定義すれば，それは**母集団の中のすべての個体にとって，標本として抽出される確率が等しいものになっているような抽出法**で

図 7.1 母集団と標本

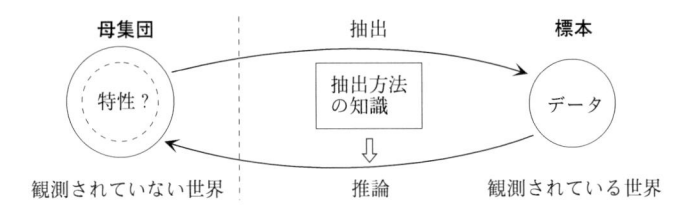

```
  母集団          抽出           標本
   ┌─┐      ┌──────┐       ┌─┐
  (特性?)    │抽出方法│      (データ)
   └─┘      │の知識 │       └─┘
            └──────┘
              ⇓
 観測されていない世界    推論    観測されている世界
```

ある。ここで重要なのは，単に「偶然にゆだねて選ぶ」とか「くじ引きのように選ぶ」ということではなく，「選ばれる確率が等しい」ということである。抽出が等確率であることによって，中心極限定理などの確率理論を利用することができ，それによって母集団特性をリーズナブルに推論することができるのである。そのため，無作為抽出は**確率抽出**（probability sampling）ともよばれる。

◇ **無作為抽出でないとき**

もしも，無作為抽出でないとすればどうなるか。よくあるのが「たまたま抽出」である。渋谷の駅前で 100 人に聞きました，友人のつてで 35 人に聞きました，というようなのがそうである。こうした調査は，第一に，「母集団は何か」がよくわからない。探求対象が明確でないのだ。むろん，収集された 100 人や 35 人のデータは確固として存在する。しかし，それからどんな集団について推論することになるのかわからない。当然，どうしたら理にかなった推論になるのかもわからない。

いくら人数が多くても同じだ。かりに母集団は日本の有権者全体だと明確になっているとしよう。さらに対象者として，繁華街から，ラジオのリスナーから，雑誌の購読者から，どこかの会社のダイレクトメールのリストから，などさまざまな手段を駆使して 10 万人ほどの大量のデータを集めたとしよう。この標本データで，内閣支持率が 52.1％だったとする。このデータの事実から，日本の有権者全体の内閣支持率について何かいえるだろうか。実は何もいえないのである。なぜなら，もしかしたら，たまたま内閣支持の傾向の強い人々を多く含む標本を拾ってきてしまったのかもしれないし，あるいはその逆かもしれないからである。そうした可能性を排除することができないのだ。

データから得られた知識から母集団について理にかなった推論ができるかどうか。これが標本抽出の眼目である。

この点いくつかの誤解がよくある。まず,「調査は代表的な事例や標本を選んで行ったらいい」という考え方がある。この観点から,特定の標本を選んでくることを「**有意抽出法** purposive sampling」という。もし,ある事例が「代表的」だということがあらかじめわかっているのであれば,そうすればいい。しかし,それは統計調査である必要はない。統計調査は,**何が代表的かがあらかじめわかっていない**からこそ行うのである。

また,「標本は母集団によく似せて抽出すべきだ」と考える人もいる。「**割当法** quota sampling」というのはこの考え方にもとづくもので,性別,年齢,地域,人種などを母集団の分布に類似させて標本を選んでくれば,いい標本になると考えている。しかしこれは手段と結果を取り違えている。無作為抽出をすれば標本は母集団に似てくるが,母集団に似るように抽出することが無作為抽出なのではない。「等確率だ」というのが本質である。母集団に似せて抽出するときは,あらかじめ母集団の分布のしかたが**わかっている特性**のみにもとづいて似せるだけだ。しかし調査の目的は,母集団の分布のしかたが**わかっていない特性**を探求することである。これが前者とどう関係しているかあらかじめわかってはいない。したがって,わかっている特性を基準にして母集団に似せるだけだと,わかっていない特性の分布が偏ってしまう危険が大いにある。

1.3 標本誤差

◇ 標本誤差の意味

標本調査は,標本のデータから母集団の特性を推定する。たとえば標本における平均や比率の値はそのまま母集団の平均や比率の「推定値」としていい。しかし,標本の値が母集団の値を正確に表しているとは限らない。詳しくは検定の章で説明するが,標本からの推定値は母集団の値のまわりに確率的に散らばって出現する。その散らばり方は,標本数が多くなると次第に正規分布に近くなり,しかも散らばりの幅が狭くなっていく。

無作為抽出による標本データからの推定値と母集団の値とのずれが**標本誤差**(sampling error)である。(この英語は紛らわしい。サンプリングが正しくない

表 7.1　標本誤差の大きさ

[母集団において比率が 50％であるとき
0.95 の確率で標本の比率がずれる範囲]

標本数	標本誤差の大きさ
100	±9.8％
400	±4.9％
2,500	±2.0％
10,000	±1.0％

ために生じる誤差だと勘違いしないでほしい。これは，サンプリングが正しく無作為抽出の原理に従っているときになおかつ生じる誤差である。）標本誤差とは，標本からの推定値が母集団の値から確率的にずれて出現するときの，ずれの度合いを意味している。表 7.1 は，母集団においてある性質をもったメンバーの比率（母比率）が 50％であるときに，標本誤差がどうなるかをいくつかの標本数について示したものである。たとえば，標本数が 100 のとき，標本比率の値は「母比率±9.8％」の範囲に 0.95 の確率で出現する。この範囲は標本数の平方根 $\sqrt{n}$ に反比例して小さくなっていき，n が 4 倍になると誤差は 1/2 になる。

この標本誤差の大きさは，ある標本比率が観測されたとき，母集団の比率が実際にはどのあたりに存在するかについてのだいたいの目安を与えてくれる。たとえば，2500 のサンプルで内閣支持率が 52.1％であったとすると，母集団での内閣支持率はほぼ 50.1〜54.1％のあいだにあると考えてよい。

◇ **必要標本数**

標本調査の設計では，標本数をいくらにするかが大きな問題になる。精度を高めようと思ったらできるだけ多い方がいいけれども，調査のコストはだいたい標本数に比例して増大していく。表 7.1 を参考にして，次のように考えたらいいだろう。

もしも，何らかの比率の大きさが 40％程度か 50％程度かそれとも 60％程度かくらいの大まかなことを知りたいのであれば，回収標本数は 400 くらいあればよい。回収率は 2/3 くらいだから，その 1.5 倍の標本設計，すなわち 600 くらいを設計標本数とする。

次に，もしも 50％か 55％かの違いくらいまで明らかにしようと思ったら，標本数はその 4 倍，すなわち設計標本で 2400，回収標本で 1600 を計画すべきである。

さらに性別や年齢など対象者の異なる属性のあいだでの比較を行おうとする

場合には，これを上回る標本数が必要になる。

　いずれにしても，どの程度複雑な分析が必要かは探求のテーマに依存している。先行研究のあるテーマを探求する場合には，それに匹敵してさらに乗り越える分析をめざさなければならないから，標本数もそれなりの大きさが要求されるだろう。そうした既存研究がないときは，（第4章のコラムで述べたグラノヴェターの研究のように）少ない標本でも新しい発見があるかもしれない。

◇ 標本の非確率的な偏り

　標本設計や標本抽出を間違えると，標本誤差や非標本誤差とは異なる新たな誤差が生じてしまう。それは，**標本の非確率的な偏りの誤差**である。たとえば，1936年と1948年のアメリカの大統領選挙における選挙予測の失敗は，標本が偏っていたことによる誤差のせいだと見られている。母集団の各メンバーが等しい確率で抽出されなければならないのに，ある階層の人々やある特定地域の人々が過剰に抽出されると，こうした失敗が生じる。

　無作為抽出の原理に忠実であれば，この誤差は生じない。しかし，設計段階でそうであっても回収段階で生じてしまう危険がある。たとえば，男女込みの個別面接調査を行うとどうしても女性や高齢者の回収率の方が高くなる。これは，女性や高齢者に高めの抽出確率を適用したのと同じ効果をもたらす。

　こうした非確率的な偏りをなくすよう努力することは，標本調査にとって重要である。そのためには，無作為抽出であることに加えて，回収率の向上に努めなければならない。**低すぎる回収率は，結果としての偏りがかなり高い**と考えるべきである。

　性別や年齢や地域など（アメリカの場合は，人種も考慮される），あらかじめ母集団の分布が知られている指標に関して標本の分布が著しく偏っている場合には，標本からの推定に際して補正が加えられることがある。具体的には，それらの指標によって区分されたグループごとに，「母集団での比率／標本での比率」でウェイトづけしたケース数で集計する。ただ，日本ではこの種の補正はあまり用いられていない。60％前後以上の回収率があれば必要ないと考えていいだろう。

コラム 4　1936 年のアメリカ大統領選挙予測と標本の偏り

　1936 年のアメリカ大統領選挙は世論調査史上非常に有名である。当時，大統領選予測でもっとも権威のあった週刊誌リテラリィ・ダイジェストと世論調査会社を興したばかりのジョージ・ギャラップとの対決のエピソードだ。ダイジェスト誌は 237 万 6523 通の郵送の模擬投票の結果から共和党候補のランドンの勝利を予想したが，結果は民主党ルーズベルトの圧勝。対してギャラップは，せいぜい 5 万程度の標本サイズの調査を最新の科学的手法と称する割当法を用いて実施し，みごとにルーズベルトの当選を予測した。その後ダイジェスト誌はまもなく廃刊となり，ギャラップ社は世界有数の世論調査会社へと発展していった。

　このときのそれぞれの予測値と実際の結果には曖昧な点が多いのだが，一応いまの時点で信頼しうる数字を示すと次のようになっている。（他にも候補者がいるので，計 100 ％にはならない。）

得票率の予測と実際

	ルーズベルト	ランドン
リ・ダイジェストの予測	40.9%	54.4
ギャラップの予測	53.8	42.8
選挙結果	60.8	36.5

　ダイジェスト誌の致命的な失敗の理由としては標本抽出の偏りが指摘されている。用いた名簿は電話帳，クラブ会員名簿，自誌の購読者リストをもとにしており，これらはすべて所得の高い階層，つまりは共和党支持層に著しく偏っていたというのである。クラブ会員名簿の代わりに自動車登録名簿を挙げている史料もあるが，いずれにしても同じ**選出バイアス**（selection bias）を生じさせる。

　ただしこの通説には疑問もある。当時のダイジェスト誌を見ると，いくつかの都市では登録選挙人名簿をも用いたと明記されている。その場合にはかなり理想的な標本抽出枠が獲得されたことになるが，にもかかわらずそうした地域でもやはり予測は失敗していた。ここには**無回答バイアス**（non-response bias）が影響していたとも推測されるのである。そもそもダイジェスト誌は，実に 1000 万通を越える投票用紙を発送しており，回収率はたったの 23% 程度に過ぎなかった。あくまで推測だが，現職ルーズベルトのニュー・ディール政策に批判と危機感を強めていた共和党支持者がより積極的に模擬投票に反応したために，ランドンの予測得票率が大幅に高くなったとも考えられる。選出バイアスとならんで無回答バイアスが大きな原因となったことは間違いないだろう。選出バイアスは設

計標本の偏り，無回答バイアスは有効標本の偏りということができるが，そのいずれが大きくても信頼できる調査にはならないのである。

ちなみに，あまり知られていないがギャラップはこのとき二種類の調査を行っている。ダイジェスト誌の予測が失敗するであろうことを予測する調査と，実際の大統領選挙の結果を予測する調査である。前者の調査ではダイジェスト誌の失敗を極めて正確に予測していたという。また後者の調査は1年の間に十数回も実施しており，ほとんどすべての結果がルーズベルトの優勢を示していた。ただ残念なことに，これらの調査のいずれについても，標本抽出法や標本サイズ，調査手法の詳細や回収率などに関して必ずしも正確な記録が伝えられていないようである。

なお，1936年のギャラップ調査はまだ真の意味での無作為抽出ではなくて割当法であった。1948年の大統領選挙で僅少差でトルーマンが勝利したときに，こんどはギャラップ社自身が逆の予測をしてしまった。これをきっかけにして，割当法ではなく無作為抽出こそが抽出法として適切であることが広く定着していったのである。

2. サンプリングの方法

2.1 単純無作為抽出

n人の標本を等確率で抽出する基本的なやり方は次のようなものである。まず，母集団の中からまったくランダムに一人を確率的に選んで，その名前と住所をリストに記録する。これを一人目の標本とする。この個人を母集団に戻して，再びまったくランダムに一人を確率的に選んで，同じく記録する。これを二人目の標本とする。この作業を計画標本数であるn回だけ行えば，求める標本数nの対象者リストができる。これが**単純無作為抽出**である。（理論的には同一人物が2回以上抽出される可能性がある。この可能性は非常に小さいが，もしそうなったら，同一人物のデータを複数個の標本にすればいい。）

ランダムに一人を確率的に抽出する具体的な作業は，母集団のすべてのメンバーに1からNまでの番号をつけておき，宝くじのようにその中から一つの番号をランダムに選べばいい。このやり方で1からNまでのどの番号も，選

ばれる確率は $1/N$ で等しくなっている。

単純無作為抽出の大きな特徴は，どの個別標本が選ばれるときにも母集団が同一のままに保たれている，という点である。これは，検定や推定においてその数学理論の中核にある中心極限定理を適用するための必要な前提条件を満たしている。

しかし，現実には，単純無作為抽出を行うのは，小さな標本ならばともかく，通常の社会調査では非常に難しい。第一に，このやり方では大きなランダム数を標本数の回数だけ選ばなければならないが，これはパソコンのない時代には大変手間のかかることであった。パソコンを使えばランダム数を選ぶことは簡単であるが，それぞれの数値が具体的にどの対象者に対応するのかを決めるのはやはり大変である。第二に，単純無作為抽出では原則として，母集団のリスト（これを**抽出台帳**という）が手元になければならない。たとえば，全国の有権者が母集団であれば，すべての有権者名簿（選挙人名簿）が手元にあることが望ましい。しかし，それらは各市町村に保管してあって，閲覧することはできるけれども，コピーをとったりすることはできない。第三に，これが最も実際的な理由であるが，このやり方では抽出された標本が母集団の範囲にまんべんなく散らばることになる。これは，標本としてはいい性質なのだが，実際的には困る。というのは，たとえば全国から 3,000 の標本を抽出したとき，平均的に約 4 万の人口につき一人の標本が存在する。この人々を調査しようと思ったら，一人の調査員でせいぜい 1 日に二人までしか面接できないだろう。そのため，サンプリングと実査に時間と経費の厖大なコストがかかるのである。

実際の社会調査では，理論上の厳密さを少しだけ犠牲にした，もっと現実的なやり方がとられている。本節の次項以降では，主として全国の有権者を母集団とする中から，1,000～1 万程度のオーダーの標本を無作為に抽出するための，実際的な方法について述べる。

2.2 多段抽出法

コストを低くするためには，一人の調査員がカバーする地理的範囲を狭めればいい。歩いて回れる範囲であれば，1 日に 10～20 人くらいの対象者を訪問することができる。このような範囲を地点とよぶ。もし，全国から 3,000 人の

標本を抽出したいのなら，たとえば地点あたり10人の標本からなる300地点が抽出されればよい。このように，全体から複数個の地点を抽出し，さらに各地点から何人かの対象者標本を抽出するやり方を**多段抽出**（multi-stage sampling）という。

多段といっても，実際には2段か3段である。全国調査では通常，「区市町村―地点―個人」の3段抽出が行われる。最初に選ばれるレベルを第一次抽出単位とよぶ。いまの場合区市町村がそれにあたる。地点が第二次抽出単位，そして個人が第三次抽出単位になる。

多段抽出を行うときは，**地点**の概念を明確にしておかなければならない。抽出台帳として選挙人名簿を用いる場合には，選挙人名簿が設けている地区割りである**投票区**にするのがいい。投票区は，たいてい小学校区ないし中学校区の範囲に設定されており，歩いて回ることは難しくない。ほかに，住居表示の単位である丁目（日本橋一丁目～三丁目など），国勢調査の単位である調査区，市によって独自に設けている統計区などを利用することもある。

多段抽出では原則として，各地点に割り当てられる標本数は同一にする。そうすると，メンバー数の多い（規模の大きい）地点と小さい地点があることが気になるだろう。1万人から10人を選ぶのと1,000人から10人を選ぶのとでは，各人が選ばれる確率が異なってしまって，無作為抽出の基本原理に反してしまうようにみえる。そうはならないように，どの地点にいる人でも抽出される確率が等しくなるようにするためには，**各地点が抽出される確率の大きさがその規模に比例**していればいい。すなわち，1万人の地点が抽出される確率が1,000人の地点のそれの10倍になるようにするのである。このことを**確率比例抽出法**（probability proportional sampling）という。具体的なやり方はあとで説明する。

多段抽出がサンプリングと実査のコストを著しく軽減することは明らかだ。単純無作為で全国から3,000人を抽出しようとすれば，だいたい全国の3,000の地点に行って個人サンプリングと実査をしなければならない。それに対して，300地点の多段抽出だと，1/10の地点数ですむ。

だが，このコストの縮小は，**標本誤差**が大きくなるという犠牲を伴っている。常識的にも，全国にまんべんなく散らばった3,000人のほうが，300地点に限

定された3,000人よりも母集団をよく反映していると考えられるだろう。この問題に対処するために，一般に多段抽出法は次の層別抽出法と組み合わせて用いられる。

2.3 層別抽出法

　地点数が少なくなると，標本の特性が母集団の特性から大きくずれる危険性が大きくなる。このことは，たとえば地点を1個にした場合を想像してみればわかる。全国の有権者を母集団にしているのに，選ばれた地点は東京の港区六本木あたりになるかもしれないし，どこかの農村になるかもしれない。どちらの場合でも，そこで抽出された3,000人が全国の人々をよく反映しているとは考えにくいだろう。

　地点は全国に散らばっていなければならないのである。単に地理的に散らばらせるだけではなく，地点の種々の特性においても全国的な散らばりを反映させた方がいい。さもなければ，農村地域が過度に抽出されたり，逆に郊外住宅地が過度に抽出されたりする危険がある。

　このように，多段抽出を用いると，無作為抽出の原則に従っていても結果として地点が偏って抽出される可能性が高まる。このため，単純無作為抽出のときよりも一般に**標本誤差が大きくなる**ことが知られている。こうした地点の偏りを避けるために，あらかじめいくつかの特徴に基づいて全国の地点をいくつかの層（stratum, strata〔複数形〕）に区分しておき，それぞれの層から必ずいくつかの地点が選ばれるようにする。これを**層別（化）抽出法**（stratified sampling）という。適切な「層別」を行えば，多段抽出での標本誤差の増大を抑えることができる。

　実際には，区市町村を層に分け，それぞれの層からいくつの地点を抽出するかを決める。区市町村は，国勢調査その他によって人口規模や産業構成や職業構成がわかっているので，それを利用して層に分けることができるのである。

　それぞれの層からいくつの地点を抽出してさらにいくつの標本を抽出するかは，**比例割当法**（proportional quota）によって決める。これは原則として，**層の規模に比例して標本数を各層に割り当てる**というものである。たとえば，規模2,000万人の層は1,000万人の層の2倍の標本数が割り当てられることに

表 7.2　1995 年 SSM 調査の層別のしかた

	層	区市町村数	有権者数	割り当て地点数	割り当てサンプル数
1	区部	139	19,926,291	70	1,680
2	市部 20 万人以上	86	22,679,254	80	1,920
3	市部 20 万人未満	549	28,927,005	102	2,448
4	郡部	2,525	20,896,073	73	1,752
5	沖縄	53	880,147	3	72
6	兵庫県南部*	20	2,381,910	8	192
	計	3,372	95,690,680	336	8,064

注*：阪神淡路大震災の影響が予想されたため，特別に独立の層を設けた．

なる．ただし，層の規模の違いは単純な整数比とは限らないから，この原則を厳密に守ることは難しい．この原則が守られないと「等確率性」が崩れてしまうが，そのデメリットよりも層別によるメリットの方が大きいと考えられるのである．

層別抽出を行うのは，標本誤差を小さくするためである．すなわち，推定に用いる標本値が母集団の値からずれる度合いを確率的に小さくするためである．

したがって，推定したい変数に関連をもっていそうな属性を用いて層別を行う．

一般的には，層の数を多くすれば標本誤差はより小さくなる傾向がある．しかし，あまり層別を細かくしすぎても，それによる標本誤差の縮小は微々たるものになるし，逆に，せっかく多段抽出で縮減させた調査コストを再び増加させかねない．ほどほどの層別がいいのである．

たとえば，1995 年 SSM 調査では表 7.2 のようなやや簡単な層別抽出を行っている．

ただし新聞社などの世論調査ではもう少し複雑な層別を用いている．世論調査の場合は，政党支持や投票態度が選挙区や地域によって複雑に異なっていることがあらかじめわかっており，地域ごとの分析が重要だからである．調査目的からして，いわば最初から母集団が地域ごとに分かれているようなものなので，細かい層別にメリットがある．

なお，層別抽出法は，第 1 節で述べた割当法と似ているところがあるが，本質的な違いがある．割当法は，割り当てられた集団内部での個人の抽出が無作

為ではない．それに対して層別抽出では，層に分けた内部で無作為抽出を完全に適用しているのである．

2.4 系統抽出法 (systematic sampling)

一つの母集団から実際にランダムに対象者を抽出するための便利な方法として系統抽出法がある．これは，あらかじめ対象者に番号をふっておかなくてもいいし，ランダム数を何回も算出する必要もない．しかも，多段抽出に用いると，規模に比例した確率で地点を抽出するという条件を完全に満たしてくれる．

この原理はいたって簡単，あるスタート番号をランダムに決めたあと，一定の等しい間隔で対象者を抽出していくというだけのことだ．このため，**等間隔抽出法**（equi-interval sampling）ともよばれる．

具体的に説明しよう．いま N 人の母集団から n 人の標本を抽出したいとする．N 人を n 個に均等に分割したサイズを k とする．$k=N/n$ で，これが間隔になる．k には小数がついていて構わない．k 以下の整数の中からランダムにある一つを選ぶ．その番号をスタート番号 S としよう．そうすると，全体の中の S 番目の個人が一人目の対象者になる．このあと，図 7.2 のように，二人目は $(S+k)$ 番目の個人，三人目は $(S+2k)$ 番目，……i 人目は $(S+(i-1)k)$ 番目，……として選んでいく．ここで，k が整数でないとき（これが一般的だが）は，i 人目に対応する $(S+(i-1)k)$ 番目は，$(S+(i-1)k)$ を切り上げた整数番目とする．たとえば，1234.03 番目とは 1235 番目のことだとする．

このやりかたで，N 人のすべてがカバーされている．なぜなら，$(n+1)$ 人

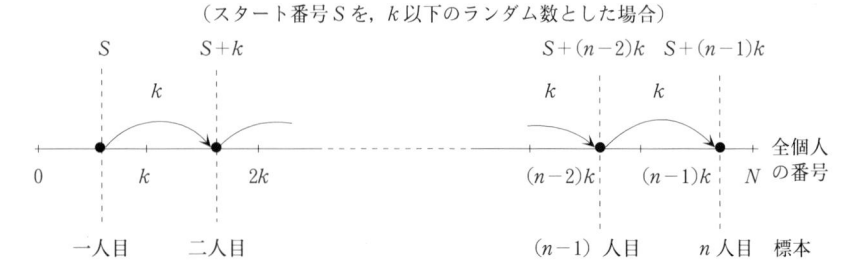

図 7.2 系統抽出のしかた
（スタート番号 S を，k 以下のランダム数とした場合）

目の抽出はちょうど最初の一人目である S 番目の個人に戻ってくるからだ。($i=n+1$ を代入してみればわかる)。そして，S がランダムに選ばれる限り，どの個人も選ばれる確率は等しい。($S>k$ のときは，途中で N 人を超えることがあるが，そのときは最初に戻ればいい。)

2.5 区市町村抽出への応用

　系統抽出のやり方は，多段抽出において区市町村や地点などの中間的抽出単位を確率比例で抽出する際に応用することができる。

　いま，全国の有権者を母集団とする調査を企画し，全国の M 個の地点から，1 地点あたり a 人の標本を抽出したいとする。計 $n=Ma$ が総標本数となる。このとき，どの区市町村から何個の地点（ほとんどが 1 個だが，大きい区や市では 2 個になることもある）をどのように抽出したらいいか。その標準的なやり方は次のようになっている。

(1) まず必要な作業は，全国の区市町村とそれぞれの有権者数とからなるリストを作成することである。このリストの最新のものは総務省（旧自治省）に問い合わせれば入手できる。少し古いものでよければ，国勢調査報告書からも作成できる。これが抽出台帳になる。（区市町村の数を I とする。）

(2) 次に，区市町村のすべてに 1 から順番をつける。普通，都道府県ごとにまとまっていて，一番先頭には北海道の札幌市中央区がくる。それぞれの有権者数を N_1, N_2, ……, N_I とし，全国の有権者の総計を N とする。

(3) これに基づいて，累積有権者数 T_i を算出する。T_i は i 番目の区市町村までの有権者数を足し合わせたもので，式で書けば，$T_i=\sum_{j=1}^{i}N_j$ である。$T_I=N$ となる。

　以上によって，表 7.3 のような表ができる。

(4) この表は，1 から N までの全国の有権者が区市町村ごとに並べられたものだとみることができる。実際に並べているわけではないが，札幌市中央区には，1 から N_1（$=T_1$）までの有権者が存在し，北区には T_1+1 から T_2 までの有権者が存在する。

　このとき，M 個の区市町村の抽出は，次のようにあたかも N 人から M 人を

抽出するかのようにして行う。

(5) まず，間隔 $k=N/M$ を算出する。数値が大きいので，四捨五入した整数でかまわない。

(6) スタート番号 S を，ここでは1から k までの間の整数の中からランダムに一つ選ぶ（でたらめにではなく，あくまで確率的にランダムに選ぶこと）。

(7) その後の抽出番号は，$S_2=S_1+k$，$S_3=S_2+2k$，……，$S_m=S_1+(m-1)k$，……で算出する。これによって，M 個の番号 S_m（$m=1$, …, M）が抽出される。

(8) 抽出された数値 S_1〜S_M から，それぞれに対応する具体的な区市町村を抽出する。すなわち，数値 S_m に対しては，この数値 S_m を含む区間をもつ区市町村が抽出される。つまり，$T_{i-1}+1 \leq S_m \leq T_i$ であるような区市町村 C_i を求め，C_i を抽出する。もしも同一の区市町村に二つ以上の数値 S_i，S_i'，……が含まれるときは，含まれる数値の数の分だけの地点数を，その区市町村に割り当てる。これによって，（ダブりも含めて）M 個の区市町村が抽出される。

(9) 地点を投票区とするときには，区市町村の中の**地点投票区**もこれによって決めることができる。抽出された数値 S_m に対応して区市町村 C_i が抽出されたとする。S_m がこの区市町村の中のどの投票区に含まれるかを，同じ原理に従って計算する。たとえば全国レベルで S_m 番目の人が C_i の中の r_m 番目になっているとする。すなわち，$r_m=S_m-T_{i-1}$ である。そうすれば，r_m 番目の有権者の含まれる投票区が，C_i の中で抽出されるべき地点としての投票区になる。（なお，非常に小さい投票区が選ばれたときは，同一区市町村内で後続する投

表7.3 多段抽出のための区市町村リストと有権者数

区市町村名	番号	有権者数	累積有権者数	含まれる数字の区間
札幌市中央区	1	N_1	$T_1 (=N_1)$	$1 \sim T_1$
札幌市北区	2	N_2	$T_2 (=N_1+N_2)$	$T_1+1 \sim T_2$
	……			
○○○○	i	N_i	$T_i (=\sum_{j=1}^{i} N_j)$	$T_{i-1}+1 \sim T_i$
	……			
○○○○	I	N_I	$T_I (=N)$	$T_{I-1}+1 \sim T_I$

2. サンプリングの方法

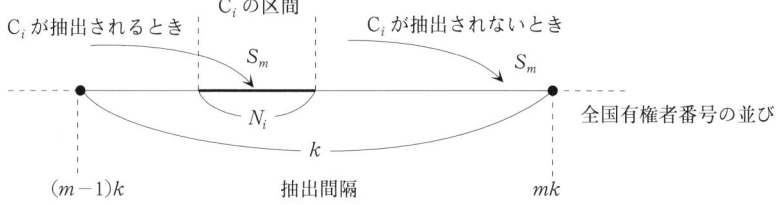

図7.3　ある区市町村が抽出されるしかた

票区と合併させて地点とした方がいい。）

　以上の方法で，区市町村が第一次抽出単位として抽出される確率はその規模 N_i に比例しており，**確率比例抽出**という条件を満たしている。このことは次のようにしてわかる。わかりやすさのために，規模 N_i はすべて k 以下だと仮定しよう。そうすると一つの区市町村には，たかだか1個の S_m が含まれるか，もしくはまったく含まれていないかのどちらかである。S_m が含まれるかどうかは，図7.3のようになっている。最初の番号 S_1 がどう選ばれるかによって，S_m が C_i の区間に落ちるかどうかが決まる。C_i の区間に落ちる確率は k の幅の中の N_i の部分に落ちる確率だから，N_i/k になる。これが，区市町村 C_i が抽出される確率であり，明らかに規模 N_i に比例している。

　このとき，任意の個人が抽出される確率はどうなっているだろうか。一つの地点から a 人を抽出することになっており，一つの区市町村からは1地点だけが選ばれる。そうすると，抽出された区市町村からその中のある個人が抽出される確率は a/N_i である。したがって，全体としてみると，任意の個人が抽出される確率は，

$$\frac{N_i}{k} \times \frac{a}{N_i} = \frac{a}{k} = \frac{aM}{N} = \frac{n}{N}$$

となっている。これは，どの区市町村にいる個人にとっても等しい。

　以上は，すべての N_i が k 以下であるときの説明であるが，$N_i > k$ であるような区市町村があったとしても，そこに含まれた抽出番号 S_m の数だけ地点数を割り当てれば，同じ結果が得られる。

2.6 個人抽出のしかた

◇ **スタート番号と間隔**

　一つの地点（規模 W）の中から a 人の個人対象者を抽出するときも，系統抽出を用いるのが普通である。その際，スタート番号と間隔の決定にはいくつかのオプションがある。

(1) スタート番号の決め方のオプション

　(a) 地点抽出で用いた区市町村内の個人番号 r_m を用いてスタート番号を決める。すなわち，r_m 番目の個人が当該地点の中の何番目にあたるかを算定し，その番号を地点内スタート番号とする。

　(b) 地点の規模を W とするとき，1 から W までの整数の中からランダムに一つの数字を選び，それをスタート番号とする。

　(c) 次に述べる (d) の間隔の範囲内でランダムなスタート番号を選ぶ。

(2) 間隔の決め方のオプション

　(d) 地点の規模 W を抽出すべき標本数 a で割った数 k_w を間隔とする。ただし，k_w は一般に整数ではないので，切り下げて整数化するか，もしくは小数のついたままで扱って，抽出された数値を整数化するかしなければならない。

　(e) より簡便に，あらかじめ決めた整数 k_0 を間隔とする。

　スタート番号については(a)〜(c)のどれでもとくに優劣はない。間隔については，地点の全体をカバーし標本誤差がより小さいという点では (d) のほうが望ましい。しかし，地点での個人対象者の抽出は，選挙管理委員会のような市役所等の内部で行うことが多く，効率よく抽出するために (e) を用いることも多い。この際，あらかじめ決めておく間隔としては，13，17，19 などの素数を用いるのがいい。

◇ **対象外の人の扱い**

　抽出台帳には，調査で企画した対象者の範囲（母集団）に属さない人が掲載されていることもある。たとえば，母集団が「20 歳から 59 歳までの女性」であるとき，男性のすべてと 20 歳未満および 60 歳以上の女性とが対象外となる。有権者名簿や住民台帳にはこういう人々も掲載されている。このような場合には，(d)の間隔よりも (e) のほうが望ましい。

対象外の人が名簿にある場合，スタート番号や間隔を数えていくときに，原則として対象外の人を飛ばして数えるのではなく**含んだまま**数えていく。そして，もし抽出番号が対象外の人にあたったときは，そこからあらためて**同じ間隔**で次の抽出番号の人に進み，目標の a 人に達するまで抽出作業を繰り返す。こうするのは，飛ばして数えたりしたときは「対象外の次の人」にあたりやすいが，この人々は特定のタイプの人になっている可能性が高いからである。たとえば，多くの個人リストで，男性の次の人はその配偶者である可能性が高い。このときは，女性だけを抽出する際に，有配偶の女性を抽出する確率が相対的に高くなってしまうのである。

飛ばさないでかつ間隔を繰り返しとっていく抽出では，間隔の幅は小さめの方がいい。つまり，(e)のあらかじめ決めた素数を用いる方が実際的である。

2.7 ランダム数の抽出のしかた

無作為抽出では，標本の抽出は確率にゆだねなければならない。それは，個人に番号をふって，番号の数値をランダムに選ぶという操作で行われる。ランダムな数字を選ぶという作業は，理論的な確率の概念にきわめて合致しているのである。

1 から N までの整数の中から，一つの数をランダムに選ぶための基本的なやり方は次の通り。原則は，桁ごとに $0 \sim 9$ の 1 桁整数の中から一つの数を選ぶという作業を繰り返す。したがって，N が 5 桁の数字なら，$0 \sim 9$ の整数を 5 回抽出する。

具体例で説明しよう。いま 1 から $23{,}456$ までの中から一つの整数を選びたいとする。まず 5 桁目である 1 万の位については $\{0, 1, 2\}$ の中から一つをランダムに選べばいい。4 桁目から下の位では $\{0, \dots\dots, 9\}$ の中から一つをランダムに選ぶ。この作業は，0 から $29{,}999$ までの中の数字をランダムに選ぶことになる。もしも，求めるべき数字の範囲 $1 \sim 23{,}456$ にはない数字が選ばれてしまったら，同じ作業を繰り返して 1 以上 $23{,}456$ 以下のある数値が選ばれるまで続ける。

では，1 桁整数はどうやって選ぶか。これには，(a)正 20 面体や 10 面体のサイコロを使う，(b)ランダム数表（乱数表）を使う，(c)トランプ・カードの

1〜10までを使う（10を0とみなす），などのやり方がある．もっと簡便には，必ずしも厳密ではないが，(d)適当な本をでたらめに開いて出てきた頁番号の1桁目を使う．見開きで左右どちらの数字を使うかは，普通のサイコロを振って決める．(e)電卓ででたらめな4，5桁の二つの数の割り算を求め，その下2桁目の数値とする，などいろいろとありうる．

以上が，市役所での作業など，手元にパソコンがないときのやり方である．

パソコンが使える状況では，ランダム数を計算するソフトを使えばいい．このときは，必ずしも1桁ずつ求めなくてもいい．具体的にはさまざまにありうるので，各自工夫してほしい．

コラム5　乱数表（ランダム数表）

0から9の数字を等しい確率で出現させるという試行を何度もおこない，現れた順番に表の形に並べたものを乱数表（table of random numbers）という．（スパイなどが暗号を使って通信するときに，アルファベットを数字に対応させる表のことも「乱数表」とよぶけれども，同じものではない．）

乱数表の一部を下に示したが，乱数表からランダム数を取り出す際には，一般に，以下のような2段階のやり方を用いた方が望ましい．すなわち，まず，行番号と列番号とをランダムに決め，そして次に，それによって指定される乱数表の中の数字を，取り出すべきランダム数とするのである．こうすることで，無意識のうちに自分の好きな数字を選んでしまうというような傾向を避けることができる．

〈乱数表の一部〉
```
53 36 99 43 69   72 35 ・・・・
11 80 08 29 25   42 19 ・・・・
47 31 26 68 12   79 16 ・・・・
76 17 66 33 48   85 37 ・・・・
37 93 46 86 73   01 08 ・・・・

75 16 37 89 90   63 25 ・・・・
68 35 31 88 32   15 93 ・・・・
46 23 12 01 93   45 05 ・・・・
・・ ・・ ・・ ・・ ・・   ・・ ・・
・・ ・・ ・・ ・・ ・・   ・・ ・・
・・ ・・ ・・ ・・ ・・   ・・ ・・
```

3. その他のサンプリングと抽出台帳

3.1 集落抽出

　有権者名簿や住民台帳のような母集団のすべてのメンバーが含まれているようなリスト（抽出台帳）が存在しないときは，無作為抽出を行うことが非常に難しくなる。リストが存在しているが，閲覧が基本的に禁じられている場合も同じだ。たとえば「すべてのホームレスの人々」「1億円以上の資産をもっている人」，あるいは「社会調査の調査員を経験した人」などである。

　母集団リストが存在しないときでも，場合によってかなり無作為抽出に近づけることも不可能ではない。その一つが**集落抽出**（cluster sampling）であり，アメリカの調査では実際にしばしば用いられている（アメリカには戸籍や住民台帳はない。有権者登録名簿はあるが，任意登録なので完全ではない）。これは，地点を抽出するまでのやり方は，多段抽出法で系統抽出を用いていくもので，日本の通常の全国調査と同じである。ただし，有権者数の代わりに，国勢調査に基づく人口数もしくは選挙年齢人口数を用いる。そして，地点として抽出されるのは，投票区ではなくて国勢調査の調査区である。すなわち全国調査であれば300前後の調査区が確率比例抽出によってランダムに抽出される。

　これから先が異なる。調査区には，日本の投票区の有権者名簿のような個人リストは存在しない。このあとは，地理的な情報を頼りに個人をサンプリングしていく。調査区の中のブロック（街区）およびその中の一つの家屋をスターティングポイントとして無作為に選ぶ。そのあと，系統抽出のやり方で一定の間隔にしたがって，世帯を抽出していくのである。抽出された世帯の中でどの個人を選ぶかはいくつかの方法がある。対象者の条件に合う個人のうちからやはりランダムに選ぶもの，あるいはあらかじめ決められた順番の個人を選ぶものなどである。いずれにしても，いったん世帯を抽出し，そのあとで個人を抽出するのである。

　この方法は，世帯抽出についてはほぼ偏りのない無作為抽出になっているが，個人抽出については，員数の少ない世帯に住む個人が抽出される確率が高くな

っている。ほかにも，実査の過程でさまざまな偏りが生じる可能性がありうる。このため，いったん調査を終えて基本的な集計をした後，サンプルを補正して分析することが多い。

3.2　Random Digit Dialing

これは第4章で説明したが，ランダムな電話番号にかけることによって，無作為性を確保しようとするものである。電話のある世帯の中での世帯の抽出という点に限れば無作為に近いが，集落抽出と同様に世帯の中のどの個人を選ぶかという問題があり，電話がない人の問題も含めて，個人抽出としては偏りが生じる可能性がある。したがって，これも一般にサンプル補正がなされる。

3.3　無作為抽出が困難なばあい

これまで，主として全国の有権者を母集団とするときの無作為抽出のやり方について説明してきた。この方法は，全国でなくてもある地域の有権者を母集団とするときでも使える。また，すべての有権者だけではなく，ある程度に年齢を限定したり，男女どちらかだけの場合でも使える。

しかし，想定している母集団が特殊なばあいには，無作為抽出をめざしてさらに特別な工夫が必要になることが多い。たとえば，「全国でパソコンを利用しているすべての人」を母集団とする調査を考えたとしよう。ただちに次の三つの問題に直面することがわかる。

　(1)　**定義の問題**　「パソコンを利用している」とはどういうことか。DVDで映画を見たりゲームをしたりしているだけの人も含まれるのか。会社で決められた業務のためだけに使っている人も含まれるのか。母集団の範囲が厳密に定義されていなければ，そもそも知りたい対象が何であるかが明確ではないのである。

　(2)　**台帳の問題**　定義が明確になったとしても，具体的に「母集団に含まれるすべての人々の何らかのリスト」である**抽出台帳**が存在しなければ，誰が母集団に含まれているのかを知ることができない。抽出台帳は必ずしも手元になくてもいいが，あらかじめどこかに存在しているか，もしくは原則として作成できるものでなければならない。

3. その他のサンプリングと抽出台帳

(3) **利用可能性の問題**　台帳が存在しても、そこから実際に個人を対象者として抽出して対象者リストを作成することができなければ調査はできない。たとえば、パソコン販売会社に「パソコン利用者リスト」があるので、それを集めれば全体の台帳が作成できることがわかっていても、そのリストの閲覧には法的な問題がある。

日本社会で「有権者」というのは、こうした問題をすべてクリアーできるきわめて例外的な母集団なのである。定義ははっきりしているし、台帳は区市町村に「選挙人名簿（有権者名簿ともいう）」として存在しており、きちんとした手続きさえすれば、原則として誰でも閲覧できる。

区市町村の住民基本台帳も調査のための台帳として利用されることが多い。こちらには20歳未満の人も含まれているので、青少年を対象にした調査には便利だ。しかし、一般的にいえば、統計的な社会調査を行おうとする場合、台帳の存在とその利用可能性の問題は死活的である。どんな調査でも、これをいかに解決するかに工夫が求められる。そうしても、「フリーターの人を母集団とする調査」とか「1億円以上の金融資産をもっている人の調査」など、具体的な問題関心に基づいた興味深い調査であればあるほど、台帳の問題をクリアーするのはきわめて難しい。

実際たとえば、「日本の大都市に住む外国人居住者の生活」を調査しようというような研究の場合、日本で生活している外国籍の人、とくに新宿や池袋など都心部に住む人たちは「外国人登録」をしていないことが意外と多いので、正確な抽出台帳は存在しないと考えた方がいい。このようなときは、どんな抽出法が考えられるだろうか。実際に定住外国人についての研究をさまざまに手がけてきた奥田道大とその研究チームは、とくに初めの頃の調査では、外国人居住者が多いと見られる地区に出かけて、アパートやワンルーム・マンションを一つ一つたずね歩くことによって該当する対象者を探しだして面接している（奥田道大・田嶋淳子編著『池袋のアジア系外国人』1991年、など）。むろん、住宅地図や不動産屋からの情報収集も欠かせない。

この抽出法は無作為抽出ではない。しかし、このような状況の下での調査研究においては、無作為抽出ができないからといって調査そのものをあきらめるのではなく、無作為ではなくても何らかのかたちで抽出された対象者に調査す

ることの方がはるかに重要だと考えなければならない。母集団における正確な分布はわからないとしても，「どういう生活をしている人がいるか」「どういう意識をもって生活しているのか」ということについての一定の事実を知ることができるからである。

このように，社会調査の中には無作為抽出が不可能なことも少なくない。そうしたときは，「無作為抽出ではなくても探求意義のあるような抽出のしかたを工夫すること」が重要である。

＊＊＊　第 7 章　練習問題　＊＊＊

7.1　東京都 23 区の中から，20 地点（投票区）を抽出し，各地点ごとに 20 人ごと計 400 人の成人男女を無作為にサンプリングして調査を行いたい。下表を用いてそれぞれの区について，次の(a)と(b)を求めなさい。

(a)　抽出すべき地点の数

(b)　各地点について，抽出されるべき最初の個人が当該区の中において何番目の個人であるかを示す数字（テキストにおける r_m の値）

表　東京都 23 区男女別人口（平成 12 年）

	総人口			20 歳以上人口		
	総数	男	女	総数	男	女
特別区部	8,134,688	4,044,026	4,090,662	6,794,216	3,354,201	3,440,015
千代田区	36,035	16,995	19,040	30,503	14,236	16,267
中央区	72,526	35,277	37,249	62,252	29,913	32,339
港区	159,398	74,940	84,458	137,078	63,771	73,307
新宿区	286,726	143,177	143,549	247,713	123,098	124,615
文京区	176,017	86,066	89,951	149,511	72,376	77,135
台東区	156,325	79,350	76,975	135,192	68,520	66,672
墨田区	215,979	106,942	109,037	181,893	89,495	92,398
江東区	376,840	188,393	188,447	313,401	155,570	157,831
品川区	324,608	160,855	163,753	275,477	135,562	139,915
目黒区	250,140	118,895	131,245	204,759	95,247	109,512
大田区	650,331	327,496	322,835	545,164	273,384	271,780
世田谷区	814,901	398,741	416,160	671,274	322,805	348,469
渋谷区	196,682	94,295	102,387	170,939	81,402	89,537
中野区	309,526	154,865	154,661	267,006	133,095	133,911

杉並区	522,103	254,615	267,488	444,804	215,067	229,737
豊島区	249,017	125,373	123,644	215,680	108,435	107,245
北区	326,764	161,957	164,807	278,833	137,410	141,423
荒川区	180,468	90,224	90,244	151,887	75,631	76,256
板橋区	513,575	258,262	255,313	428,013	214,664	213,349
練馬区	658,132	327,085	331,047	534,284	263,373	270,911
足立区	617,123	310,882	306,241	503,782	252,186	251,596
葛飾区	421,519	212,088	209,431	346,633	173,883	172,750
江戸川区	619,953	317,253	302,700	498,138	255,078	243,060

（平成12年国勢調査より）

7.2 次のような調査のしかたにはどのような問題があるか。

(a) ある大学において教育カリキュラムの諸側面に関する学生の評価や意見を統計的に収集して分析するために，6月中旬の月曜2限のすべての授業において，一斉に出席学生にアンケート用紙を配布し，回答してもらった。

(b) あるテレビの政治討論番組において，一般の有権者の意見の分布を議論の中で参考にしてもらうために，同時進行で視聴者に質問を示し，電話，FAX，およびインターネットを通じ回答してもらった。

(c) ある人口約10万の市において，有権者の市政に対する世論調査を行う際，2,000人程度の標本調査では標本誤差が大きいと思われたので，郵送による全数調査を実施し，約20％の回収率をえた。

7.3 次のような母集団を想定して統計的調査を行おうとする場合，どのようにしたら調査の対象標本をできるだけ無作為抽出に近いかたちで抽出できるか考えてみなさい。

(a) 全国の大学の常勤の教員
(b) ある市の15歳以上20歳未満の青少年
(c) ある県の中で要介護老人を抱えている家族
(d) ボランティア活動を行っているNPO法人

第8章
調査の実施とデータファイルの作成

　本章では，調査票作成とサンプリングとが終わったあと，実査の準備から実査を経て，分析に使うことのできるデータファイルを作成するまでの作業について解説する。

1. 実査の準備

　実査が調査研究の中心になるのはもちろんだが，実査を成功させるためには，そのための前もっての周到な準備が求められる。
◇ プリテスト
　調査を実施する前に，プリテストは欠かせない。新規の調査の場合はとくにそうだ。プリテストは，用意した調査票が観測装置として予定通りの性能を発揮してくれるかどうかを事前にチェックするためのものである。舞台上演のリハーサルやコンピュータ・プログラムのテスト・ランに似ている。何ごとも事前のチェックと試行が必要だが，とくに社会調査は実験と違って，やり直しがきかないので，どんなに小さな欠陥でも前もって正しておくべきだ。（世論調査で典型的なように，ある日の調査と翌日の調査とは別の調査になってしまう。）
　プリテストは大規模に行う必要はない。本格的に印刷する前の調査票のコピーを使って，できる限り調査者自身（調査チームの場合，チーム全員）が調査してみる。対象者は無作為ではなく，いわばでたらめ抽出でかまわない。ただ

し，想定している母集団に合わせて，性別や年齢などは散らばらせた方がいい。

　プリテストの主たる目的は，調査票をチェックすることである。面接にかかる時間，質問文は難しくないか，回答選択肢は適切に用意されているか，質問項目の順序や記入欄は適切かなど，調査票の構成を全面的に見直してみる。そして，プリテストに携わった者が一堂に集まって問題点を洗い直し，完成度の高い調査票の作成をめざす。むろん，調査票以外に，実査に伴うその他の諸事項のチェックも合わせて行う。

　なお，プリテストとよく似た言葉に「予備調査」があるが，まったく別のことだ。予備調査はパイロット・サーベイともいって，本格的な調査を設計する前に，対象地域の状況把握や質問項目の適切さなどを調べるためのものである。

◇ 調査マニュアルの作成

　大勢の調査員が一斉に実査に取り組むような調査では，調査の質の高さと同一規格性を確保するために調査マニュアルを作成して調査員に配る。調査マニュアルは，調査の目的，対象者への訪問のしかたと面接のしかた，主要な質問項目についての解説と記入のしかたの注意，などをわかりやすく説明したものである。

◇ 依頼状の発送

　個別面接調査および留置調査では，必ず前もって（1～2週間前）対象者に調査への協力をお願いする文書を送っておく。ハガキでさしつかえないが，封書の場合は単なるダイレクトメールと間違われないように工夫すること。調査の趣旨，訪問時期，調査主体とその連絡先などを，明確にわかりやすく述べる。既存の関連した研究や調査目的を，イラストを使って説明するのもいい。

◇ 実査に必要なものの用意

　各地点の対象者リストと調査票のほかに，回答票（回答選択肢リスト），地点の住宅地図，依頼状のコピー，交通費等の計算書，対象者への謝礼品などがある。調査員がこれらを持ち運ぶための道具も必要だ。

◇ 調査員へのインストラクション

　実査の直前に，調査マニュアルをもとにして，調査の目的と方法を調査員に詳しく説明する。これはきわめて重要で，時間を十分にとり（最低2時間で，3時間以上が望ましい），訪問のしかたなどのほか，調査票のすべての質問項目を

一つ一つ丁寧に説明する。これを怠ると，調査員の誤記入や対象者の誤回答が頻出する。

2. 実　査

◇ 訪問のしかた

　対象者に直接面会するのは簡単なことではない。まず，住まいを探し出すために住宅地図を徹底的に活用し，周辺の商店や交番などで遠慮なくたずねる。住まいがわかっても，留守のときは，時間をずらして何度も訪問する。何度か行っても不在のときは，訪問カードを置いていったり電話連絡を試みてもいい。家族の人に会えたら，訪問の趣旨を説明して本人との面会時間を予約する。

　本人や家族には，まず身分と名前を明らかにして挨拶し（学生であれば「○○大学の○○と申しますが」），訪問の目的を明確にかつ簡潔に述べ調査への協力を依頼する。高飛車であっても卑屈であってもいけない。謙譲の気持ちと上品さと丁寧さが大切だ。忙しい対象者には，都合のいい時間と場所の約束をとる。どうしても応じてもらえないときはキッパリと諦めて「お手間をおかけして申し訳ありませんでした」という旨を述べて爽やかに退去する。

◇ 面接のしかた

　調査に応じてもらえることになったら，面接調査はテキパキとしかし焦らずに行う。調査での面接は，警察の尋問，証人喚問，マスコミの追求型質問，教師の質問，就職面接での質問，セールスのようなものとはまったく違うことに注意すること。むしろ，知らない土地で人に道を尋ねたり，先輩に単位のとり方を聞いたりすることに似ている。つまり回答者の意見や知識が有意義なものであって，調査で回答を得ることには価値があるのだという気もちで接することである。

　対象者との関係のもち方のことを**「ラポール」**ということがある。ラポールの重要性は，質的調査を中心としてよく強調されているが，量的調査でも同じである。ただ，これについては，調査とは対象者との共同作業であり共同で構築していくものだという考えと，それはかえって調査者の傲慢な態度や緊張感

の欠如を招きかねないという考えとがあって対立している。どちらも正しいところがあるが，基本的には次のように考えればいいだろう。第一に，当該の調査研究がけっして単なる私的な利害関心だけではなく，学術ないし実務の公共的な価値にも関わっているという認識のもとで調査にあたること。第二に，にもかかわらず，調査研究はあくまで調査者のみにとっての課題であって，対象者がそれに協力することは対象者の調査者に対する一方的なボランタリーな援助だということをけっして忘れないことである。

統計的調査の場合，対象者との接触は短時間で一時的なものにすぎない。そうであればなおさら，一つ一つの言動の重みは大きい。一人の調査員は調査全体を代表して対象者に出会うのである。

◇ 点検と回収

回答の記入が終わった調査票は，なるべく早く調査地点において調査担当者によって点検されるべきである。初票点検といって，一人か二人の対象者と面接を終えた段階で点検しておくと，調査員への具体的なインストラクションにもなる。実際，案外と誤記入や記入洩れがあるので，必要な場合には，もう一度対象者を訪問して質問し直さなければならない。

また，いち早い点検は，一部の不心得な調査員のメイキング（回答を勝手に捏造すること）を防止したり見破ったりすることにもなる。

3. 分析のためのデータを作る

3.1 入力の準備

回収された調査票は一ヶ所に集めて点検とコーディングを行う。この二つは同時に行うのが普通だ。

◇ 点　検

英語でエディティングとよばれる。データを都合よく編集するような語感があるが，あくまで回答者の正確な回答を確定することである。調査直後にも簡単に点検はなされているが，調査票を一つ一つ丁寧にみながら，誤記入や回答洩れ，とくにつじつまの合わない回答はないかどうかチェックしていく。誤り

3. 分析のためのデータを作る　　145

がみつかったとき，もしも正しい記入内容を他の回答部分のデータから突き止めることができるときは，そのように訂正する。それが不可能なときは，回答をDK扱いにする。万が一対象者の範囲にない人が回答していたときは，無効票としてその調査票は廃棄し，本来の対象者は回収不能であったものと処理する。全般的に回答に信頼がおけない調査票がみつかったときも同じである。

◇ コーディング

　調査票のデータを，ファイルに入力可能な数字や記号に置き換える作業がコーディングである。プリ・コーディングの場合には，前もって準備されたコード表に従って回答にコードを割り振っていけばよい。ただし，どのコードを割り振ったらいいか判断しにくい回答もある。なるべくチームを組んで，判断に迷うものは相談しながら進めていくのがいい。

　アフター・コーディングの場合は，まず，すべての回答を書き出してデータベースを作る作業が必要である。これには，表計算ソフトを利用するといい。対象者番号と回答内容（文字データ）の2項目からなるファイルを作成し，すべてを印刷する。全回答を読んだ上で，暫定的なコード表を作る。各コードには，その意味を表す語ないし短い文もつけておく。このコード表にしたがって同じファイルに「コード番号」と「コードの意味」とを入力していく。今度は，コード番号ごとにまとめてすべてを印刷し，分類のしかたが適切かどうかをチェックし，必要な訂正を加える。この作業を繰り返して，コード表が確定したところで，一つ一つ調査票を見ながら，コード番号を調査票上に記入していく（むろん，このファイルのデータを全体のデータファイルに機械的に追加することもできる）。

3.2　データファイル

　統計データの基本構造は表8.1のような行列の形になっている。

　ケースというのは調査データの単位で，通常は回答者のことを指す。ときには，世帯や企業や国など，集合体のこともある。**変数**というのは，一般にはそれぞれの質問への回答のことである。ある質問に対する回答はケースによって異なるので変数（variable）とよぶ。一つ一つの回答の内容あるいはそれをコード化したものを**値**（value）という。

> **コラム6　SSM調査の職業コーディング**
>
> 　社会階層をテーマとしているSSM調査の最も重要な作業の一つが「職業コーディング」だ。職業は，「どのような仕事をしていますか」と質問してその回答を調査票に記入している。この自由回答をもとに，回答者の職業を約300からなる職業分類のどれかに対応させ，そのコード番号を割り振っていく。この分類のために，国勢調査に準拠して，どのような具体的な仕事内容がどの職業分類に対応するかを説明した詳細なガイド・ブックが用意されている。最近では，これをデータベースとしてファイル化し，検索機能を使って，仕事内容に関するキーワードから対応する職業を選び出すことができるようになっている。しかし，それでも最終的には調査チームのメンバーが実際に調査票の回答を全体的に読んで，判断しなければならない。「小学校の先生」とか「酒屋の店主」というような回答であればコーディングは易しいが，「建設関係」というような回答だと，営業事務なのか設計しているのかそれとも作業員なのかわからないので困ってしまう。この判断を助けるために，職業に関する質問は，「仕事の内容」だけでなく，「従業上の地位」「勤め先の名称」「勤め先の業務内容」「従業員規模」「役職」もたずねているが，それでも判断が難しいことがある。
>
> 　このコーディング作業は，回答者の現在の職業についてだけではない。本人が最初に就いた職業から一つ一つの職歴について行い，さらには父親の主な職業，母親の主な職業，配偶者の職業などもあるので厖大な作業になる。そのため，「コーディング合宿」と称して30人くらいの調査チームメンバーが泊まり込みで集中的にコーディング作業にあたるのだが，それでも一週間近くかかる。これはなかなかきつい作業である。終盤にさしかかる頃には，調査票を開いて「無職」という回答だったりすると，ホッとする。自由回答のコーディングというのは，それほど大変な作業なのである。

　値には，大きく分けて**数値**と**文字**とがある。社会調査データの場合，もともとの回答では年齢のような一部だけが数値で，大部分は「賛成」のような文字であるが，分析作業の効率性からは，後者の場合も数値コードとしてパソコンに入力した方がいい。多くの統計ソフトは文字を扱うことができるが，分析の指示をパソコンに与えるときに，「(変数)X='賛成'」と書くよりも「X＝1」のように書く方が容易なのである。ただし，文字列をテキストとして分析したいのであれば，文字列を入力しなければならない。

3. 分析のためのデータを作る　　　147

◇ 表形式データとテキスト・データ

統計データのファイルへの入力のしかたには，今日，大きく分けて2種類ある。一つは**表形式データ**であり，もう一つは**テキスト・データ**である。

表 8.1　統計データの基本構造

	変数1	変数2 ……
ケース1	値$_{11}$	値$_{12}$ ……
ケース2	値$_{21}$	値$_{22}$ ……
⋮	⋮	⋮

表形式データは，画面上で表8.1のようにケース×変数（質問項目）の形で現れるので，表の中に直接データを入力していけばよい。これは，プロのキーパンチャーでなくても，ゆっくりやれば比較的間違いが少なく入力できるので，プリテストや実習のようなときには便利である。（キーパンチャーという言葉は，かつてデータやプログラムの入力にカードに穿孔（punch）したものを用いた時代の名残り。いまでも，キーボードからデータやプログラムを入力する技能職をこうよぶ。）しかし，あるソフトで作った表形式のデータファイルは，他のソフトでは直接読むことも分析することもできない。

表形式データファイルを用いるときと，テキスト・データを用いるときとでは，統計分析ソフトの使い方が，基本的に次のように異なる。

A．表形式データファイルを主とするとき
  (1) 統計分析ソフトを用いて，表形式データファイルに直接データを入力・編集して保存する。
  (2) 「表形式データファイル」を開いた上で，
    (2.1) データの再定義をする［データ変換］。
    (2.2) 統計分析を指定し，実行する［統計分析］。
B．テキスト・データを用いるとき
  (1) 任意の文書ソフトで「テキスト・データファイル」を作成する。
  (2) 統計分析ソフトを用いて，(1)で作成した「テキスト・データファイル」を統計分析するための「分析プログラムファイル」を作成する。
  (3) 統計分析ソフト上で「分析プログラムファイル」を実行する（この途上で，「表形式データファイル」が作成される）。

Aのやり方は，「インタラクティブ（対話型）処理」である。画面上に表形

式データファイルを開いたままで,直接にデータを変換したり統計分析を実行する。

　Bのやり方は,「バッチ(一括)処理」とよばれる。あらかじめデータ変換や統計分析のやり方をプログラムとして作成し,そのプログラムを走らせる(実行させる)ことで,統計分析が行われる。

　急いで簡単な分析を行いたいときは,Aのほうが便利だ。しかし,複雑な分析をしたいときにはBの方がいい。なぜなら,複雑な分析のときには複雑なデータ変換を必要とすることが多いが,その際,データ変換を間違えないで正しく行うためには,その変換のしかたをきちんとプログラムに書いておいて,いつでもチェックできるようにしておいた方がいいからである。もっとも,次のCのやり方もある。

　C. 表形式データファイルを用いたバッチ処理
　　(1) あらかじめ,「表形式データファイル」を作成しておく。
　　(2) 統計分析ソフトを用いて,「表形式データファイル」を読み込んで統計分析するための「分析プログラムファイル」を作成する。
　　(3) 統計分析ソフト上で,「分析プログラムファイル」を実行する。

　Bとの違いは,バッチ処理で使用するデータファイルが「テキスト・データファイル」かそれとも「表形式データファイル」かだけである(むろん,プログラムの中の「データの読み込み」部分が異なる)。いったん,ある程度確定した「表形式データファイル」が存在するときは,BではなくてCでもいい。ただし,このCは,当の「表形式データファイル」に対応した統計分析ソフトをもっていなければならない。それに対して,Bの場合の「テキスト・データファイル」はどんな統計分析ソフトでも利用できる。

　したがって,もしも同一のデータを多くの人で共通に利用しようと思ったら,原則的には共通の「テキスト・データファイル」を作成しておいて,各人がいったんはBのやり方で処理することを想定した方がいい。その後,どんな表形式データファイルを作って分析するかは,各人の自由である。

◇ **テキスト・データの作成**
　テキスト・データは,どんな分析ソフトにも利用できるという汎用性がある

図 8.1　テキスト・データファイルの例

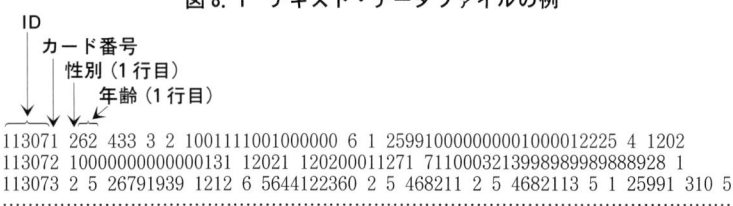

```
　ID
　│　カード番号
　│　│　性別（1行目）
　│　│　│　年齢（1行目）
　↓　↓　↓　↓
113071 262 433 3 2 1001111001000000 6 1 25991000000001000012225 4 1202
113072 10000000000000131 12021 120200011271 711000321399898998889928 1
113073 2 5 26791939 1212 6 5644122360 2 5 468211 2 5 4682113 5 1 25991 310 5
.................................................................
```

が，慣れない人には使いにくい。ここでその作り方を説明しておこう。

　テキスト・データは，テキスト・ファイルとして記録される。テキスト・ファイルは通常1行が80カラムでなっている。半角の数字やアルファベットなら80字，全角の漢字・ひらがなだと40字が標準だ。社会調査の統計データのテキスト・ファイルは通常，半角の数字だけからなる。（値はなるべく非負の整数とする。もしも小数や負数を扱いたければ，データを読み込んだあとで，分析ソフト上で値を変換すればいい。）カラム（column）というのは，テキスト・ファイルの列位置を表す言葉で，日本のパソコンでは「桁（ケタ）」ともよばれる。左端が1カラム目で，右端が80カラム目になる。

　テキスト・データは，図8.1のように，一般にただ数字と空白とが並んだだけのファイルである。（この例は，一ケース3行のデータからなっている。）どのパソコンからも読むことができる代わりに，どの数字が何を表しているか一見しただけではわからない。数字だけが並んだファイルからどうやって意味のある分析ができるかといえば，どの数字が何を意味しているかをあらかじめ決めてテキスト・データを作り，分析のときはその決め方に従ってデータを読むからである。すなわち，「1ケースのデータがファイル上で何行を占めるか」と「1ケースのデータの中では，どの変数の値が，何行目のどのカラムに位置しているか」をあらかじめ決めておく。これを**カラム設計**という。

　カラム設計は，図8.2にみるように，一方で，テキスト・データファイルの構造を指定し，他方で「分析プログラムファイル」の中の「読み込みフォーマット」を指定している。両者が正確に対応していることが絶対に必要である（もしも間違っていたら，たとえば「年齢」を読んでいるつもりで「性別」の値を読んでしまうというような，とんでもない間違いが起こる）。

　カラム設計でまず必要なことは，諸変数がそれぞれ何カラムずつ占めるかを

図8.2 カラム設計のはたらき

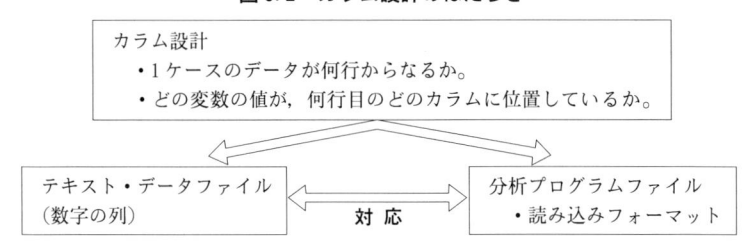

```
        ┌─────────────────────────────────────┐
        │ カラム設計                          │
        │  ・1ケースのデータが何行からなるか。│
        │  ・どの変数の値が，何行目のどのカラムに位置しているか。│
        └─────────────────────────────────────┘
              ↙                    ↘
 ┌──────────────────┐           ┌──────────────────┐
 │ テキスト・データファイル │ ←  対応  → │ 分析プログラムファイル │
 │   （数字の列）   │           │ ・読み込みフォーマット │
 └──────────────────┘           └──────────────────┘
```

決めることである。それは，各変数が最大で何ケタの数値になるかである。年齢は通常2ケタ，性別は1と2の値だから1ケタ，回答選択肢が「1そう思う　2どちらかといえばそう思う　3どちらともいえない　4どちらかといえばそう思わない　5そう思わない」であるような質問については1ケタというふうにである。

アフター・コーディングのある質問では，1ケタにおさまるか2ケタになるか事前には決められないことがある。この場合は，コーディングの後で決めてもいいし，あらかじめ余裕をもったケタ数を確保しておいてもいい（選択肢型の質問では，2ケタを超えることはまずない）。

なお，一つのケースのデータには，回答の値だけではなく付属的ないくつかの情報を追加しておく。少なくとも，データファイルのすべての行について，「その行が何番目のケースのものかを識別する番号」と「その行がケースの何行目にあたるかを表す情報」とが必要だ。これらをそれぞれ「ID変数」と「カード番号変数」とよぶ（「カード」といういい方も，昔の名残りで，実質的には「1ケース内の行番号」のこと）。この両方がなければ，テキスト・ファイルを開いて直接データを修正しなければならないときに，カーソルがどのケースのどの変数をさしているのかわからない。

各変数のカラム数が決まったら，それらを，何行目のどのカラムに配置するかを決める。その際，変数と変数のあいだに空白カラムをおいてもいいし，おかなくてもいい。図8.3がこうした「カラム設計」の例であり，これを記録したものを「カラム・ガイド」という。

◇　データ入力

調査票のコーディングが終わったら，データをファイルに入力することにな

図 8.3 カラム・ガイドの例（図 8.1 のデータに対応している）

変数	カラム数	行番号	始まりカラム	終わりカラム	行内累計カラム数
---	---	---	1枚目	---	---
ID	5	1	1	5	5
カード1	1	1	6	6	6
（空白）	1	1			7
問1 性別	1	1	8	8	8
問2 年齢	2	1	9	10	10
⋮					
---	---	---	2枚目	---	---
ID	5	2	1	5	5
カード2	1	2	6	6	6
（空白）	1	2			7
問21 階層帰属意識	1	2	8	8	8
⋮					

る。われわれが行うとキーのミスタッチやカラムのズレが大量に発生すること必至なので，この作業は原則としてプロの業者に委託した方がいい。ただ，どんなに熟練した人の入力でもミスがまったくないわけではないので，次のデータ・クリーニングが必要になる。

3.3 データ・クリーニング

ファイル化されたデータには，潜在的に以下のような誤りが残っている。すなわち，(a)回答者の誤答，(b)調査員の誤記入や記入洩れ，(c)コーディング・ミスやコーディング洩れ，そして(d)データ入力における誤り，である。したがって，分析に入る前に，いったんファイル化されたデータを予備的に集計することによって，こうした誤りが存在しないかどうかをチェックし，誤りが発見されたらファイルを修正しなければならない（調査票上のミスも発見されたら，それも直しておく）。データ・クリーニングのためには，テキスト・ファイルを編集できる文書ソフトと，テキスト・ファイル上のデータを読み込んで，単純集計やクロス表を出力できる何らかの統計分析ソフトを用いる。

◇ 単集チェック

すべての変数について単純集計表をプリントアウトし，それぞれについて，あるべきでない数値が現れていないかどうかをチェックする。たとえば，

20〜69歳までの対象者からなるデータなのに，年齢変数の値に 19 とか 99 とかが存在していたら，誤ったデータである。このような単純集計がみつかったら，誤りの数値が入力されている回答者を突き止める。そのためには，統計ソフトを用いて，当該変数が誤りの値であるようなケースを選択した上で，そのID 番号を単純集計のかたちでプリントアウトすればよい。そして，当該の回答者のもとの調査票をチェックする。年齢の誤りは入力時の読み取りミス（4を 9 と読むなど）の可能性が高いが，そうした誤りではなくて，もともと間違った対象者に調査してしまった可能性もゼロではない。誤りの原因と正しい修正のしかたを突き止めるためには，調査票（と対象者リスト）にまで遡らなければならないことが多い。

◆ **クロスチェック（論理チェック）**

　婚姻状態が「未婚」と答えてあって，同時に子供の数が「1 人」と答えてあったとすると，まったくありえないわけではないが，日本社会では非常に稀なケースである。婚姻状態の変数と子供の数とのクロス表をプリントアウトしてこのようなケースがみつかったら，まずはデータが誤りである可能性（誤記入や入力ミスなど）を疑った方がいい。実際に調査票に遡って，このデータが正しいかどうかをチェックすると，もしかしたら，「1 未婚　2 既婚」と用意してある回答選択肢の番号を囲む○が乱雑に両方にかかるかたちでつけられているかもしれない。その時は，「2」を囲むつもりが中途半端な記入になったため，データ入力の際に「1」と判断されてしまったものだと推定できるので，データをそのように修正する。他方，もしすべての記入が明確で，子供がいるという回答も他の部分の回答とまったく整合的であるならば，稀なケースの対象者にあたったのだと考えて，データはそのままにしておく。

　このように，複数の質問のあいだで，論理的にはありえないかもしくはきわめてありそうもない回答のパターンを探し出し，そこにデータとしての誤りが存在していないかどうかを調べるのがクロスチェックである。

　クロスチェックには，チェックしようとする変数の組合せからなるクロス表をプリントアウトするのが最も確実である。あるはずのない回答の組合せのケースが存在しているかどうか，一目でわかる。量的変数だと大きな表になるが，それでも，クロス表によるチェックが確実だ。ただし，たとえば父親出生年の

データをチェックしたいときは,「Y1＝本人出生年－父親出生年」として新しい変数 Y1 を作成して, Y1 の単純集計をだしてもいい。あるいは,数個の回答の組合せパターンをチェックしたいときは,それらの回答の値を「ID 番号 X1 X2 X3 X4」のように横一列に並べたものをケースごとにプリントアウトしていってもいい。

データ・クリーニングを行うにあたっては,すべての回答のコード化のしかたに関する全体の論理構造が整合的で明確になっていなければならない。ある回答の値が「非該当」でありうるのはどういう場合か,「無職」であっても「個人収入」が存在することはありうるか,「学歴」が旧制であるのは何歳以上の人か,等々である。もっとも,実際にデータ・クリーニングをやりながら整理されていくものもある。

このような意味でのデータの論理構造が明確になっていることは,分析において,たとえば,非該当コードの「98」や DK・NA コードの「99」が入ったままで平均個人収入を求めたりするというような間違いを犯さないためにも重要である。

一つ一つのデータ・クリーニングは次の作業からなっている。

a）チェックすべき項目を決定する。
b）統計ソフトを用いて,チェックに引っかかるケースの ID 番号を抽出する。
c）抽出されたケースの回収調査票を抜き出す。
d）回収調査票を点検して,データをどのように修正すべきかを決定する。
e）文書ソフトを用いてデータファイルを修正する。
f）抜き出された回収調査票を元に戻す。

このためには,ID 番号順に整理された回収調査票が近くにおかれていなければならないことは当然であるが,作業を効率よく行うためには,a）と d）の「決定」を行う人,b）と e）のパソコン操作を行う人,そして,c）と f）の回収調査票を抜き出したり元に戻したりする人,というように役割を分担して複数の人が協力して行うのがいい。

なお,誤りであることが明らかでありながら,正しい修正のしかたが定まらないものについては「DK」扱いするしかない。

データ・クリーニングは原則的には際限がないものであるが、通常は次のようなプロセスを経ておのずと終わりになる。すなわち、まず初めにチェックすべき項目をあらかじめリストアップしておき、それらについてクリーニングを行う。そうすると、その過程で新たにチェックすべき項目がみつかるので、さらにそれもクリーニングしていく。この作業を繰り返していって、もはや新たにチェックすべき項目が頭に浮かばない状態に達すれば、そこでデータ・クリーニングを終了すればいい。

3.4　コード・ブックの作成

データクリーニングが終わって、データファイルが完成したら、コード・ブックを作成する。これは、たとえ一人だけの調査や少人数の調査チームのものであっても、作成するのが望ましい。

コード・ブックに記載すべき事項は次の通り。

① 調査設計の基本的事項　対象者の範囲、サンプル数、サンプリングのしかた、回収状況など。

② カラム・ガイド　調査票上のどの質問項目に対する回答が、データファイル上のどのカラムに入力されているか。

③ コード・ガイド　各質問について、どのような回答内容が、データファイル上のどのような値として入力されているか。調査票上の選択肢コードと完全に一致しているときは、この情報は省略してもかまわない。逆に、プリ・コーディングやアフター・コーディングを行った質問項目は必須。

④ 欠損値コード　「DK, NA」と「非該当」にはどの値が割り振られているか。どのようなときに、非該当として扱われているか。

このようなコード・ブックを作成しておけば、データの論理構造を明確に理解しながら集計や分析を行うことができる。なお、コード・ブックは必ずしも製本しなくても、文書ファイルで作っておけばいいことは、いうまでもない。

＊＊＊　第 8 章　練習問題　＊＊＊

8.1　個別面接調査で対象者をたずねていくときや，面接をしているときに，次のような問題に直面した。どのように対処したらいいか考えてみなさい。

- (a)　対象者名簿に記されている住所がみつからない。
- (b)　昼間いったけれど誰も家にいなかった。
- (c)　家族の人がいて，「何時に帰ってくるかわからない」と言われた。
- (d)　対象者に「私でなくても，ほかに適当な人がいるでしょう」と言われた。
- (e)　面接調査を進めているときに，対象者が自分の人生について語りはじめて止まらなくなった。
- (f)　どうも対象者が質問文の意味を誤解して答えたような気がする。
- (g)　面接が終わったあとで調査票をチェックしてみたら，一つ質問し忘れたことに気がついた。

8.2　全国から無作為に抽出された 20 歳以上 70 歳未満の対象者からなるデータファイルについてデータ・クリーニングを行いたい。次の質問文ないし変数の組合せにおいて，どのような値の組が現れたら「エラー」の可能性を疑った方がいいか。

- (a)　本人の年齢と子供の数
- (b)　本人の年齢と最終卒業学歴（中卒，高卒，短大，四年制大学の 4 区分）
- (c)　本人の職業と職業からの個人収入
- (d)　結婚しているか否かと配偶者の個人収入

第9章
分布と統計量

1. 度数分布

1.1 単純集計

　統計的研究の第一の目的は，データの分布のしかたを知ることである。内閣支持率は何％か，所得の平均はいくらか，所得の不平等度はどうなっているか，これらはすべて分布のしかたに関わっている。

　社会調査データの場合，まず**単純集計表**を作成する。これは，それぞれの調査項目（変数）について，表9.1のように，データとして出現した値，その度数，その比率などを並べたもので，**度数分布表**（frequency table）ともいう。単純集計表は，これから行おうとするさまざまなデータ分析にとっての基礎となる次の情報を与えてくれる。

(1)　各変数がとっている値の種類や範囲はどのようなものか。
(2)　それぞれの値をとっているケースの数，すなわち**度数**（frequency）はいくらか。
(3)　それぞれの度数は全体のサンプルの中で，いくらの割合（比率 ratio）を占めるか。

1.2 値の種類

　統計的なデータファイルにおける変数の値の種類は，大きく分けて「数値型」

表 9.1　単純集計表

値	階級	ケース数	パーセント	調整された パーセント	累積相対度数 (％)
1	0～ 300万円未満	18	17.1	18.0	18.0
2	300～ 400万円未満	14	13.3	14.0	32.0
3	400～ 500万円未満	23	21.9	23.0	55.0
4	500～ 600万円未満	16	15.2	16.0	71.0
5	600～ 800万円未満	13	12.4	13.0	84.0
6	800～1000万円未満	6	5.7	6.0	90.0
7	1000～2000万円未満	10	9.5	10.0	100.0
9	DK・NA	5	4.8	……	……
	総ケース数	105	100.0		
	有効ケース数	100		100.0	

と「文字型」とに分けられる。これは「記号」としての区別であって，意味としてはそれぞれが表9.2のようにさまざまなものを表すことができる。

たとえば，表9.1のデータは「数値型」で入力されており，その値は「1，2，……」なので，形式的には「質的」である。しかし，それらの値は「0～300万円未満」というように，「区間としての量的な値」を意味している。コンピュータには，「0～300万円未満」という値を数値としては入力できないので「1，2，……」という符号で入力しておき，その意味はコード表に控えておく。

表9.1のように，量的な同じ値（あるいは値の範囲）をとるケースがグループとしてまとめられているとき，そのグループを**階級** class とよぶことがある（社会階級とは無関係）。階級がとる値は**階級値**である。

量的な統計データでは，ケース値や階級値が一つの点ではなく，表9.1のように値の区間であることが少なくない。このような区間としての値は，もともとのケース値は点で与えられていたものを事後的にグループ分けしてえられることもあれば，最初から回答選択肢に「1　0～300万円未満」というように区間が提示されている調査からえられたものもある。金銭に関わる変数のほか，年齢，時間や日数，回数などに関する質問でも，回答選択肢には点の値ではなく区間を示すことが少なくない。さらに，官庁統計など報告書にまとめられている統計表では，量的な変数の分布は値を区間に分けた階級が示されていることが多い。

値の種類（階級の数）が多いと単純集計表は大きなものになる。たとえば，

1. 度数分布

表 9.2 値の種類

入力の型	入力されている値	値の意味
数　値	質　的 （主として整数）	・質的なものの符号 ・順　位 ・点としての量的な値の符号 ・区間としての量的な値の符号
	量　的	・点としての量的な値
文　字	符　号	・質的なものの符号
	テキスト	・テキスト

　2,000 人のサンプルに年間所得を 1 円単位までの細かな数値で回答してもらったとすると，ほとんど 2,000 個の異なる値がえられることになり，その単純集計表は，度数が 1 で比率が 0.05 ％の行がずらっと 2,000 行も続くだけのものになるかもしれない。このような細かすぎる単純集計表は，発表や報告に使うにはふさわしくない。もし作るとしても，あくまで自分の分析の基礎資料としてである。

　度数分布表は，データとしてえられた限りでのそれぞれの変数の分布のしかたをあますところなく完全に表現している。失われている情報は何もない。しかし逆にいえば情報が多すぎる。データについての考察を進めていくのに，いちいち度数分布を表示するのでは大変不便だ。それに，われわれが実際に関心をもっているのは，比率や平均など，分布の仕方を表すさまざまな指標であることが多い。そうした指標のことを**統計量**（statistics）という。

　統計量の代表は比率と平均である。**比率**（ratio）は**相対度数**（relative frequency）ともよばれる。主に質的変数に用いられるが，量的変数に用いてなにも不都合はない。表 9.1 のように，％表記を用いることが多い。

　比率を求めるときに，分母の中の DK・NA や非該当の欠損ケースを含めるか含めないかの二通りがありうる。含めないで，有効回答ケース数を分母にしたものは，**調整された**（adjusted）**相対度数**とよばれることがある。どちらも意味のある指標だが，一方だけを示すときは，分母から欠損ケースが除かれているのか含まれているのか，常に明らかにしておくことが望ましい。

　回答の値を何らかの順序にしたがって並べたとき，ある値の比率とそれより

前にあるすべての値の比率とを合計したものを**累積相対度数**（cumulative relative frequency）という。

2. 平均と分散

分布のしかたをその中心的な一つの値で表現したものを**代表値**という。代表値には、平均、中央値（メディアン）、そして最頻値（モード）などがある。**最頻値**とは文字通り、最も度数が大きい値のことで、表9.1では「3　400〜500万円未満」がそれにあたる。中央値については次節で説明する。

2.1 平　　均

平均は普通に使われている算術平均のほかに、幾何平均、そして調和平均などもあるが単に「平均」（mean）といえば算術平均のことである。誰でも知っているように、平均は、それぞれのケースの値 x_i を合計し、それを総有効ケース数 n で割った（9.1a）式で求められる。

この変数 x の平均は、上にバーを付けて $\bar{x}$ のように表す。

$$\bar{x} \equiv \frac{1}{n}\sum_{i=1}^{n} x_i \quad (\equiv は定義式を意味する) \tag{9.1a}$$

また、データが階級値 x_k とその比率 p_k で与えられているときは、（9.1b）で求められる（m は階級の数とする）。

$$\bar{x} = \sum_{k=1}^{m} p_k x_k \tag{9.1b}$$

表9.1のように階級値が区間であるときは、一般に各区間の中央の値を x_k として（9.1b）式を用いればよい。

普段、何気なく使っているが、平均には次のような性質と意味がある。

(1) 平均を計算することに意味があるのは、値が量的なものとみなしうるときである。たとえば、表9.1の中の最初の2つのグループだけの平均値を求めるとき、入力されている値で平均をとると「1.44」、意味としての階級値で平均をとると「237.5」となるが、「1.44」のほうは意味がない。なぜなら、それ

は単に符号としての「1」と「2」を量的に操作しただけだからである。

(2) 平均は，分布の重心を表している。たとえば，10人の標本で年間所得のデータが表9.3のようであったとしよう。

このデータの平均所得額は570万円になるが，この平均値は図9.1のように，それぞれの値の位置にケース分の重りを乗せたシーソーがちょうどバランスする支点の位置になるのである。

表9.3　ケース・データ例（所得）

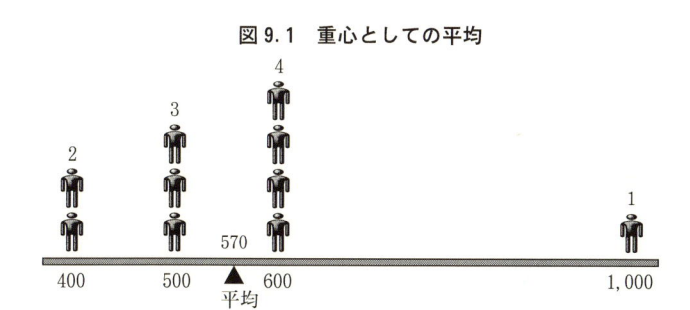

ケース番号	所得（万円）
1	400
2	400
3	500
4	500
5	500
6	600
7	600
8	600
9	600
10	1,000

図9.1　重心としての平均

(3) 平均は，ケース値との差の平方和を最小にする値である。すなわち，ある値 μ（ミュー）を考えて，(9.2)式のように μ と各ケース値 x_i との差の平方和を Q とすると，Q の大きさは μ の値によって変化するが，それは $\mu = \bar{x}$ のときに最小になる。

$$Q(\mu) = \sum_{i=1}^{n} (x_i - \mu)^2 \tag{9.2}$$

(4) 平均の値は，極端な値をとるケースがあれば，たとえそれに該当するケースが非常に少なくても，それによって大きく左右される。たとえば，表9.3のデータにおいて，最高所得のケースの値が1,000万円ではなくて2,000万円だったとしたら，ほかに違いはなくても平均所得は670万円になる。このことは，図9.1において，1,000万円の所に位置している1個の錘りが2,000万円の方へとシフトし，それによって重心が右へ移動することに対応している。こ

のような外れ値の影響の可能性は，ケース数が少ないときはもちろんであるが，1,000個以上のケース数があっても，所得や資産額のように平均値から桁違いに離れた値が存在しうるような変数では，常に念頭においておかなくてはならない。

区間としての階級値で表示されている官庁統計などでは，しばしば最後の区間が閉じられていなくて，たとえば年齢データで「85歳以上」というような区間設定がなされていることがある。所得データでも最後が「5,000万円以上」というような階級であることがある。こうした最後の階級については中央の値を一義的に決めることができない。しかもすでに述べたように，このような外れ値は平均の値に大きく影響する。これの明確な解決策は存在しないので，おおよその値を中央の値として代入するしかない。その際には，あまり大きな値を代入しない方が安全だろう。

2.2 分散と標準偏差

各ケース値と平均との差を二乗して，さらにその平均を求めたものを**分散**（variance）という。(9.3a) 式が分散の定義式である。

$$s_x^2 \equiv \frac{1}{n}\sum_{i=1}^{n}(x_i-\bar{x})^2 \tag{9.3a}$$

この式は，シグマ（Σ）を展開して整理すれば，(9.3b) のようにも表せる。計算式としてはこちらの方が便利だ。

$$s_x^2 = \frac{1}{n}\sum_{i=1}^{n}x_i^2 - \bar{x}^2 \tag{9.3b}$$

(9.3a) 式からわかるように，分散はすべてのケースが同一の値をとっているのでない限り，必ず正の値をとり，平均から離れているケース値が多いほど，分散の値は大きくなる。分散の正の平方根を**標準偏差**（standard deviation：SD）とよんで s_x で表す。すなわち，

$$s_x \equiv \sqrt{分散} = \sqrt{s_x^2}$$

分散と標準偏差はしばしば分布の**散らばり度**を表す統計量として用いられる。一般に，図9.2における2つの分布のうち，AのほうがBよりも「より散らばって分布している」とみなされるが，もし平均が等しいなら，Aの分散と標

図 9.2 分散の異なる 2 つの分布

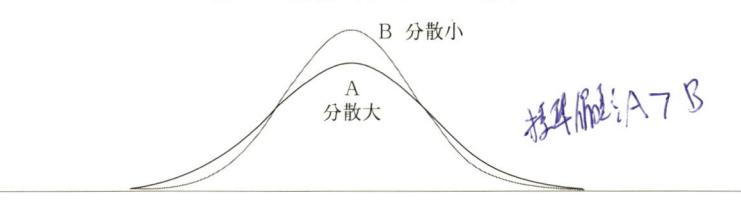

準偏差の方が B のそれよりも大きくなる（ただし，散らばり度の指標としてなら，ほかにもさまざまな指標がある。分散と標準偏差が重視されるのは，むしろ，理論的な確率分布において，平均とともに重要な役割を果たすという理由による）。

表 9.3 のデータについて，分散と標準偏差を計算してみよう。

$$s_x^2 = \frac{1}{10}\{2\times(400-570)^2 + 3\times(500-570)^2 + 4\times(600-570)^2 + (1000-570)^2\} = 26{,}100(万円^2)$$

$$s_x = 161.55(万円)$$

カッコに示したように，分散の単位（測定の尺度）は「もとの値の単位の二乗」になってしまってわかりにくい。上の分散の値を，もしも円の単位で計算していたら，$s_x^2 = 2{,}610{,}000{,}000{,}000$（2 兆 6100 億）というとんでもない値になる。それに対して，標準偏差は $s_x = 1{,}615{,}500$（161 万 5500 円）でわかりやすく，しかも，もとのデータの値と同じ軸上に表現することができる。（たとえば，万円単位の 161.55 という標準偏差は，図 9.1 において，平均 570 からプラス・マイナス 161.55 だけ離れているという量として理解することができる。）さまざまな統計分析でも，標準偏差が分散に代わって使われることが多い。

なお，分散を表す記号として，s_x^2 のほかに，V_x や σ_x^2 などが用いられることもある。

また，最近はあまり使わなくなったが，分数の式 (9.3a) の分子の部分，すなわち $\sum_{i=1}^{n}(x_i - \bar{x})^2$ を**変動** (variation) とよぶことがある。

2.3 歪度と尖度

分布の形状を表す指標としては，さらに，次で定義される歪度と尖度がある．

$$歪度 = \alpha_3 \equiv \frac{1}{n}\sum_{i=1}^{n}\left(\frac{x_i - \bar{x}}{s_x}\right)^3 \tag{9.4}$$

$$尖度 = \alpha_4 \equiv \frac{1}{n}\sum_{i=1}^{n}\left(\frac{x_i - \bar{x}}{s_x}\right)^4 \tag{9.5}$$

歪度 (skewness) は，分布の非対称性を表現しており，$\alpha_3 > 0$ のときは，図9.3のように右裾がなだらかに長く伸びた分布になっている．このことをしばしば「正に歪んだ (skewed)」分布という．$\alpha_3 < 0$ のときは，その逆である．

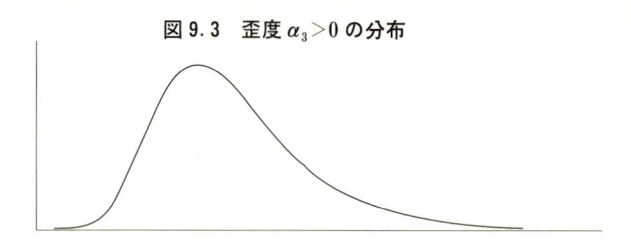

図9.3 歪度 $\alpha_3 > 0$ の分布

尖度 (kurtosis) は，字のごとく分布の尖り具合を表しており，標準正規分布のときに $\alpha_4 = 3$ で，それより大きいと「尖度が大」と考える．このため，$\alpha_4 - 3$ のほうを尖度として定義することもある．ただし，社会調査系のデータでは，尖度を問題にすることは少ない．

3. 中央値と分位数

3.1 中央値

一般的にはある値を境界にして，それよりも小さい値のケース数と大きい値のケース数とが等しいとき，その値を**中央値**（**メディアン**：median）という．ただし，概念としてはこれでいいが，このままでは実際の統計データ，たとえば表9.1や表9.3のデータでは，中央値を一義的に決めることができない．

3. 中央値と分位数

　中央値の実際の計算のしかたは，データの値が点の値として与えられているか区間値として与えられているかによって異なる。

◇ **値が点で与えられているとき**

　(1)　有効ケース数が奇数のとき。このときは，ケースを値の小さい順に並べて，ちょうど真ん中にくるケースの値を中央値とする。

　(2)　有効ケース数が偶数のとき。これには二つの方法がある。

　　(a)　$2n$ 個のケースがあるとき，小さい順に n 番目と $n+1$ 番目の値との平均を中央値とする。たとえば表9.3のデータでは，5番目のケースの値が500万円で6番目が600万円だから，両者の平均をとって $(500+600)/2=550$ 万円が中央値となる。

　　(b)　表9.3のように，中央値をあいだに挟んで隣接する二つの値について該当ケース数が異なっている場合，ケース数でウェイトをつけることがある。たとえばこのデータでは500万円のケース数が3で600万円のそれが4なので，

$$\frac{500 \times 3 + 600 \times 4}{7} = 557.1 \text{万円}$$

を中央値とする。

◇ **値が区間で与えられているとき**

　表9.1のように，ケースの値が区間であるときは，より厳密に中央値を求めることができる。以下，表9.1の所得分布のデータを用いて説明しよう。

　(1)　**便宜的方法**　値が区間で与えられているときでも，点で与えられているのと同じ考え方を適用するやり方がある。つまり，ちょうど真ん中にくるケースが属している階級区間をそのまま中央値とすることである。表9.1では，有効ケース数が偶数（100）なので，50番目と51番目のケースの値を考慮しなければならないが，たまたま同じ階級区間「400〜500万円未満」に入るので，これを中央値とすることができる。しかし，この考え方より次の方が望ましい。

　(2)　**標準的方法**　値が階級幅で与えられているとき，中央値は累積相対度数曲線を用いてかなり厳密に求めることができる。

　中央値を計算するためにいちいちこの曲線のグラフを書く必要はないが，考え方を説明するために，まず表9.1のデータについてこの曲線を描いてみよう。

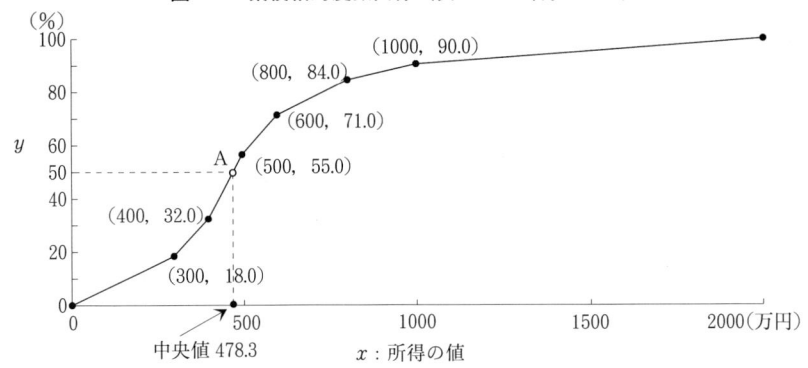

図 9.4 累積相対度数曲線（表 9.1 の所得データ）

（グラフ：横軸 x：所得の値（万円）、縦軸 y（%）。データ点：(300, 18.0), (400, 32.0), (500, 55.0), (600, 71.0), (800, 84.0), (1000, 90.0)。点 A は $y=50$ に対応。中央値 478.3）

このグラフは，横軸 (x) に変数（いまの場合は「所得」）の値，縦軸 (y) に累積パーセントないし比率をとり，それぞれの階級区間の上側の境界値を x_k，その階級を含んでそれ以下の累積パーセントを y_k とする (x_k, y_k) の点を結んでできる折れ線グラフである。

図にはすでに中央値 (478.3) が示されているが，この求め方と考え方は次のようになっている。

このグラフは，任意の所得の値 x に対して，「x 以下の値をとるケースの割合」y を示している。これを逆に y の方から読めば，$y=50$ パーセントの点 A は，それ以下の値をとるケース割合とそれを超えるケース割合とがちょうど等しいような x の値に対応している。したがって，縦軸で $y=50$ パーセントに対応する x の値 Me を中央値とすればよい。

Me の具体的な計算法は，図 9.5 で説明しよう。

図 9.5 中央値 Me の決め方

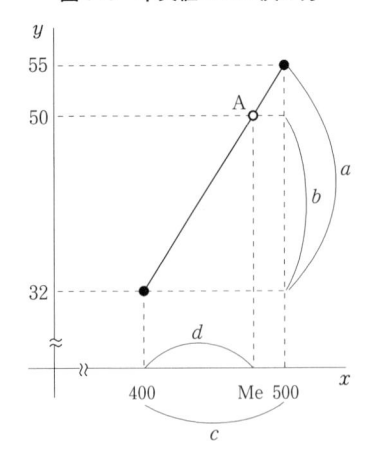

（グラフ：点 (400, 32) と (500, 55) を結ぶ直線上に点 A ($y=50$) がある。y 軸で A から上までが a，A から下までが b。x 軸で 400 から 500 までが c，400 から Me までが d。）

グラフは直線だから，y 軸で $a:b$ の比は x 軸の $c:d$ の比に等しい。よって，

$$d = \frac{b}{a} \times c$$

実際の数値をあてはめると，

$$d = \frac{50-32}{55-32} \times (500-400) = 78.3$$

になる。したがって，中央値 Me の値は，

$$\text{Me} = 400 + d = 478.3$$

として求められる。

　一般的な計算方法は次のようになる。いま，第 k 階級の上側境界値を x_k，その累積相対度数を y_k（パーセント表示）とし，この第 k 階級の中に中央値が存在することがわかっているものとする。すなわち，$y_{k-1} < 50 \leqq y_k$（ただし，$y_0 = 0$）。このとき，中央値 Me は次式で求められる。

$$\text{Me} = \frac{50-y_{k-1}}{y_k - y_{k-1}} \times (x_k - x_{k-1}) + x_{k-1} \tag{9.6}$$

　データが点の値で与えられているときでも，それぞれの点が「ある区間を代表している」とみなすことによって，ここで述べた方法を利用することができる。たとえば表9.3の場合には，「400万円」は「350〜450万円」という区間に属する値であることを意味しているとみなすのである。（ただし，区間の決め方が一義的ではないことも多い。）

　中央値は平均と違って，外れ値の影響をほとんど受けない。そのことは，たとえば表9.3の10番目のケースの値が1000万円であろうと1億円であろうと，中央値に変化はないことからわかる。

　分布の中心を表すという目的のためだけであれば，平均よりも中央値の方が好ましい性質をもっている。しかし，実際に使用される頻度は平均の方がはるかに高い。その理由は，これから明らかになっていくように，中央値ではなくて平均こそがさまざまな統計的分析の中核に位置しているからである。

3.2　分位数

◇ 分位数の求め方

　ある変数の分布のパターンをみる上で，中央値とそれに関連する統計量はいろいろと便利なことが多い。ここで，中央値の概念と密接に関連するさまざまな**分位数**を説明しておこう。中央値とは，図9.4の累積相対度数曲線をもとにして，$y = 50$ に対応する x の値であった。同様に，y 軸上のそれぞれの値に対

して，x 軸上の一つの値が対応している。y を 1 パーセント刻みでとったとき，$y=i$ $(i=1, \ldots, 100)$ に対応する x の値を**パーセンタイル**（percentile **百分位数**）といい，P_i と記すことがある。第 i パーセンタイルの値 P_i は，P_i 以下の値をとるケースの割合がちょうど i パーセントであることを意味している。

　任意のパーセンタイル値 P_i をデータから求めるには，上の (9.6) 式を応用して次のようにすればいい。まず，P_i がどの階級に属しているかを度数分布から判断する。それを，第 k 階級としよう。そうすると，次の式で P_i が求まる。

$$P_i = \frac{i - y_{k-1}}{y_k - y_{k-1}} \times (x_k - x_{k-1}) + x_{k-1} \tag{9.7}$$

むろん，P_{50} の値が中央値に等しい。

　パーセンタイルよりも使用頻度の多いのが，**四分位数**（quartile）と**五分位数**（quintile）である。四分位数とは 25％刻みのもの，五分位数は 20％刻みのものである。ここでは，四分位数だけを説明しておこう。

　四分位数では，第 1 四分位数 Q_1 と第 3 四分位数 Q_3 が最もよく使われる。いうまでもなく $Q_1 = P_{25}$，$Q_3 = P_{75}$ となっている。これは，ケースを小さい順に 4 分割し，最初の 25 パーセントの境界値が第 1 四分位数 Q_1 であり，最後の 25 パーセントの境界値が第 3 四分位数 Q_3 である。

　表 9.1 のデータについて求めてみよう。Q_1 は第 2 階級に属し，Q_3 は第 5 階級に属していることがわかる。したがって，(9.7) 式を使って，

$$Q_1 = \frac{25 - 18}{32 - 18} \times (400 - 300) + 300 = 350.0$$

$$Q_3 = \frac{75 - 71}{84 - 71} \times (800 - 600) + 600 = 661.5$$

となる。

◇ **分位数系の散らばり度の指標**

　中央値の概念を基軸にした散らばり度の指標もある。その主なものはまず次の二つ。

メディアン偏差 $\quad \mathrm{Md} = \dfrac{1}{n}\sum_{i=1}^{n}|x_i - \mathrm{Me}|$ (9.8)

四分位偏差 $\quad Q = \dfrac{1}{2}(Q_3 - Q_1)$ (9.9)

これらは多くのテキストに載っているが,実は,あまり使われることはない。むしろ筆者が独自に考えた次の指標の方が使い勝手がいい。

対数四分位比 $\quad \mathrm{LQ} = \log\dfrac{Q_3}{Q_1}$ (9.10)

要するに,差ではなく比をとってさらにその対数を求めたものである。この式は,$\mathrm{LQ} = \log(Q_3/\mathrm{Me} / Q_1/\mathrm{Me}) = \log Q_3/\mathrm{Me} - \log Q_1/\mathrm{Me}$ とも書けるので,メディアンに対する Q_3 と Q_1 の対数比の差をとったものという意味もある。

4. 不平等度の指標

4.1 スケール変換に対する不変性

日本社会は不平等が拡大しているのではないか,というような問題がしばしば提起される。所得の不平等や資産の不平等のほか,学歴の不平等,階層移動の不平等など,さまざまな側面での社会的不平等が存在する。それらが拡大しつつあるのかどうか,あるいはほかの社会と比べて大きいのか小さいのかという問題に答えるにあたっては,まさに社会調査による統計データの分析が非常に大きな役割を果たすことになる。

ここでは,このような問題の分析で用いられる基本的な不平等度の指標を説明しよう。その前に,不平等度の指標がもつべき重要な性質を述べておきたい。それは,**数値のスケール変換に対して不変**でなければならない,という性質である。スケール変換とは,

$$u = ax \quad (a > 0)$$

という式によって,x の値を u の値に変換する操作のことをいう。たとえば,kg で測定した変数 x を g 単位にすると,$u = 1000x$ という変換をすることにな

る。あるいは，円で測定した所得をドルに換算した値もスケール変換である。

なぜ不平等度の指標がスケール変換に対して不変でなければならないか。たとえば，ドル換算した所得分布をもつ次の二つの国を考えてみよう。どちらの不平等度が大きいというべきだろうか。

表 9.4 所得不平等度の比較

	A国		B国	
	個人所得	人口比	個人所得	人口比
	4,000 ドル	50%	10,000 ドル	40%
	10,000 ドル	20%	20,000 ドル	40%
	20,000 ドル	30%	30,000 ドル	20%
平均	10,000 ドル		18,000 ドル	
分散	48,000,000		56,000,000	
標準偏差	6,928		7,483	

おそらく，A国の不平等のほうが大きいとみんな考えるだろう。B国の高所得階層が，低所得階層の3倍を得ているのに対して，A国では5倍も得ているのである。それに，A国は中間的な層が少なくて両極二分解に近いかたちになっている。

ところが，これらの分布について分散と標準偏差を計算してみると，表 9.4 の下欄のようにB国の方が大きくなる。

通常の「散らばり度」の指標である分散と標準偏差は，不平等度の指標としては不適切なのだ。その理由は，次の一次変換の節でみるように，分散と標準偏差は，分布の相対的なかたちが変わらなくても数値の絶対的な大きさに影響されてしまうからである。

不平等度の指標は，分布の相対的なかたちが同一のものには同一の値を与えるものでなければならない。それが，「スケール変換に対して不変」ということの意味である。

4.2 いくつかの指標

変動係数　　標準偏差を利用した不平等度の指標として簡便なのが，次式で定義される変動係数 CV（Coefficient of Variation）である。

4. 不平等度の指標   171

$$\mathrm{CV} = \frac{s_x}{\bar{x}} \tag{9.11}$$

変動係数は標準偏差と平均というポピュラーな統計量だけで，所得や資産の不平等度の測定に利用することができる．ちなみに，上のA国の変動係数は0.693，B国のそれは0.416で，A国の不平等度が大きいことが分かる．

対数分散　ケース値の対数をとったものについて次式のように分散を計算すると，その値はスケール変換に対して不変である（ただし，対数分散を計算するときは，もとのケース値がすべて正でなければならないことに注意）．

$$対数分散 = \frac{1}{n}\sum_{i=1}^{n}(\log x_i - \bar{l}_x)^2 \tag{9.12}$$

ただし，$\bar{l}_x = \dfrac{1}{n}\sum_{i=1}^{n}\log x_i$

対数四分位比　もとの値のすべてをa倍にしても，四分位数のQ_3もQ_1もa倍の値になる．したがって，$\mathrm{LQ} = \log(aQ_3/aQ_1) = \log Q_3/Q_1$と，変わらない．分位数系のメディアン偏差や四分位偏差は，スケール変換に対して不変ではないのに対して，対数四分位比はスケール変換に対して不変なので，不平等度の指標として利用できる．

4.3　ジニ係数

◇ **定　義　式**

不平等度の指標として最も有名で，優れた性質をもつのが**ジニ係数**（Gini Coefficient）である．変数xのジニ係数Gは，一般的には（9.13）式で定義される．

$$G \equiv \frac{1}{2\mu n^2}\sum_{i=1}^{n}\sum_{j=1}^{n}|x_i - x_j| \tag{9.13}$$

ここで，x_iとx_jはそれぞれのケース値，μ（ミュー）はxの平均値（$=\bar{x}$），nは全サンプル数である．データが個別ケースのレベルで与えられていれば，やや手間ではあるが，この（9.13）式でジニ係数が求まる．

しかし，ジニ係数を計算したいデータは，個別ケース・データとしてではなく，表9.4のようなかたちでしか与えられないときもある．つまり，それぞれ

の階級値とその相対度数だけが与えられているようなデータである。このようなときは，むしろ図9.6のようなローレンツ曲線をもとにして考えるとわかりやすい。

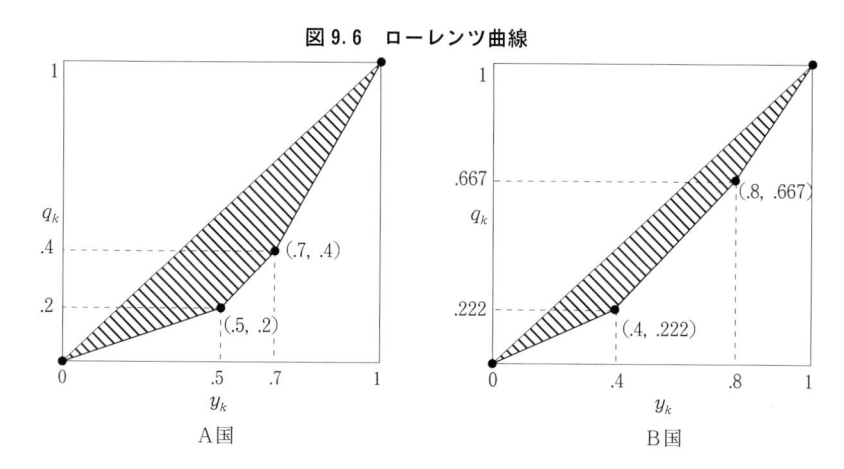

図 9.6 ローレンツ曲線

A国

B国

この図の中の太線がローレンツ曲線である。この図の横軸は各階級の累積人口比（y_kとする），縦軸は，各階級までの累積所得相対比率（q_kとする）である。データから各階級についてy_kとq_kを求め，点（y_k, q_k）を結んでできる曲線（実際には折れ線だが）が，ローレンツ曲線になる。全体が 1×1 の正方形の中に描かれている。このとき，ジニ係数は，

$$G = \text{右下半分の面積}\left(\frac{1}{2}\right)\text{の中に占める斜線部の割合}$$
$$= \text{斜線部の面積} \times 2$$

となっている。

これを一般式で書くと，

$$G = 1 - \sum_{k=1}^{m} p_k(q_{k-1} + q_k) \quad (\text{ただし，} q_0 = 0) \tag{9.14}$$

で計算できる。ただし，p_kは第k階級の相対度数，mは階級数である。

ジニ係数は，完全平等のとき（すべてのケース値が等しいとき）に 0，完全不平等のときに $1-p_m$ の値をとる（p_mは最上位の階級の相対度数。個別ケース・データのときは，$p_m = 1/n$ になっている）。

4. 不平等度の指標

◇ ローレンツ曲線によるジニ係数の求め方

以下，ローレンツ曲線の描き方と，それを用いたジニ係数の求め方とを説明しよう。ローレンツ曲線を描くためには，横軸の累積人口比 (y_k) と縦軸の累積所得相対比率 (q_k) を求めなければならない。これを次の表 9.5 を参照しながら説明しよう。

表 9.5　ローレンツ曲線を描くための計算表

	所得階級(x_k)	累積人口比(y_k)	$p_k x_k$	w_k	累積所得相対比率(q_k)
A 国	4,000	0.5	0.5×4,000	2,000	0.200
	10,000	0.7	0.2×10,000	4,000	0.400
	20,000	1.0	0.3×20,000	10,000(=μ)	1.000
B 国	10,000	0.4	0.4×10,000	4,000	0.222
	20,000	0.8	0.4×20,000	12,000	0.667
	30,000	1.0	0.2×30,000	18,000(=μ)	1.000

まず，不平等度を測定する変数 x の分布が，値の小さい順に m 個の階級に区分されているとし，各階級について，

　　第 k 階級内の x の平均値＝x_k（階級区間で与えられているときはその中点の値）

　　第 k 階級の相対度数＝p_k（小数で表す）

とする。したがって，まず累積人口比 y_k は

$$y_k = \sum_{l=1}^{k} p_l \tag{9.15}$$

となっている。

次に「階級 k までの累積所得相対比率 q_k」を求めなければならない。これは，(9.16) 式で定義される。

$$q_k = \frac{\text{階級 } k \text{ までの累積総所得額}}{\text{全人口の所得総額}} \tag{9.16}$$

このうちまず，分母の「全人口の所得総額」を求める。これは，全体の所得平均を

$$\mu = \sum_{k=1}^{m} p_k x_k \tag{9.17}$$

とすれば,

　全人口の所得総額＝$\mu \times$人口数

である．次に分子であるが，「第k階級の人口＝$p_k \times$全人口」となっているから，まず，

　第k階級の総所得額＝$p_k \times$全人口$\times x_k = p_k x_k \times$全人口

である．したがって，$p_k x_k$を第k階級まで累積していった額を，

$$w_k = \sum_{l=1}^{k} p_l x_l \tag{9.18}$$

とすると，

　階級kまで（kを含む）の累積総所得額＝$w_k \times$全人口

となっている．

よって（9.16）より，第k階級まで（kを含む）の累積所得相対比率q_kは，

$$q_k = \frac{w_k \times 全人口}{\mu \times 全人口} = \frac{w_k}{\mu} \tag{9.19}$$

以上によって求められるy_k（累積人口比）を横軸にとり，q_k（累積所得相対比率）を縦軸にとって，1×1の正方形の中に折れ線グラフを描く．このグラフがローレンツ曲線である．なお，データが標本データであるときは，「全人口」の代わりに「全有効標本数」を用いればよいが，実際の計算に必要なのは相対度数p_kだけである．

たとえばA国の場合には，表9.5の数値を（9.14）式に代入して，

$$G = 1 - (0.5 \times 0.200 + 0.2 \times (0.200 + 0.400) + 0.3 \times (0.400 + 1))$$
$$= 1 - 0.640 = 0.360$$

同様にして，Bのジニ係数は，0.222となる．

5. 変数の一次変換と標準化

5.1 一次変換

ある量的な変数xの値を一律に，

$$u_i = ax_i + b \quad (a \neq 0) \tag{9.20}$$

の式で u に変換することを，**一次変換**（linear transformation）という．社会調査データでは所得を円単位でとるか万単位でとるか，学力テストを素点でとるか偏差値でとるかなど，変数の測定のしかたに複数の可能性のあることが多い．そうした異なる測定のしかたは，一般に一次変換のかたちで結びついていることが多いので，一次変換によってさまざまな指標がどう変化するかあるいはしないかを知っておくことが重要である．

結論的に書けば，主な指標値は次のように変化する．なぜそのようになるのかは，それぞれの指標の定義式に（9.20）式を代入すれば導くことができるので，読者にゆだねることにしよう．

$$\begin{aligned}
&\text{平均}: \bar{u} = a\bar{x} + b \\
&\text{中央値}: \mathrm{Me}(u) = a\mathrm{Me}(x) + b \\
&\text{分散}: s_u^2 = a^2 s_x^2 \\
&\text{標準偏差}: s_u = |a| s_x
\end{aligned} \tag{9.21}$$

5.2 標準化

ある量的な変数 x の値を一律に，

$$z_i = \frac{x_i - \bar{x}}{s_x} \tag{9.22}$$

の式で，z に変換することを**標準化**（standardization）という．

標準化は，一次変換の一種であり，（9.20）式と比べると，$a = 1/s_x$，$b = -\bar{x}/s_x$ となっている．これを（9.21）にあてはめれば，

$$\bar{z} = 0, \quad s_z = 1,$$

すなわち，標準化された変数はすべて，平均＝0，分散＝標準偏差＝1，となっていることがわかる．

5.3 偏差値

標準化を利用したものに，学力の測定における偏差値がある．これは日本で考案されたものなので，とくに英語名はない．

偏差値は，標準化得点 z を用いて，

$$SS = 10z + 50 \tag{9.23}$$

で定義される。平均は 50, 標準偏差は 10 になっている。

*** 第 9 章 練習問題 ***

9.1 A 年とそれから 20 年後の B 年の 2 つの時点でおこなった調査において, 年間の世帯所得の回答は次のように分布していた。それぞれの年のデータについて, 以下の問いに答えよ。

A 年	
所得幅	ケース数
50〜200 万円未満	587
200〜350 万円未満	1212
350〜450 万円未満	388
450〜800 万円未満	319
800〜1200 万円未満	59
計	2565

B 年	
所得幅	ケース数
100〜400 万円未満	386
400〜750 万円未満	626
750〜1200 万円未満	544
1200〜2000 万円未満	260
2000〜4000 万円未満	38
計	1854

(a) 平均と標準偏差を求めよ。
(b) 変動係数と対数分散を求めよ。
(c) 累積相対度数曲線のグラフを描いてみよ。
(d) 中央値, 第 1 四分位数 Q_1 および第 3 四分位数 Q_3 を求めよ。
(e) 対数四分位比 $\log(Q_3/Q_1)$ を求めよ。
(f) ローレンツ曲線を描いてみよ。
(g) ジニ係数を求めよ。

9.2 変数 x のすべてのケース値を一律に $u = ax + b \, (a \neq 0)$ で一次変換したとき, 新しい変数 u の平均や分散について以下の式 (本文の (9.21)) が成立することを導いてみよ。

(a) $\bar{u} = a\bar{x} + b$
(b) $\mathrm{Me}(u) = a\mathrm{Me}(x) + b$
(c) $s_u^2 = a^2 s_x^2$
(d) $s_u = |a| s_x$

第10章
検定という考え方

本章から第13章まで，検定に関わる部分では確率と正規分布についての基礎知識が前もって修得されていることが望ましい。これについては，第15章に簡単に解説してあるので，必要に応じてそちらを参照していただきたい。

1. 母集団と標本データ

「日本の有権者全体から**無作為**に100人を抽出して調査したら，いまの内閣を支持する人が56％だった」という調査Aがあったとしよう。この調査データから，「日本の有権者全体の内閣支持率」について何がいえるだろうか。それも56％だ，といっていいのだろうか。あるいは少なくとも50％以上だとはいえるだろうか。

こういう疑問に確率論的に答えようとするのが**検定**である。**検定**とは，**観測された**標本調査データから，**観測されてはいない**母集団における変数の分布の構造を推測的に判断する一つの方法である。ここにおいて，「日本の有権者全体」のように，それについて知りたい研究のターゲットが**母集団**であり，そこから抽出された個体の集合が**標本**である（抽出された一個の個体を標本とよぶこともある）。

母集団におけるある変数の分布のしかたを知りたい，といっても漠然と知りたいというのでは何もできない。そこで図10.1のように，分布の構造がある

図 10.1 母集団と標本との基本的関係

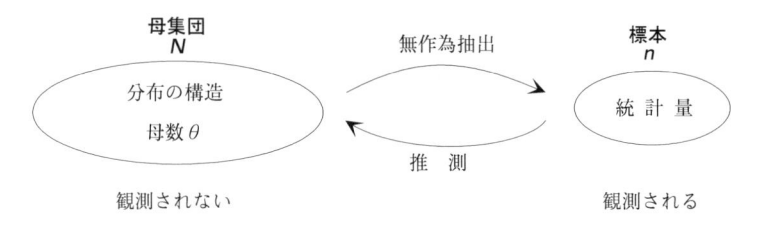

```
       母集団                              標本
        N          無作為抽出              n
   ┌─────────┐      ────────→      ┌─────────┐
   │ 分布の構造 │                    │ 統 計 量 │
   │ 母数 θ   │      ←────────      │         │
   └─────────┘        推  測         └─────────┘
   観測されない                        観測される
```

母数（パラメターともいう）の値で左右されると考える。たとえば平均，比率，分散などが母数の例である。（これらをそれぞれ，母平均，母比率，母分散ともよぶ。）この母数を一般に θ で表す。そして母集団から標本数 n の標本を無作為で抽出する（原理的には，無作為でなくても，それぞれの標本が独立に同一の分布に従っていると想定できればいい）。これが観測されたデータをなす。このデータから何らかの**標本統計量**を計算する（たとえば，標本平均，標本比率，標本分散など）。そして，この**標本統計量の値から，直接には観測できない** θ **の値について推測する**のである。推測のしかたもいろいろあるが，データに基づいて，母数 θ の値についてのある特定の命題を受け入れることができるかどうかの判断を導くことを**検定**（test）という。（図 10.1 は第 7 章の図 7.1 を特定化したものになっており，後者における「母集団の特性」と「データ」とが，ここでは「母数 θ」と「統計量」に対応している。）

◇ **帰無仮説**

　何はともあれ，冒頭の調査 A をもとに，検定というものを進めてみよう。まず，検定によってチェックする命題を特定しなければならない。それを，

　　　「命題 H：有権者全体の内閣支持率は 50 ％である」

としてみよう。すなわちここでの母集団は「有権者全体」であり，母数 θ は，「有権者全体の内閣支持率」である。よってチェックすべき命題は「H：$\theta =$ 0.5」と特定化される。このような命題を**帰無仮説**（null hypothesis）とよぶ。帰無仮説というのは，母集団の分布のしかたについての何らかの仮説であって，その仮説が正しいかどうかが標本データに基づいて検定されるのである。（この仮説を棄却することが目的なのではない。）なお，問題になっている母数が比率のときは，θ の代わりに π を用いることが多い。（この π は，比率 p に対応す

る母比率をさす記号として使われており，円周率とは関係ない。)

帰無仮説が正しいかどうかはまだわからない。しかし，かりに正しいと仮定してみよう。そうすると，そのように仮定された母集団から無作為に 100 人を選んで得られたものがここでの「標本」である。この 100 人について観測される内閣支持率が，ここでの標本統計量になる。いまの例では**標本比率**なので，記号 p を用いることにしたい。

無作為抽出だということは，母集団の中のどのような個人にとっても，彼／彼女が選ばれる確率が**すべて等しい**ということである。したがって，100 人の標本がどのような個人からなっているかは確率的な現象である。すなわち，内閣を支持する人がこの標本の中に何人含まれるか，そしてその比率がいくらになるかは確率的な現象である。いま「母集団の比率が π であるとき」，中心極限定理（第 15 章）から，標本数 n の標本比率 P は次のような確率分布をしている（確率変数は大文字で表し，その実現値を小文字で表す）。

標本比率 P の分布

標本比率 P の平均　$\mu_P = \pi$
標本比率 P の分散　$\sigma_P^2 = \dfrac{\pi(1-\pi)}{n}$
n が大きくなるにしたがって，P の分布は正規分布に近づいていく。
　　　　　　　　　　　　　　　　　　　　　　　　　　　(10.1)

したがっていまの場合，標本の内閣支持率 P は，平均 $\mu_P = 0.5$，分散 $\sigma_P^2 = (0.5 \times 0.5)/100 = 0.0025$ で近似的に正規分布に従っている。いいかえれば，調査 A の観測値 56 ％ というのは，$\mu_P = 0.5$，$\sigma_P^2 = 0.0025$ であるようなかたちで正規分布する確率変数 P のある偶然の一つの実現値 $p = 0.56$ だと考えることができる（あくまで，帰無仮説である命題 H が正しいとしたとき）。

◇　観測値の出現確率

では，$p = 0.56$ という観測値は，どの程度の確率で起こりうるのだろうか。この観測値を平均 0.5，標準偏差 0.05（$= \sqrt{0.0025}$）の正規分布のグラフ上におくと，図 10.2 のようになる。たとえば，56 ％ 以上の標本支持率が出現する確率は 0.115 である。すなわち，母集団での支持率が 50 ％ であっても，100 人の標本の支持率が 56 ％ ないしそれ以上になるという出来事は，0.115 の確

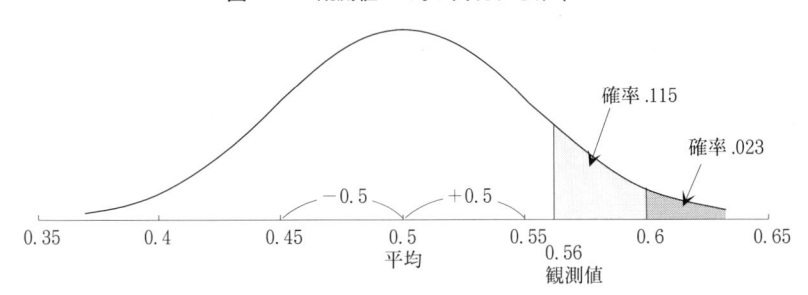

図 10.2 観測値 56 % が出現する確率

率で生起する。ここでもしも観測値が 60 % であったとしたら，それ以上の値の標本支持率が出現する確率は 0.023 と非常に小さくなる。よって，もしも観測値が 60 % だったなら，母比率が 50 % だという命題 H は間違いではないかという疑いが生じるだろう。それに対して 56 % の場合には，それも偶然に起こりうることかなとも思われるだろう。

このように，一般的に，**観測されたデータの出現確率が低くなればなるほど，仮説の方が疑わしい**のだと考えることが合理的である（ゆめゆめ，データの集め方に疑問がない限り，データの方を疑ってはいけない）。プロ野球のオープン戦とか大学受験の模擬試験というのも，こうした検定と似た構造をしている。オープン戦で結果をだせない選手は一軍から外されてしまうことになるが，ここで監督は，当の選手の能力についての仮説を，オープン戦での成績という観測データから判断しているのである。「3 割以上打てるバッターだ」という仮説が正しいときに，「オープン戦で 1 割そこそこしか打てなかった」という観測データが出現することは非常に珍しい。このときは，仮説の方を修正するのが合理的なのだ。したがって，原則的に次のような判断ルールを採用する。

帰無仮説についての基本的判断ルール

観測データの出現する確率が
- ある値以上のとき
  → 帰無仮説を受け入れる
- ある値未満のとき
  → 帰無仮説を受け入れない

コラム7　なぜ標本統計量は確率分布すると考えられるか

それは，標本の中にどの個体が選ばれるかが確率的に規定されているからだ。たとえば，赤玉と白玉とが50個ずつ入っている箱から，ランダムに1個の玉を取り出すとき，その玉の色は赤の確率が1/2，白の確率が1/2である。取り出した玉をもとの箱に戻して，もう一度ランダムに1個取り出す。最初の玉と第二の玉との集合が$n=2$の標本をなす。この標本における「赤い玉の比率」を考えると，これが標本統計量である。これは，「0か1/2か1か」の三つの値の可能性があり，それぞれ確率は1/4，1/2，および1/4となっている。無作為抽出によって得られた社会調査データもこのような確率分布する標本だとみなすことができるのである。

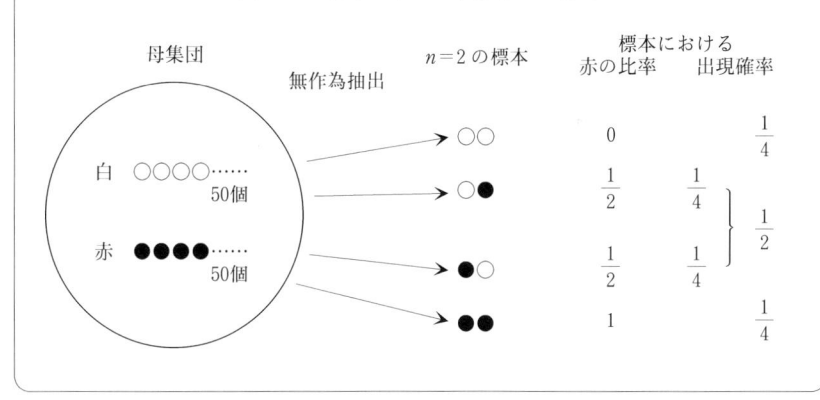

図10.3　標本比率が確率分布する構造

2. 検定の基本的な考え方

2.1　第一種の誤り・第二種の誤り

　帰無仮説を受け入れるか受け入れないかの境目になる「確率の値」はどう設定すべきだろうか。

　データに基づいて仮説を受け入れるか受け入れないかを決めるという問題状況は，「相手の選択した手を当てる」というある意味でゲーム的な状況になっている。観察をしているわれわれがプレイヤーの一人であり，相手のプレイヤ

表 10.1 第一種の誤りと第二種の誤り

われわれの判断	母集団において	
	帰無仮説 H が真	帰無仮説 H が偽
H を受け入れる（受容する）	判断は正しい（確率 = $1-\alpha$）	**第二種の誤り**（確率 = β）
H を受け入れない（棄却する）	**第一種の誤り**（確率 = α）	判断は正しい（確率 = $1-\beta$）

ーが母集団である．母集団の側には，「帰無仮説のとおりになっている」か「そうではない」かの 2 通りの手がある．実は，母集団はすでにどちらかの手を選択しているのだが，どちらの手が選択されたのか，観察者であるわれわれにはわからない．その代わり，標本データという部分的な資料をもっている．このとき，母集団が選択した手を「当てる」というのがわれわれの目標である．

母集団の手を上側に，われわれの手を左側に示して，表 10.1 の 2×2 の一種の利得表ができる．

母集団において帰無仮説 H が**真であるとき**にわれわれが H を**受け入れる**という判断をすれば，その判断は**正しい**．また，母集団において H が**偽**であるときにわれわれが H を**受け入れない**という判断をしても，それは**正しい**．これらは上表の中の対角セルに対応している．逆に，母集団の選択についてのわれわれの判断が**誤っている**のが，網かけの非対角セルである．

われわれは，帰無仮説 H のもとで出現確率の小さな観測値が得られたときは，H を受け入れないという判断をしたい．H を受け入れない（棄却する）と判断するような標本統計量の値の範囲を**棄却域**とよぶ．ほかの範囲を**受容域（採択域）**とよぶ．つまり，もしも観測された標本統計量の値が棄却域に入れば，われわれはもとの仮説を受け入れないという判断をするし，逆に受容域に入れば受け入れるという判断をするのである．

もっとも，われわれはいつも正しい判断をするとは限らない．H が真のときでも，標本統計量が棄却域に入ってしまうことがある．そうするとわれわれは誤って H を棄却してしまう．これを**第一種の誤り**という．逆に，仮説が偽のときに標本統計量が受容域に入ってしまい，われわれが誤って仮説を受容してしまうことを**第二種の誤り**という．図 10.4 に示すように，われわれの判断

2. 検定の基本的な考え方

図 10.4　棄却域の設定と確率 α および検出力 $1-\beta$ との関係

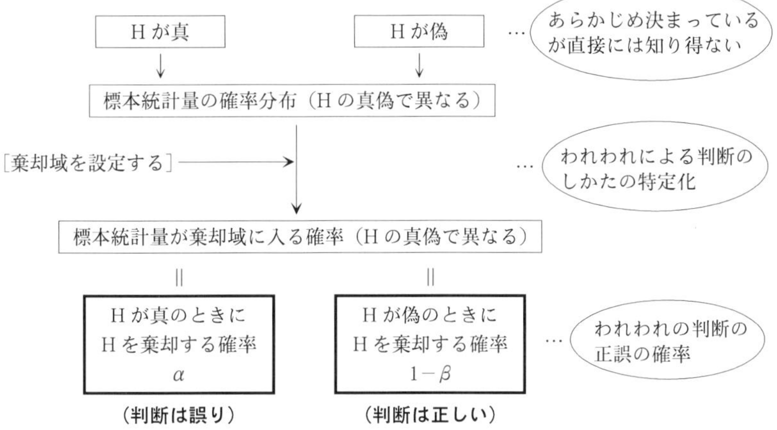

```
   ┌─────────┐         ┌─────────┐      ┌ あらかじめ決まっている
   │ H が真  │         │ H が偽  │  …  │ が直接には知り得ない
   └────┬────┘         └────┬────┘      └
        ↓                   ↓
   標本統計量の確率分布（H の真偽で異なる）
                            │
 ［棄却域を設定する］────────→│          … ┌ われわれによる判断の
                            ↓             └ しかたの特定化
   標本統計量が棄却域に入る確率（H の真偽で異なる）
            ‖                   ‖
   ┌──────────────┐   ┌──────────────┐
   │ H が真のときに│   │ H が偽のときに│   … ┌ われわれの判断の
   │ H を棄却する確率│ │ H を棄却する確率│     └ 正誤の確率
   │      $\alpha$      │   │    $1-\beta$     │
   └──────────────┘   └──────────────┘
   （判断は誤り）       （判断は正しい）
```

が正しいか誤っているかは，われわれが標本統計量の棄却域をどのように設定するかによって確率的に決まっている。そして，H が真のときに H を棄却する確率（＝標本統計量が棄却域に入る確率）を一般に α で表し，逆に H が偽のときに H を棄却する確率を**検出力**とよんで $1-\beta$ で表す（したがって，H が偽のときに，誤って H を受容する確率は β となる）。

われわれは誤った判断をしてしまう確率 α も確率 β もともに小さくしたい。ところが，この二つを同時に小さくすることは単純にはいかない。α を小さくするためだけなら，棄却域をなくしてしまえばいい。これは標本統計量がどんな値であっても，帰無仮説 H を受け入れる，という判断をすることを意味する。しかし，そうすると，H が偽のときに誤って受け入れる確率 β がとんでもなく大きくなってしまう。そこで，一般には次の考え方がとられている。

棄却域を設定するルール

> 第一種の誤りの確率 α を一定の小さな値（たとえば 0.05）未満に抑えるという条件のもとで，第二種の誤りの確率 β をできる限り小さくする。

このルールに従うと，棄却域の場所は標本統計量の確率分布の**端の方**に設定

することが適切となる。「端の方」というのは，帰無仮説 H が真のときに標本統計量の出現する確率が小さなところである。したがって観測値がここに出現したことをもって帰無仮説を棄却するという判断をしても，その判断が誤っている確率 α は小さい。他方，もしも H が偽であるならば，母集団における θ や π の値は，H が主張しているのとは異なっており，そのときには標本統計量の分布は左右どちらかにシフトしたものになっている。調査 A の帰無仮説 H ($\pi=0.5$) について検出力 ($1-\beta$) の大きさを，$\pi=0.45$ のときと $\pi=0.55$ のときについて図 10.5 に示した。検出力の大きさは母数の真の値が何であるかによって異なるが，その値が帰無仮説から外れれば外れるほど，検出力が大きくなること，つまり，第二種の誤りの確率 β が小さくなることがわかる。

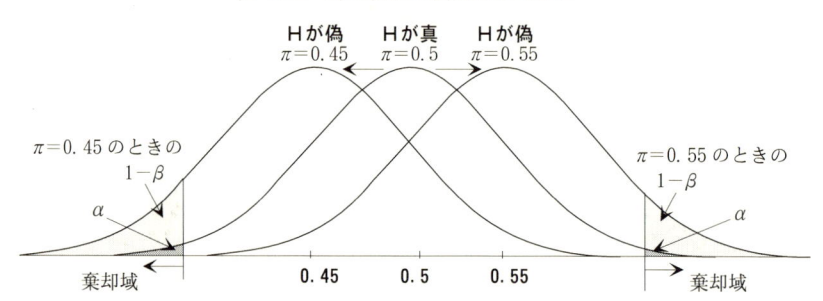

図 10.5 対立仮説と検出力の大きさ

以上に説明した棄却域の設定のしかたは，かなり複雑にみえるかも知れない。しかし，われわれが実際の統計分析でそれに思い悩むことはほとんどない。さまざまな検定や分析法があるけれども，統計分析法のユーザーとしてわれわれが通常使うものについては，棄却域の設定のしかたも含めてすでに分析法が確立されているからである。

2.2 判断の非対称性

棄却域設定のルールからわかるように，二つの誤りの確率のうち，α の方が重要視されている。しかし，それは必ずしも，帰無仮説 H が真のときにそれを棄却することの方が，H が偽のときにそれを受容するよりも，重大な誤りだとみなすからではない。理由はただ単に，α の値は帰無仮説 H と棄却域と

によって「一義的に定まる」のに対して，β の値は H が偽のとき（＝対立仮説が正しいとき）に真の母数の値が何であるかによって異なってしまうので，その上限を設けることができないからである。

ただ，このルールによって，α は常に小さな値であることが保証されているのに対して，β の方は大きな値でもありうるという点には注意しなければならない。つまり，たとえば「内閣支持率は 50 ％だ」という帰無仮説が**受容されるとき**，その判断が誤っている確率 β は必ずしも**小さくない**のである。実際，母集団の支持率が本当は 51 ％だったとしても，標本比率の出現のしかたは H のときとあまり変わらないので，誤って H を受容してしまう確率は非常に高い。したがって，帰無仮説が受容されたとしても，それによって，母集団がそれとは異なるがそれに近い値の母数をもつことを否定しているのではない。**棄却するとき**は，誤りの確率が小さいのだから，「H は真ではない」と言い切っていい。だが**受容するとき**は，一般的には「H は真だ」と言い切るのではなく，「H ではないとはいえない」という二重否定形でいうのが適切である。この**非対称性**に注意してほしい。

なお，α の値を**有意水準**もしくは**危険率**という。また，標本統計量が棄却域に入ることを，しばしば「**有意である** significant」といい，そうでないことを「有意ではない」という。ただし，ここで「検定において有意か否か」ということと「研究上，有意義か否か」ということは，まったく関係のないことであることにも注意が必要である。

2.3 両側検定と片側検定

◇ 帰無仮説と対立仮説

標本統計量が正規分布のように左右対称の確率分布に従っているときは，二つの「分布の端」が存在する。両方の端に棄却域を設けるのが**両側検定**であり，一方だけに設けるのが**片側検定**である。この選択のしかたを説明しよう。

すでに述べたように，検定によって直接にその真偽が確かめられる仮説のことを**帰無仮説**とよぶ。（このネーミングから，それを否定することが調査の目標であるとするような解説もあるが，それは正しくない。帰無仮説を否定したいのかどうかは，研究者の関心による。）帰無仮説は，たとえば「支持率は 50 ％だ」と

いうように，母集団における分布の構造についてある具体的な主張をしている。後でみることになるが，ほかに，「二つの平均は等しい」とか「二つの変数の分布に関連はない」というような主張もある。こうした帰無仮説は一般に

$$H: \theta = \theta_0 \tag{10.2}$$

というかたちをしている。これは，「母集団における分布を規定している母数θの値はθ_0だ」という帰無仮説Hを表している（帰無仮説はθの値を特定するものでなければならない。さもなければ，標本統計量の確率分布が導けない）。内閣支持率の例では「$H: \pi = 0.5$」が帰無仮説になる。

　検定の結果として帰無仮説が棄却される場合。そのときに，帰無仮説に代わって受け入れられる仮説のことを**対立仮説**という。両側検定か片側検定かの選択は，この対立仮説のかたちによって決まる。

◇ **両 側 検 定**

　対立仮説が帰無仮説の単なる否定形であるとき，この対立仮説は

$$K: \theta \neq \theta_0 \tag{10.3}$$

というかたちで表される。たとえば，単に「支持率は50％ではない」というような主張がそれにあたる。(10.3)は「$K: \theta < \theta_0$ または $\theta > \theta_0$」とも書ける。

　標本統計量の分布のしかたは，母数θの値に規定されており，一般には，$\theta = \theta_0$のときの分布と比較して，図10.5で例示したように，$\theta < \theta_0$ や $\theta > \theta_0$のときの分布は左か右にシフトしたものになる。棄却域は，対立仮説が真のときに標本統計量がそこに出現する確率 ($1 - \beta$) が大きくなるところに設定するべきだから，**対立仮説が(10.3)のかたちのときは，棄却域を分布の両端に設定するのがいい**。

◇ **片 側 検 定**

　これに対して，対立仮説を構成するθの範囲の一方が，何らかの理由によってあらかじめ排除されていることがある。つまり，対立仮説がたとえば

$$K: \theta > \theta_0 \tag{10.4}$$

のかたちのことがある。このとき棄却域は標本統計量の値の大きい方，つまり対立仮説の方向の端だけに設定される。これが**片側検定**である。

　ではどのようなときに(10.4)のような対立仮説が設けられるのだろうか。一般にそれは，実は帰無仮説そのものが本当は(10.2)のかたちではなく，

$$H': \theta \leq \theta_0 \tag{10.5}$$

のかたちをしているときである。たとえば，母集団について確かめたいことが，「支持率は50％以下である」か，それとも「50％を超えるのか」というような問題であることがある。このとき，文字通りに帰無仮説を考えれば，「H'：母集団の支持率≦0.5」という主張になる。しかし，このかたちの帰無仮説のもとでは標本統計量の確率分布のしかたを特定することができない。そこで，検定で用いる帰無仮説としては「母集団の支持率＝0.5」と設定し，標本統計量が「母集団の支持率＜0.5」に適合して出現する方向には棄却域を設けない，とするのである。それは対立仮説を（10.4）のかたちである「母集団の支持率＞0.5」に限定することである。

いまの例でいえば，内閣支持率56％という観測値が，「母集団支持率が50％以下」なのにたまたま出現したのか，それとも本当に「50％を超えているのか」を確かめたいときに片側検定を用いる。

以上が，標本統計量の分布が対称的であるときに，片側検定が適切になるような状況の代表例である。

3. 比率の検定のしかた

比率の検定について一般的に説明しておこう。帰無仮説 $H : \pi = \pi_0$ のもとで，標本比率 P は（10.1）で示したように平均 μ_P，分散 σ_P^2 で近似的に正規分布している。そうすると，P を標準化した次の Z が標準正規分布に従う。

$$Z = \frac{P - \mu_P}{\sigma_P} = \frac{P - \pi_0}{\sqrt{\dfrac{\pi_0(1-\pi_0)}{n}}} \tag{10.6}$$

3.1 両側検定

帰無仮説が（10.3）のかたちの $K : \pi \neq \pi_0$ ならば，標準化した Z に対する棄却域は，図10.6で示されるように，

$$Z < -z_{\alpha/2} \quad \text{または} \quad Z > z_{\alpha/2} \tag{10.7}$$

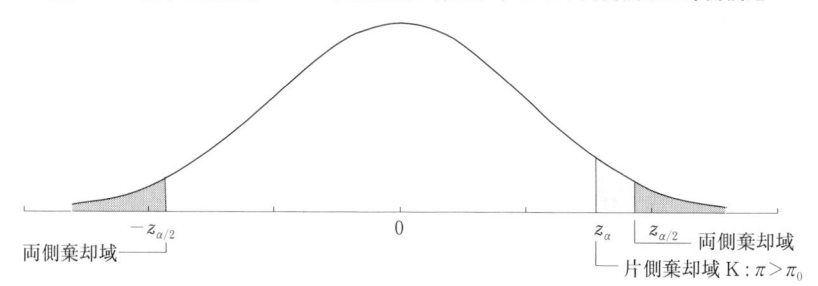

図10.6 標準正規分布している統計量の有意水準 α での両側検定と片側検定

両側棄却域 ——$-z_{\alpha/2}$ 　　 0 　　 z_α ｜ $z_{\alpha/2}$ —— 両側棄却域
　　　　　　　　　　　　　　　　　 └ 片側棄却域 $K: \pi > \pi_0$

の両端に設定される．ここで $z_{\alpha/2}$ は，標準正規分布表で，**上側確率**が $\alpha/2$ になるような値を表している．すなわち，確率 $P(Z \geqq z_{\alpha/2}) = \alpha/2$ となるような Z の値である．たとえば，もし $\alpha = 0.05$ ならば，この値は $z_{0.025} = 1.96$ (より厳密には1.95996) であり，棄却域は -1.96 よりも小さい領域と 1.96 よりも大きい領域になる (棄却域と受容域との境界の値を，**臨界点 (値)** とよぶ．いまの場合，± 1.96 が臨界点である)．

Z の観測値 z は，標本比率 P の観測値 p を (10.6) 式に代入して得られる．この z が棄却域に入るとき，帰無仮説 H を棄却し，逆に，受容域に入るとき，H を受容する．調査 A の内閣支持率の例では，$\pi_0 = 0.5$，$p = 0.56$ を代入して，$z = 1.2$ となるので，これは棄却域には入らない．したがって，H は棄却されないで受容される．すなわち「母集団において内閣支持率は 50% でないとはいえない」と判断される．

標本比率 P についての棄却域も求めることができる．(10.7) 式の Z に (10.6) 式を代入して P について整理すると，

$$P < -\sigma_P z_{\alpha/2} + \mu_P \quad または \quad P > \sigma_P z_{\alpha/2} + \mu_P \tag{10.8}$$

が得られる．これが危険率 α での P についての両側検定の棄却域である．

実際の計算では，(10.8) の標本比率 P についての棄却域をわざわざ求めることはせず，標準化した標本統計量 Z についての (10.7) 式ですませることが多い．

3.2 片側検定

調査 A で，観測比率が 50% を超えていたので，「母集団の支持率 $\leqq 0.5$」で

あるかどうかを調べたいというのであれば，対立仮説は「K：$\pi > \pi_0 = 0.5$」になる。危険率 α での棄却域は，標本比率を（10.6）式で標準化した Z に関して，
$$Z > z_\alpha$$
の範囲になる（これも図10.6を参照）。$\alpha = 0.05$ とすれば，$Z > z_{0.05} = 1.6449$ が棄却域になる。今の場合，観測値は $z = 1.2$ であったから棄却域には入らない。したがって，「$\pi \leq 0.5$」でないとはいえないことがわかる。

もしも「観測比率 $< \pi_0$」のときに，それでも「$\pi \geq \pi_0$」かどうかを調べたいならば，対立仮説は「K'：$\pi < \pi_0$」になり，棄却域は「$Z < -z_\alpha$」の範囲に設定される。

4. 有限母集団検定の精度

◇ 復元抽出と非復元抽出

標本比率 P は，分散 $\pi(1-\pi)/n$ で確率的に分布している。また，次章でみるように，標本平均 $\overline{X}$ は，分散 σ^2/n で分布している。これらは，観測される標本のそれぞれが，独立にかつ同一の分布に従って確率分布しているという前提から導かれるものである。ところが，社会調査データの場合，必ずしも厳密にはこの前提が満たされていないことが多い。たとえば，A 大学の 5,000 人の学生から 400 人を無作為に抽出して，内閣支持率をたずねるとしよう。普通の抽出では，多段抽出を用いるかどうかや系統抽出を用いるかどうかにかかわりなく，ある一人の学生が抽出されたら，次の標本は残りの学生の中から抽出される。これを置き戻し（replacement）のない**非復元の抽出**という。

実は，このような抽出法では，「標本が独立にかつ同一の分布に従っている」という前提が厳密には満たされていないのである。なぜなら，たとえば，実際には 2,500 人が内閣を支持していて，残りが支持していないとしよう。このとき，最初の標本を無作為に抽出するときは，その標本が内閣を支持している確率は $\pi_1 = 0.5$ である。次に，第二の標本を抽出するのであるが，この第二の標本が内閣を支持している確率は，第一の標本でどちらのタイプの学生が選ばれたのかによって微妙に異なってしまう。もし，第一の標本で「支持する」人が

選ばれていたとしたら、第二の標本が内閣を支持する確率は $\pi_2 \fallingdotseq 0.4999$（$=2,499/4,999$）となり、逆に第一の標本で「支持しない」人が選ばれていたとしたら $\pi_2 \fallingdotseq 0.5001$（$2,500/4,999$）となるのである。以下、第 3、第 4、……の標本を抽出する際にも、その標本が「内閣を支持する確率」は、その前に、どのタイプの学生が選ばれたかに影響されて異なってくる。

抽出方法を工夫して、いったん抽出した学生については、誰を抽出したかを記録しておくだけにして、第 2 の標本も最初と同じように 5,000 人の中から選び、それもまた元に戻して、第 3 の標本もやはり 5,000 人の中から選び、……というふうにしていけば問題はない。これを置き戻しのある**復元抽出**という。復元抽出を行えば、「独立で同一の分布」という前提を満たすことができる。

母集団の個体数が無限大のときも、この前提が満たされる。なぜなら、無限にあるものの分布のしかたは、その中からどんな有限個を取り除いても変わらないからである。（たとえば、自然数の中の偶数の比率〔$=1/2$〕は、2 から 10,000 までの偶数を取り除いた残りの自然数の中の偶数の比率と同じである。）このため、いくら標本を抽出していっても母集団の分布が変わらないようなものを**無限母集団**という。復元抽出は、実質的には無限母集団からの抽出であるとみなすことができる。それに対して、社会調査はだいたい**有限母集団**である。

さて、有限母集団からの非復元抽出の場合、「独立で同一の分布」という前提が満たされていないという問題があるが、この場合でも、標本数 n が多くなれば、標本比率や標本平均はやはり近似的に正規分布に従うとみなしてかまわない。ただし分散が厳密には少し異なったものになる。具体的には、標本比率の場合は、次のようになる。

非復元抽出のときの標本比率の分布

N 個の個体からなる有限母集団において、母比率が π（N 個の中である性質をもつものの割合）であるとき、標本比率 P は、次の平均と分散の正規分布に近似的に従う。

① 平均 $\mu_P = \pi$

② 分散 $\sigma_P^2 = \dfrac{\pi(1-\pi)}{n} \times \dfrac{N-n}{N-1}$

(10.9)

分散の式に乗じられている $(N-n)/(N-1)$ の項のことを，**有限補正**とよぶことがある。

社会調査では，ある大学の全学生とかある小さな町の全成人町民のように，比較的小さなサイズの母集団を相手に調査をすることが多いので，有限補正をした方がいいと考えられがちであるが，本当のところは，**多くの場合には気にする必要はない**。それには二つの理由がある。第一に，一般に「母集団の真の値」を問題にするような調査研究は，もともと，かなり大きなサイズの母集団であることが多く，そうすると，有限補正の項はきわめて1に近くなるからである。たとえば，1億人の有権者から3,000人の標本を抽出するときの有限補正の項の値は，0.99997であって，1とみなしてまったく差し支えない。

第二に，有限補正を行うと，標本比率や標本平均の分散は，補正しない場合よりも小さくなる。逆にいえば，有限補正をしないで，あたかも復元抽出をした標本であるかのように考えて分析しているときには，標本統計量の分散を実際よりもやや大きめに推定しているのである。そうすると，たとえば (10.8) 式からわかるように，一般的に標本統計量に対する棄却域の範囲が狭くなる ((10.8) 式で，σ_P の値が大きくなると P の棄却域が狭まるのがわかる)。これは，帰無仮説を棄却するのに，より慎重な態度をとっていることを意味している。このことは，社会調査の場合には，一般に悪くないことである。第11章の「差の検定」や第12章の「独立性」の検定では，帰無仮説を棄却することはすなわち「関連がある」と判断することを意味するのだが，社会調査データの場合には，安易にそう判断するよりも慎重であった方がいいことの方が多い。

以上のような理由から，有限補正は一般には用いなくていいといえる。

◇ **検定の精度への影響**

次に，検定の精度に対して，母集団のサイズ N と標本数 n とがどのように影響しているのかについて，説明しておこう。

母集団の値を推定したり検定したりする際に，ときどき「母集団のサイズに**比して標本数があまりにも小さいと**，推定や検定の精度が悪くなるのではないか」と考える人がいるが，実はこれはまったくの誤解である。結論的にいえば，復元抽出の場合はもとより，非復元抽出の場合でも，**精度を左右するのは標本数 n の絶対的な大きさ**であって，母集団のサイズ N に対する標本数 n の比で

はない。

　検定の精度は，標本統計量の標準偏差の大きさによって決まる．これは，復元抽出の場合には $\sqrt{n}$ に反比例しており，母集団のサイズ N は何ら関係していない．すなわち，精度は，$\sqrt{n}$ に比例して良くなるのである．第7章の表7.1に，「標本誤差の大きさ」として，母比率 $\pi=0.5$ のとき，標本比率 P が95％の確率で出現する範囲が，標本数に応じてどのように変化するかを示したが，その数字は，(10.8) 式の中の $\sigma_P z_{\alpha/2}$ を用いて，

$$\pm 1.96 \times \frac{0.5}{\sqrt{n}} \tag{10.10}$$

を計算したものであるこの範囲は $\sqrt{n}$ に反比例して，着実に狭まっていく．N は関係がない．では，非復元抽出の場合はどうだろうか．このとき，(10.10) に対応するような，標本比率 P が95％の確率で出現する範囲は，次のように有限補正項がかかったものになる．

$$\pm 1.96 \times \frac{0.5}{\sqrt{n}} \times \sqrt{\frac{N-n}{N-1}} \tag{10.11}$$

この範囲が，$\sqrt{n}$ によって規定されているのか，それとも n/N ないしその平方根によって規定されているのかが問題である．しかし，有限補正項のルートの中を吟味すれば分かることだが，n/N の比は少しは影響するものの，その影響の度合いはきわめてわずかであって，(10.11) 式全体に対しては，n の大きさ，より正確にはやはり $\sqrt{n}$ が圧倒的に支配しているのである．

5. データが示す有意水準

　あらかじめ 0.05 などと設定された有意水準に従って棄却域をいろいろ考えるというやり方とは別に，データとして得られた標本統計量が示す有意水準の値を計算することによって，直接に，帰無仮説を棄却するか受容するかという判断を導く方法があり，実際にはこちらの方が一般に用いられている．

　まず，具体例で説明しよう．再び調査 A のデータを用いて，帰無仮説は

「H：$\pi=0.5$」，対立仮説を「K：$\pi>0.5$」だとする。観測値は 56％であった。すでにみたようにこれは，標準正規分布に対応させると，$z=1.2$ という観測値になる。片側検定だから，棄却域は上側に設定される。

ここで，標準正規分布で **1.2 以上の値が出現する確率はいくらか**，を考えてみよう。それは，確率 $P(Z \geq 1.2)=0.1151$ である。この数値のことも**有意水準**というのである。それは，**もしもその観測値でもって帰無仮説を棄却したとしたならば，われわれが第一種の誤りを犯す確率**にほかならない。

このように，有意水準という言葉は，これまでのように 0.05 とか 0.01 のようにあらかじめ固定された数値をさす場合と，またいまのように，観測データに対応する α の値をさす場合と 2 通りに使われている。**固定された有意水準**というのは，第一種の誤りの確率の大きさとして**許容しうる上限**のことである。この値をいくらにするのかには，客観的な基準がない。1％がいいのか，10％がいいのか，調査者の主観的な選択によるしかない。

この点，**観測データに対応する有意水準**という考え方は，あらかじめ5％とか1％とかの固定された有意水準を設定しなくてもいいし，帰無仮説を受容するのか棄却するのかを二分法的に判断しなくてもいいので，便利なことが多い。たとえば，いまの例であれば，「有意水準は片側で，0.1151 であった。したがって，有意水準を 10％未満と設定しても，帰無仮説は棄却できない」というような判断を示すことができる。

つまり，観測データに対応する有意水準を示すということは，帰無仮説を受容するか棄却するかについて一義的に答えるのではなく，どちらの判断にどの程度のリスクがあるのかを示すことなのである。このほうが，結果を読む人に対してより多くの情報を提供しており，彼らに一定の判断の裁量権を与えていることでもある。

もっとも，かといって調査者の判断が免責されるわけではないことに注意しなければならない。客観的な基準はないにしても，調査者自身が第一種の誤りの確率を許容しうる上限を選択しなければならないことは，いうまでもない。

*** 第 10 章　練習問題 ***

10.1　有権者全体を母集団とするある新聞の世論調査で、「いまの日本は、あなたにとってよい国だと思いますか」とたずねたところ、有効回答数 1,945 人のうち 49%が「よい国だ」と答えた。有権者全体でも「よい国だ」と考える人の比率は 50%未満だといえるかどうか検定せよ。

10.2　標準正規分布をしている確率変数を Z とする。付表の標準正規分布表を用いて、次の数値を求めよ。

(a)　Z が -1.0 よりも大きい（$Z > -1.0$）値をとる確率
(b)　Z が -0.5 から $+0.5$ のあいだに出現する確率
(c)　ある u について、「$Z < u$」となる確率が 0.86 であるような u の値
(d)　ある u について、「$|Z| < u$」となる確率が 0.86 であるような u の値

10.3　検定について述べた次の文について、それぞれの誤りを指摘せよ。

(a)　ある命題を否定することをめざして統計的な研究を行うとき、その命題のことを帰無仮説という。
(b)　比率の検定では、いつも「$\pi = 0.5$」が帰無仮説になる。
(c)　1 億人の母集団から、3,000 人の標本をとったときよりも、100 万人の母集団から 1,000 人の標本をとったときの方が標本の精度が高い。
(d)　5％の有意水準で帰無仮説が棄却できなかったとき、「棄却しない」という判断が間違っている確率は 5％未満である。

第11章
平均の検定と差の検定

1. 平均の検定と推定

1.1 検　　定

　比率はカテゴリカルな変数の分布において最も基本的な統計量であるが，量的な変数では平均がそれにあたる。所得の平均，お年玉の平均，学力の平均，1日の平均勉強時間など，平均が話題となる社会現象は少なくない。

　たとえば，全国から無作為に抽出した40歳代男性309人の年間個人収入の平均が640.0万円であったとしよう（標準偏差は298.8であった）。この調査データBから，「全国の40歳代男性全体における年間個人収入の平均は実際に600万円を超えている」と判断していいかどうか確かめてみよう。

　ある変数Xが，母集団において平均μ，分散σ^2で分布しているとする（どんな分布でもいい）。この母集団からn個の標本を取ったとき，標本平均$\overline{X}$の確率分布は次のようになっている。

> **標本平均の分布**
> - 平均　$\mu_{\overline{x}} = \mu$
> - 分散　$\sigma_{\overline{X}}^2 = \dfrac{\sigma^2}{n}$
> - nが大きくなるにしたがって，正規分布に近似していく。

(11.1)

ここでもしも母分散 σ^2 が**わかっていれば**，ただちに標本統計量を $Z=(\overline{X}-\mu)/\dfrac{\sigma}{\sqrt{n}}$ として，母平均 μ についての仮説を検討することができる。しかし，ほとんどの場合，母平均と同様に母分散もわかっていないのが普通である。このとき，標本の分散（標準偏差）を用いる方法が確立されている。

検定においては，標本の分散としては，(11.2) 式で定義される**不偏分散**を用いる。

$$s_x{}^2 \equiv \frac{1}{n-1}\sum_{i=1}^{n}(x_i-\overline{x})^2 \qquad (11.2)$$

この式は，普通の分散のように変動を n で割るのではなく，$n-1$ で割ったものになっている。この理由は，こちらの統計量の方が，母分散の推定値としてより好ましい性質をもっているからである。

これを**母分散の推定値**として用いて，次の (11.3) 式の統計量 T を求めることができる（一般には，この統計量 T は小文字 t で表されることが多い。しかし，ここでは確率変数は大文字，という原則に従って T で表す）。

$$T \equiv \frac{\overline{X}-\mu}{\dfrac{s_x}{\sqrt{n}}} \qquad (11.3)$$

この統計量 T が，自由度 $n-1$ の t 分布という分布のしかたに従うことがわかっている。（これは，t 分布という分布型に属すもののうち，自由度というパラメターの値が $n-1$ で特定化されているものである。自由度が異なると，分布のしかたが少し異なる。また，厳密にいえば，(11.3) の T が t 分布するのは，標本 X_i が正規分布に従っているときであるが，そうでない場合でも，平均の検定においては t 分布として考えることになっている。）t 分布の表は付表 3 に掲載されているが，0 を中心に左右対称に分布している。そして，標本数 n，いいかえれば自由度 $n-1$ が大きくなるに従って標準正規分布に近づいていく。手計算するときには $n-1 \geqq 100$ あたりで，むしろ標準正規分布とみなしてかまわない。

なお，不偏分散に対応する標準偏差 s_x は，通常の標準偏差 s_n から，

$$s_x = s_n \sqrt{\frac{n}{n-1}}$$

比率の検定と同じように，帰無仮説が「$H:\mu=\mu_0$」のとき，(11.3) 式に具体的な数値を代入した T の観測値，

$$t \equiv \frac{\bar{x}-\mu_0}{\frac{s_x}{\sqrt{n}}} \tag{11.4}$$

を求める。これから先は，両側検定か片側検定かによって分かれる。

(1) 両側検定　対立仮説を「$K:\mu\neq\mu_0$」とするとき，(11.4) の t について，

$$|t|>t_{\alpha/2}(n-1)$$

のとき，帰無仮説「$H:\mu=\mu_0$」を危険率 α で棄却する。さもなければ受容する。なお一般に，$t_{\alpha/2}(\nu)$ は，自由度 ν（いまのばあい，$n-1$）の t 分布における上側確率が $\alpha/2$ になる t の値である。

(2) 片側検定　対立仮説が「$K:\mu>\mu_0$」であるときは，観測値 t が

$$t>t_\alpha(n-1)$$

のとき，危険率 α で帰無仮説を棄却する。もしも，対立仮説が「$K:\mu<\mu_0$」のときは，$t<-t_\alpha(n-1)$ のときに棄却する。

調査Bの個人収入の標準偏差は 298.8 であったから，不偏分散に対応する標準偏差は $s_x=299.3$ になる。これを (11.4) に代入して，t の観測値を求めてみると，

$$t=\frac{640-600}{\frac{299.3}{\sqrt{309}}}=2.349$$

となる。いま対立仮説を「$K:\mu>600$ 万円」としてみよう。$t_{.01}(240)=2.342$，および $t_{.01}(\infty)=2.326$ だから，この $t=2.349$ という数値は，自由度 $308(=309-1)$ の t 分布の上側 1% を超える領域に入っている。したがって，有意水準 1% の片側検定で帰無仮説「母集団における平均収入は 600 万円である」は棄却される。すなわち「600 万円を超えている」と判断されるのである。

1.2 推　　定

　母集団の真の値を観測された標本の値から考察していくという統計的な問題には，検定だけでなく，**推定**（estimation）も含まれている。推定というのは，文字通り，母集団の真の値は「これこれの値だ」といって示すことである。これには，ある一つの値だけを示す**点推定**とある値の範囲を示す**区間推定**とがある。これまで述べてきた比率と平均については，点推定はきわめて簡単で，それぞれ標本比率と標本平均が望ましい推定値となっている。

> **点推定**
>
> 　母比率 π の推定値＝標本比率 p の値
> 　母平均 μ の推定値＝標本平均 $\bar{x}$ の値

　（より複雑な統計分析を行うときは，点推定の値がこのように簡単には与えられないものもある。）

　次に，母平均の区間推定を説明しておこう。（母比率の区間推定は，案外と複雑なので，ここでは省略する。）(11.1) 式からわかるように，標本平均 $\bar{X}$ は，母平均 μ を中心に分散 σ^2/n で近似的に正規分布をしている。したがって，$\bar{X}$ は確率 $(1-\alpha)$ で，

$$\mu - z_{\alpha/2} \frac{\sigma}{\sqrt{n}} \leq \bar{X} \leq \mu + z_{\alpha/2} \frac{\sigma}{\sqrt{n}} \tag{11.5}$$

の範囲に出現することがわかる。この式から逆に，

$$\bar{X} - z_{\alpha/2} \frac{\sigma}{\sqrt{n}} \leq \mu \leq \bar{X} + z_{\alpha/2} \frac{\sigma}{\sqrt{n}} \tag{11.6}$$

という式がえられる。標本平均 $\bar{X}$ を中心に $\pm z_{\alpha/2} \sigma/\sqrt{n}$ の区間を $I(\bar{X})$ という記号で表せば，この区間 $I(\bar{X})$ は，標本平均の値によって確率的に異なる範囲をとるものである。したがって，(11.6) 式は，この区間 $I(\bar{X})$ が母平均 μ をうちに含んでいる確率が $(1-\alpha)$ であることを意味している。

　この区間の実現値は，$\bar{x} \pm z_{\alpha/2} \sigma/\sqrt{n}$ である。これを，**信頼水準** $(1-\alpha)$ の母平均の**信頼区間**という。これが，区間推定である。

　実際には，分散 σ^2 が未知であることが多いので，やはり標本の標準偏差と t 分布を用いて，

$$\left[\bar{x} - t_{\alpha/2}\frac{s_x}{\sqrt{n}}, \quad \bar{x} + t_{\alpha/2}\frac{s_x}{\sqrt{n}}\right] \tag{11.7}$$

を信頼水準 $(1-\alpha)$ の信頼区間とする。たとえば，先ほどの例では，$\bar{x}=640$，$s_x=299.3$，$n=309$，および $t_{.025}(308)=1.9677$ なので，

$$[606.50, \quad 673.50]$$

の区間が，母平均 μ の信頼水準 95％の信頼区間になる。

2. 比率の差の検定

これまで説明した比率や平均の検定は，たとえば「内閣支持率は 50％を超えているのか」とか「個人の平均年収は 600 万円を超えているか」というように，比率や平均がある特定の値に等しいかあるいはそれを上回っているか下回っているかどうかといった問題に適用することができる。しかし，検定においてもっと一般的なのは，むしろ**異なる集団や特性の間で**比率や平均が異なっているのかどうかという問題であることが多い。たとえば，「内閣支持率は 1 ヶ月前と比べて本当に下落したのか」とか，「個人の平均年収は学歴によって差があるのか」というような問題である。

ここでまず比率に違いがあるかどうかを検定する方法を説明しよう。こうした問題は一般に，「異なる母集団における比率の大きさに差があるか」として定式化できる。たとえば，1 ヶ月前と今月との内閣支持率の違いというのは，1 ヶ月前の母集団と今月の母集団との違いである（母集団を構成する人はほとんど変わっていないかもしれないが，人の意識は変化している可能性があるので，厳密には異なる母集団になる）。あるいは，同一の調査のなかで，男性回答者と女性回答者との違いをみる場合でも，あたかも，男性からなる母集団と女性からなる母集団からの別々の調査だとみなすことができる。

いま，40 歳代の女性を対象にした表 11.1 のような調査データがあるとしよう。

一見して，回答者が有職か無職かで賛成率に非常に大きな違いがあることがわかる。しかし，これが標本データであることによる偶然の結果でないかどう

表 11.1　40 歳代女性の性別役割分業意識

回答者の仕事の有無	賛成(人)	%	反対(人)	%	標本数
有職	154	28.0	396	72.0	550
無職	88	45.1	107	54.9	195

(注)　具体的には、「男性は外で働き、女性は家庭を守るべきである」という意見について、「そう思う」と「どちらかといえばそう思う」が「賛成」に分類されている。

かを検定によってチェックしてみたい。

ここで、40 歳代の有職の女性の集合を母集団 1 とし、無職の女性の集合を母集団 2 とする。それぞれの母集団における性別役割分業に対する賛成率を π_1 と π_2 とする。

帰無仮説は、「H : $\pi_1 = \pi_2$」である。これは、

$$H : \pi_1 - \pi_2 = 0$$

とも表現できる。対立仮説は「K : $\pi_1 < \pi_2$」、すなわち、

$$K : \pi_1 - \pi_2 < 0$$

とする。(むろん、$\pi_1 \neq \pi_2$ を対立仮説とすることも考えられる。)

標本統計量としては、前節と同様に標本比率を用いるが、ここではとくに二つの標本比率の差である「$D = P_1 - P_2$」が用いられる。

いま、帰無仮説が正しければ、π_1 と π_2 とは等しいから、これを π_0 で表すとしよう。そうすると、標本比率の差 D は、次のように確率分布する。

標本比率の差の分布

帰無仮説 H : $\pi_1 = \pi_2 = \pi_0$ のもとで、標本比率の差 $D = P_1 - P_2$ は、

$$平均\quad \mu_D = 0$$

$$分散\quad \sigma_D^2 = \pi_0(1 - \pi_0)\left(\frac{1}{n_1} + \frac{1}{n_2}\right)$$

(11.8)

で、近似的に正規分布に従う。

ただし、n_1 と n_2 はそれぞれの母集団からの標本数で、いまの例の場合、$n_1 = 550$、$n_2 = 195$ である。

したがって、母比率が等しいという帰無仮説のもとで、$\pi_1 - \pi_2 = 0$ なので、

$$Z = \frac{P_1 - P_2}{\sqrt{\pi_0(1-\pi_0)\left(\dfrac{1}{n_1}+\dfrac{1}{n_2}\right)}} \tag{11.9}$$

が近似的に標準正規分布に従う。観測された標本比率をこれに代入して観測された z を求め，極端な値であれば帰無仮説が棄却される。

ただし，一般には二つの母集団に共通だと仮定された母比率 π_0 の値が未知であって，このままでは z は計算できない。そこで通常は π_0 の**推定値**として二つの標本比率のウェイトづけ平均である，

$$\pi_0^* = \frac{n_1 p_1 + n_2 p_2}{n_1 + n_2} \tag{11.10}$$

を利用する（こうしても，Z が近似的に標準正規分布するという性質は基本的に保たれる）。表 11.1 のデータでは

$$\pi_0^* = \frac{550 \times 0.28 + 195 \times 0.451}{550 + 195} = 0.325$$

よって，

$$z = \frac{.280 - .451}{\sqrt{.325(1-.325)\left[\dfrac{1}{550}+\dfrac{1}{195}\right]}} = -4.38$$

この値はあきらかに棄却域に入っている。したがって，帰無仮説 H は棄却され，このデータからは母集団において，「無職の方が性別役割分業に賛成する傾向が高い」といえる。

コラム 8　内閣を「支持しない」は「支持」を上回っているか

よく世論調査で，「内閣不支持率が支持率を上回った」というような報道がなされる。しかし，標本データがそうだからといって，有権者全体についてもそうだということができるだろうか。この問題は，**同一の母集団内での異なる比率を比較している**ので，本文中のやり方は使えない。その代わり次の方法がある。二項選択型の回答で，DK や NA を除いた回答比率を P_1 と P_2 とする。

このとき

$$|P_1 - P_2| > \frac{z_\alpha}{\sqrt{n}} \tag{11.11}$$

であれば，危険率 α で「母集団でも差がある」ということができる。α を 0.05 として，いくつかの標本数について計算すれば，表 11.2 のようになっている。案外と大きな差がなければいけないといえるだろう。たとえば，不支持が 51.5 ％，支持が 48.5 ％では，たとえ標本数が 2,000 であっても，有権者全体で不支持が上回っているとはいえないのである。

表 11.2 同一母集団の 2 つの比率に差があると判断しうるための標本比率における差の下限（危険率 0.05）

n	有意であるための比率の差
100	16.6%
500	7.4%
1,000	5.2%
2,000	3.7%

3. 平均の差の検定

3.1 二つの母集団の平均の差

平均の場合も，一つの母集団の平均の値が問題になるよりも，ある変数の平均が二つ以上の母集団の間で異なっていないかどうかを問題にすることの方が多い。男女間での所得格差，学力は低下したか，親の階層によって子供の勉強時間に差があるか，というような問題である。二つの母集団の間で平均値が等しいかどうかの検討には平均の差の検定を用いる。これは，t 分布を用いるところから **T 検定** ともよばれる。三つ以上の母集団については，**分散分析** を用いるのが普通である。ここでは前者についてのみ説明する。

たとえば，次の表 11.3 のような無作為標本からなるデータがあったとする。データ上では 50 歳代の平均収入の方がやや高い。はたして，母集団においても二つの年齢層の間で平均収入に差があるといえるだろうか。

まず問題を定式化しよう。40 歳代を集団 1 とし，50 歳代を集団 2 とする。それぞれの母平均を μ_1, μ_2, 母分散を σ_1^2, σ_2^2 とする。帰無仮説は，

$$H : \mu_1 = \mu_2$$

である。対立仮説は，

3. 平均の差の検定

表 11.3　40 歳代と 50 歳代の男性の年間個人収入

	平均（万円）	標準偏差	n
40 歳代	640.0	299.3	309
50 歳代	666.4	372.0	207

（注）標準偏差は不偏分散をもとにしたもの。

$\mathrm{K} : \mu_1 < \mu_2$

としてみよう。すなわち，「母集団では，50 歳代の平均個人収入のほうが 40 歳代のそれよりも高いかどうか」を問うのである。検定は片側検定となる。

さて，もしも**母分散が知られているのなら**，H が真のとき，次の標本統計量 Z が近似的に標準正規分布をすることを用いて H を検定することができる（分子の $\mu_1 - \mu_2$ は H のもとで 0 と仮定される）。

$$Z = \frac{\overline{X}_1 - \overline{X}_2 - (\mu_1 - \mu_2)}{\sqrt{\dfrac{\sigma_1^2}{n_1} + \dfrac{\sigma_2^2}{n_2}}} \tag{11.12}$$

しかし，一般には母分散は知られていないのが普通である。そこでやはり標本不偏分散を用いる。ただし，二集団の母分散が等しい（$\sigma_1^2 = \sigma_2^2$）か否かによって，検定のしかたが次の 2 通りに分かれる（どちらを用いるかは *3.4* で述べる）。

3.2　$\sigma_1^2 = \sigma_2^2$ のとき

(11.12) 式に母分散の推定値を代入したものが t 分布をすることを用いる。この推定値は次の**プールされた標本分散** s_p^2 で与えられる（二つの不偏分散の自由度によるウェイトづけ平均になっている）。

$$s_p^2 = \frac{(n_1 - 1)s_1^2 + (n_2 - 1)s_2^2}{n_1 + n_2 - 2} \tag{11.13}$$

そして，帰無仮説 H のもとで，次の T が自由度（$n_1 + n_2 - 2$）の t 分布に近似的に従う。

$$T = \frac{\overline{X}_1 - \overline{X}_2}{s_p \sqrt{\dfrac{1}{n_1} + \dfrac{1}{n_2}}} \tag{11.14}$$

実際に，表11.3について計算してみよう．データを（11.13）式に代入して，

$$s_p^2 = \frac{308 \times 299.3^2 + 206 \times 372.0^2}{309 + 207 - 2} = 109139.87$$

よって，$s_p = 330.36$．これを用いて，

$$t = \frac{640.0 - 666.4}{330.36 \times \sqrt{\dfrac{1}{309} + \dfrac{1}{207}}} = -0.890$$

自由度 $514 (= 309 + 207 - 2)$ の t 分布表は標準正規分布で代替できる．5%の有意水準で考えれば，$z_{0.05} = 1.64$ なので，$t = -0.890$ という値は，明らかに受容域に入る．したがって，帰無仮説は棄却できない．すなわち，50歳代の平均個人収入の方が40歳代のそれよりも高いとはいえない（いまの場合，両側検定でも受容域に入る）．

3.3　$\sigma_1^2 \neq \sigma_2^2$ のとき

このときはプールされた標本分散は使えないので，二つの標本不偏分散をそのまま用いた，次の統計量 T を用いる．

$$T = \frac{\overline{X}_1 - \overline{X}_2}{\sqrt{\dfrac{s_1^2}{n_1} + \dfrac{s_2^2}{n_2}}} \tag{11.15}$$

この T は，帰無仮説が真であるとき，次式で定義される df の大きさの自由度をもつ t 分布に従う．

$$df = \frac{(n_1 - 1)(n_2 - 1)}{(n_2 - 1)C^2 + (n_1 - 1)(1 - C)^2} \tag{11.16}$$

$$\text{ただし，} C = \frac{\dfrac{s_1^2}{n_1}}{\dfrac{s_1^2}{n_1} + \dfrac{s_2^2}{n_2}}$$

ここでは自由度が複雑になっている．表11.3のデータについて，まずこの自由度 df を実際に計算してみると次のようになる．

$$\frac{s_1^2}{n_1} = \frac{299.3^2}{309} = 289.90, \quad \frac{s_2^2}{n_2} = \frac{372.0^2}{207} = 668.52$$

$$C = \frac{289.90}{289.90 + 668.52} = 0.3025$$

$$df = \frac{(309-1)(207-1)}{(207-1) \times .3025^2 + (309-1) \times (1-.3025)^2} = 376.11$$

また,

$$t = \frac{640.0 - 666.4}{\sqrt{\dfrac{299.3^2}{309} + \dfrac{372.0^2}{207}}} = -0.853$$

(11.14) 式を用いたときと比べて, t 値はあまり変わってない。自由度の方は, やや小さくなっている。しかし, それでもなお非常に大きいので, t 分布の代わりに標準正規分布を用いてよい。そうすると, -0.853 は受容域に入るから, 結局, 母分散が異なるとしても, 帰無仮説は棄却できない。(統計ソフトを用いると, 厳密に t 分布を用いた計算結果が出力される。)

3.4 母分散が等しいか否かの検定

いまの例では結論は同じだったが, 一般には上の *3.2* の方法を使うのか, それとも *3.3* の方法を使うのか選択しなければならない。この選択は, 「母分散が等しいか否か」をデータから判断することによって決定する。

母分散が等しいかどうかを判断するために,

$$H : \sigma_1^2 = \sigma_2^2$$

という帰無仮説を立て, これを検定するのである。対立仮説は, $K : \sigma_1^2 \neq \sigma_2^2$ になる。

二つの標本不偏分散のうち, 大きい方を s_A^2, 小さい方を s_B^2 とする。この二つの分散の比 F は, 母分散が等しいという帰無仮説 H が真なるとき, 自由度 (n_A-1, n_B-1) の **F 分布**に従っている。

$$F = \frac{s_A^2}{s_B^2} \tag{11.17}$$

F 分布というのは, 0 より大きい値をとる確率分布であり, 二つの自由度で規定されている。自由度の順序を逆にした F 分布はもとの確率変数 F の逆数 $1/F$ の分布になっている。つまり, どちらか一方の比だけをみればいいので,

一般的には**大きい方を分子**にして，F を求め，F が1よりも大きな値をとる方向に棄却域を設ける。すなわち，有意水準を α とするとき，

$F > F_{\alpha/2}(\nu_A, \nu_B)$ ならば，帰無仮説を棄却する，さもなければ受容する。というふうに判断するのである。これは実質的には両側検定になっている。これを**分散比の検定**という。

いまの例では集団2の標本不偏分散の値の方が大きい。したがって，この場合は順序を逆転させて，

$$F = \frac{s_2^2}{s_1^2} = \frac{372.0^2}{299.3^2} = 1.545$$

が $F(n_2-1, n_1-1) = F(206, 308)$ に従うことを利用する。

ただし，残念ながら，このような大きな自由度に対応する F 分布の値は通常の数表には掲載されていない。掲載されている中で最も近い自由度のものを利用したり，そこから推定したりするやり方もあるが，現在ではさまざまな計算ソフトを利用することができる。たとえば，Excel 2000 に用意されているFDIST という関数を用いて，「FDIST (1.545, 206, 308)」を適当なセルに定義すると，そのセルに自由度 (206, 308) の F 分布において $F=1.545$ の値の上側確率が「0.000271」と表示される。よって，この場合，通常の有意水準 α に対して，分散が等しいという帰無仮説は棄却されることがわかる。このことは，先にのべた T 検定の二つの方法のうち，3.3 の方を用いるべきだということを意味している。

この平均の差の検定は，手計算で行おうとすると非常に面倒なものであるし，分布の数値表も十分には用意されていないことが多い。しかし，幸いなことに，平均の差を検定してくれるプログラムが SPSS や SAS などの汎用統計分析ソフトに用意されているので，われわれは通常はそれを利用すればよい（「通常は」というのは，われわれが個票データを利用できるときのこと。もし，データが表 11.3 の形式でしか与えられていないなら，残念ながら手計算をするしかない）。これらのソフトでは一般に 3.2〜3.4 までの三つの検定結果を出力することができる。われわれはまず 3.4 の結果をみて，母分散が等しいとみなしうるか否かを判断し，その結果に基づいて，3.2 もしくは 3.3 の結果をみればよい。（統計ソフトによっては，3.4 の分散比の検定の方法として，ここで述べたもので

はなく，Bartlett 検定や，Levene 検定を使っていて，異なる F 値が示されていることがある。しかし，分散が等しいという帰無仮説の棄却・受容の結論には，実質的に違いはないと考えていい。）

コラム 9　F 分布の形と性質

　図 11.1 にいくつかの自由度について，F 分布の密度関数のグラフを示してみた。自由度が大きくなるに従って，しだいに 1 の回りに分布が集まってくることがわかる。F 分布の特徴は上側確率が α になる F の値は，自由度の順序を逆にした F 分布の下側確率が α になる F の値の逆数に等しくなっていることである。すなわち，

$$F_\alpha(\nu_A, \nu_B) = \frac{1}{F_{1-\alpha}(\nu_B, \nu_A)}$$

したがって，

$$F > F_\alpha(\nu_A, \nu_B) \Leftrightarrow \frac{1}{F} < F_{1-\alpha}(\nu_B, \nu_A)$$

となっているので，標本分散の比としては，1 より大きい方だけをチェックすればいいのである。

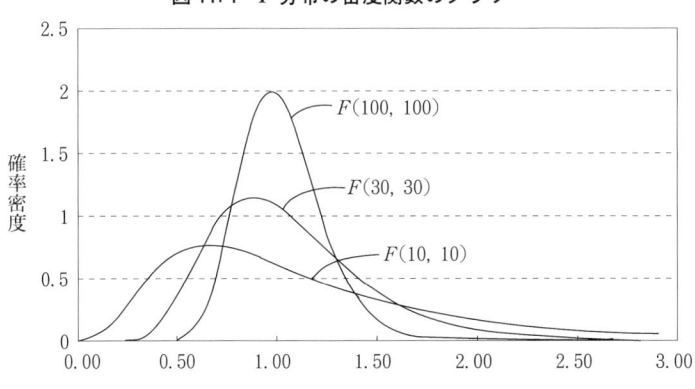

図 11.1　F 分布の密度関数のグラフ

*** 第11章　練習問題　***

11.1 「男性は外で働き，女性は家庭を守るべきである」という意見への賛否を問う，女性を対象とする調査で，年齢別に次のような結果がえられた。母集団においても，30代の方が40代よりも賛成率が高いといえるかどうか，検定しなさい。

	賛成率	標本数
30代	34.75%	541
40代	32.48%	745

11.2 毎年行われている社会調査法の授業の期末試験において，ある年度のクラスAのものと同一の試験問題をその5年後のクラスBにも出題したところ，二つのクラスの成績は以下のようであった。かりに，この二つのクラスが何らかの異なる母集団からの無作為標本だと考えられるとすれば，このデータから，それぞれの母集団における「社会調査法の真の成績」について，(1)差があるといえるか否か，(2)クラスBの母集団の方が成績がよいといえるか否かを，それぞれ検定せよ。（標準偏差は，不偏分散からのもの）

	平均	標準偏差	人数
クラスA	74.85	12.60	47
クラスB	79.51	14.38	53

第12章
クロス表と相関係数

　年齢の高い人ほど内閣を支持する傾向が高いのか，父の階層と子供の階層とはどのように関連しているのか，あるいは性別役割分業についての考え方は人々の職業によってどう異なるのか，というような問題は，二つの変数のあいだの関連の度合いや関連のしかたを統計的に分析することによって探求することができる。そのための分析道具としてもっとも基本的なのが，クロス表と相関係数である。

1. クロス表

1.1 クロス表の例

　二つのカテゴリカルな変数のあいだの関連のしかたをみるための最も基本的なやり方は，**クロス表**（cross tabulation，分割表ともいう）を作成することである。

　たとえば，インターネットの利用状況について質問への回答（変数 Y）を，回答者の年齢（変数 X）とクロスさせるとしよう。年齢を「20〜39歳」と「40〜59歳」の2カテゴリーにまとめ，インターネットの利用状況が三つの回答選択肢からなっているとすれば，X と Y の値の組合せは 2×3＝6 通りになる。それはたとえば，表12.1のようなクロス表になるだろう（量的な変数でも，値の範囲を区切ってカテゴリカルな変数に変換すれば，クロス表に表すことができる）。

表 12.1 年齢とインターネットの利用

		Y インターネットの利用状況			計
		(1)現在利用している	(2)利用していないが近く利用したい	(3)利用するつもりはない	
X 年齢	1. 20〜39歳	54	48	18	120
	2. 40〜59歳	63	72	45	180
	計	117	120	63	300

　クロス表の中核部分をなすのは，太枠内の**セル度数**（cell frequency）である。これは値の組合せのそれぞれについて，該当するケース数を示したものである。たとえば左上の数値「54」は，年齢が「20〜39歳」でかつ「現在，インターネットを利用している」と回答したケース数が 54 であることを示している。

　クロス表では横の並びを**行**（row），縦の並びを**列**（column）とよび，行は上から順に 1 行目，2 行目，……と数え，列は左から順に 1 列目，2 列目，……と数える。

　この表の太枠の外側には行ごとあるいは列ごとのセル度数の合計である**周辺度数**が示されていて，それぞれ**行和**および**列和**という。また，これらの分布を**周辺分布**（marginal distribution）という。そして右下の「300」は**全体度数**（total frequency）を示している。

　一般的な k 行 l 列のクロス表を記号で表現すると表 12.2 のようになる。

表 12.2 クロス表の一般型

					行和↓
n_{11}	n_{12}	… n_{1j}	…	n_{1l}	$n_{1\cdot}$
n_{21}	n_{22}	… n_{2j}	…	n_{2l}	$n_{2\cdot}$
		⋮			
n_{i1}	n_{i2}	… n_{ij}	…	n_{il}	$n_{i\cdot}$
		⋮			
n_{k1}	n_{k2}	… n_{kj}	…	n_{kl}	$n_{k\cdot}$
列和→ $n_{\cdot 1}$	$n_{\cdot 2}$	… $n_{\cdot j}$	…	$n_{\cdot l}$	$n_{\cdot\cdot}$

1. クロス表

n_{ij}：第 i 行第 j 列のセル度数

$n_{i.}$：第 i 行の行和

$n_{.j}$：第 j 列の列和

$n_{..}$：全体度数（ただし，以下では単に n と記す）

「n_{ij}」における 2 つの下付き添字（suffix）のうち，「i」は行番号を，「j」は列番号を表している。一般に「行・列」の順に記すことになっている。（この章の 1～3 節では i や j はケース番号ではないことに注意。）

クロス表における変数間の関連の構造は，度数のままではなく，比率ないしパーセントで表示した方がわかりやすい。比率には，基本的に次の 3 種類がある。

行パーセント：$\dfrac{セル度数}{行和} = \dfrac{n_{ij}}{n_{i.}}$

列パーセント：$\dfrac{セル度数}{列和} = \dfrac{n_{ij}}{n_{.j}}$

全体パーセント：$\dfrac{セル度数}{全体度数} = \dfrac{n_{ij}}{n_{..}}$

表 12.1 を行パーセントと列パーセントで表すと，表 12.3 のようになる。

表 12.3　パーセントで表したクロス表（表 12.1 より）

	a. 行パーセント表示					b. 列パーセント表示			
	(1)	(2)	(3)	計		(1)	(2)	(3)	計
1.	45.0	40.0	15.0	100.0	1.	46.2	40.0	28.6	40.0
2.	35.0	40.0	25.0	100.0	2.	53.8	60.0	71.4	60.0
計	39.0	40.0	21.0	100.0	計	100.0	100.0	100.0	100.0

行パーセントでみると，若年層でインターネットを利用している人の割合（45 %）が，中年層（35 %）よりも高く，逆に中年層は，利用するつもりのない人の割合が若年層よりも高い。このように，行パーセントは，行変数 X の値で分けられた集団の間での，列変数 Y の値の分布の違いを比較するのに適している。

逆に，列パーセントでみると，すべての列で中年層の割合の方が高いという一般的傾向がみえるが，その中では，「(3)利用するつもりはない」が 71.4 % で

とくに高く,「(1)利用している」は相対的に低い。

1.2 クロス表の表示のしかたと読み方の一般原則

もしも2変数XとYの間に,「XがYに先行するという因果的あるいは時間的な順序」が想定できるのであれば,クロス表の表示のしかたと読み方について,次の一般原則が適用できる。

① Xの各値が各行になるように,Xを左側におき,
② 行パーセントを表示し,
③ 異なる行,すなわちXの異なる値の間で,Yに関する行パーセントの分布パターンを比較する。

いまの場合,「年齢」と「インターネット利用」の間では,年齢の方が因果的に先行すると考えられる(逆の方向,つまりインターネットの利用のしかたが年齢に因果的に影響する——たとえば,利用していると実年齢が若くなる——ということは,考えられない)。したがって,年齢を左側において行パーセントを比較するのがよいということになる。

ただし,いつでも因果的あるいは時間的な順序が想定できるとは限らない。たとえば,「携帯利用」や「階層帰属意識」と「インターネット利用」との順序はつけにくい。そのような場合でも,もしも,分析の関心が「Xの値によってYの分布はどう異なっているだろうか」というように特定化されているのであれば,その分析関心における変数間の順序にしたがって,上のように考えればいい。

しかし,それさえも想定できない場合(たとえば,夫の学歴と妻の学歴など)には,上の原則は適用できないので,さまざまな角度からの分析を行うしかない。

1.3 独立分布

◇ 独立の定義

クロス表において関連のしかたを分析するためには,「関連がない」という仮想の分布を基準にして考えるのが普通である。「関連がない」ということをテクニカルには「独立だ」という。独立なクロス表とは,次の条件が成立して

いるものとして定義され，このとき，「クロス表を構成している X と Y は**独立である**（independent）」という（この「独立」の概念は，確率論での考え方と等しい）。

クロス表が独立であるための必要十分条件

$$すべての i, j の組合せについて，\frac{n_{ij}}{n}=\frac{n_{i\cdot}}{n}\times\frac{n_{\cdot j}}{n} \quad (12.1)$$

それぞれの項を記号 p を用いた比率で表現すれば，この条件は，次のように表される。

$$p_{ij}=p_{i\cdot}\times p_{\cdot j} \quad (12.2)$$

表 12.4 独立なクロス表の例

	(1)利用	(2)利用したい	(3)なし	計
1. 20〜39歳	60	36	24	120
2. 40〜59歳	90	54	36	180
計	150	90	60	300

たとえば，表 12.4 が独立なクロス表の例である。この例からわかるように独立なクロス表は，次の性質をもっている。

① 行の内部における度数分布の比が，すべての行で等しい。たとえば表 12.4 では各行の度数はすべて 5 : 3 : 2 の比になっている。

② 列の内部における度数分布の比が，すべての列で等しい。表 12.4 では，2 : 3 の比になっている。

③ また逆に①もしくは②が成立していれば，そのクロス表は（12.1）式の意味で「独立」である。

二つの変数 X と Y からなるクロス表が独立なものであれば，変数 X の分布と Y の分布は「独立」であり，両者は無関連だと考える。そして，独立でないならば何らかの**関連がある**とみなす。

独立かどうかは，行パーセントもしくは列パーセントをみればすぐにわかる。なぜなら，独立であれば行パーセントの数値がすべての行で一致しているはずであるし，列パーセントについても同様だからである。

表12.1のクロス表が独立ではないことは，表12.3の行パーセントもしくは列パーセントの数値からわかる。年齢層とインターネット利用とは関連しているのである。具体的には，若年層の方が利用率が高いという関連を見出すことができる。

◇ 仮想的独立分布

あとに述べる関連度の指標やクロス表の検定では，「もしも分布が独立だったとしたら」という仮想的な分布を想定することが重要になる。ある観測されたクロス表について，その仮想的な独立分布は，**周辺分布は観測値に等しい**という前提をおいて求められる。この前提のもとで，独立な分布を示す仮想的なセル度数 F_{ij} を**期待度数**といい，

$$F_{ij} \equiv \frac{n_{i.} n_{.j}}{n} \tag{12.3}$$

で求められる（この F は，F 分布とは無関係）。この右辺の式は，独立性の式 (12.1) の右辺に，全体度数 n を乗じたものである。

表12.1のデータについて，仮想的な独立分布を計算すると，表12.5のようになる。

表 12.5　表 12.1 の独立な期待度数

	(1)	(2)	(3)	計
1. 20〜39歳	46.8	48.0	25.2	120
2. 40〜59歳	70.2	72.0	37.8	180
計	117	120	63	300

2. 関連度の指標

2.1 「関連がある」とは「独立ではないこと」

クロス表における二つの変数の関連には，「関連がない（＝独立）」状態から「最大に関連している」状態まで，さまざまな度合いがある。この度合いを表すために非常に多くの指標が考案されている。ここでは，いくつかの基本的なものだけを説明しておこう。

2. 関連度の指標

表 12.6 2×2 表の例（表 12.1 より）

	現在利用している	利用していない	計
若年層	54	66	120
中年層	63	117	180
計	117	183	300

まず，クロス表が「最大に関連している」とはどういうことかをみておこう。単純化のために2×2表を用いて説明しよう。いま表12.1のデータで，インターネット利用状況の回答のうち(2)と(3)を合わせて「利用していない」という回答カテゴリーを作ると，表12.6の2×2表になる。

仮想的な最大関連の分布も，独立分布のときと同じように，「周辺度数を固定して考える」。したがって，マイナスで最大関連，独立，プラスで最大関連，の三つの仮想的な分布を作ると，表12.7のようになる。

最大関連だからといって，必ずしも対角セル度数もしくは非対角セル度数がすべて0になるわけではないことに注意しよう。

表 12.7 関連度が異なる仮想的なクロス表

(a)	マイナスで最大関連			(b)	独立			(c)	プラスで最大関連	
0	120	120		46.8	73.2	120		117	3	120
117	63	180		70.2	109.8	180		0	180	180
117	183	300		117	183	300		117	183	300

2.2 2×2表のときの関連度の指標

二つの変数がともに二つの値しかとらないときは，便利な指標が多い。まず一般的な2×2表を表12.8のように表す。独立な分布では，$a:b=c:d$，すなわち$ad=bc$が成立

表 12.8 一般的な 2×2 表

a	b	$a+b$
c	d	$c+d$
$a+c$	$b+d$	n

しているので，観測値がこの式から乖離するほど，関連度が高いと考えることができる。ここでは，四つの指標を紹介しておこう。

四分点相関係数（ϕ（ファイ）係数）

$$\phi = \frac{ad - bc}{\sqrt{(a+b)(c+d)(a+c)(b+d)}} \tag{12.4}$$

これは，独立なときに 0，最大関連のときにプラス 1 もしくはマイナス 1 をとる（ただし，$b \neq c$ であれば $|\phi$ の最大値$| < 1$ になる）。

ϕ 係数は，あとで述べる量的変数の相関係数の考え方に等しい。

ユールの連関係数（Q）

$$Q = \frac{ad - bc}{ad + bc} \tag{12.5}$$

Q は，クロス表が独立なときに 0 で，かつ必ず $-1 \leq Q \leq 1$ となる。

対数オッズ比

$$\beta = \log \frac{ad}{bc} \tag{12.6}$$

「オッズ」とは，「勝つ見込み」のことで，競馬などでの賭け率も「オッズ」とよばれる。クロス表では，a/b や c/d のような二つのセル度数の比を「オッズ」と考え，さらに，二つのオッズの比である，

$$\frac{\frac{a}{b}}{\frac{c}{d}} = \frac{ad}{bc}$$

のことを「オッズ比 odds-ratio」という。対数オッズ比はさらにこの自然対数をとったものである。

対数オッズ比は，独立なときに 0，関連が強くなると，プラス方向ないしマイナス方向に 0 から離れた値をとる。残念ながら上限はない。なお，b もしくは c が 0 のときは計算できない。

安田の開放性係数（Y）

階層移動の度合いの指標として，社会学者の安田三郎が考案したものに，開放性係数がある。これは「階層移動」の量を表す非対角セル（b もしくは c）の観測度数がどれだけ独立な分布に近いかを尺度化したもので，独立なとき（階層の開放性が大きい）に 1，完全に閉鎖的（最大の正の関連のとき）に 0 をとるようになっている（図 12.1 参照）。

2. 関連度の指標

図 12.1 安田の開放性係数

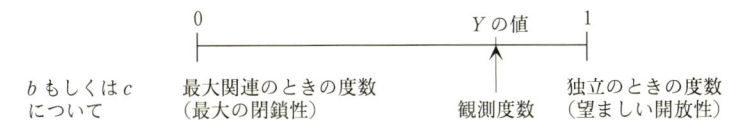

```
        0                                    Yの値          1
        ├───────────┬──────────────────────┬─────────────┤
                                            ↑
  bもしくはc    最大関連のときの度数        観測度数       独立のときの度数
  について      （最大の閉鎖性）                           （望ましい開放性）
```

具体的には，b もしくは c について，

$$Y = \frac{観測度数 - 最大関連のときの度数}{独立期待度数 - 最大関連のときの度数} \tag{12.7}$$

で定義される。これは b と c のどちらに注目しても同じ結果になる（もしも $b > c$ であれば，b の最大関連の度数は $b-c$ で，c のそれは 0 になる）。

計算式は，

$$\left. \begin{array}{l} b \geqq c \text{ のとき，} Y = \dfrac{c(a+b+c+d)}{(a+c)(c+d)} \\[2mm] b \leqq c \text{ のとき，} Y = \dfrac{b(a+b+c+d)}{(a+b)(b+d)} \end{array} \right\} \tag{12.8}$$

となる。

安田の開放性係数は，父階層×子階層のように二つの変数が同一のカテゴリーからなる $k \times k (\geqq 2)$ のクロス表で用いられる。その際，ある一つのカテゴリー（i）と残りすべてを一つにまとめたかたちで 2×2 表に作り直したものについて，開放性係数を求める。それが「第 i 階層の開放性」になる。したがって，それぞれの階層カテゴリーごとに「開放性係数」が求められる。なお，安田の開放性係数は，他の指標と違って，独立なときに 0 ではなく 1 をとるようになっている。他との整合性からいえば，むしろ「$1-Y$」を「安田の閉鎖性係数」として用いる方がわかりやすいだろう。

表 12.6 のクロス表について，以上の指標値を求めると次のようになる。

四分点相関係数	0.100
ユールの連関係数	0.206
対数オッズ比	0.418
安田の開放性係数	0.897

2.3 一般の $k \times l$ 表のとき

χ^2 値

あとで述べるクロス表の独立性の検定で，次の χ^2（カイジジョウ）という統計量が用いられる。

$$\chi^2 \equiv \sum_{i=1}^{k}\sum_{j=1}^{l} \frac{(n_{ij}-F_{ij})^2}{F_{ij}} = n\left(\sum_{i=1}^{k}\sum_{j=1}^{l}\frac{n_{ij}^2}{n_{i.}n_{.j}}-1\right) \tag{12.9}$$

ただし，F_{ij} は，(12.3) 式で定義される周辺分布を固定したときの仮想的独立表の度数である。

χ^2 の値は，クロス表が独立分布に近いほど 0 に近くなり，独立分布から離れるに従って大きくなる。しかし，式からわかるように，セル度数が一律に a 倍になると χ^2 値も a 倍になってしまうので，直接，関連度の指標として用いることはできない。

この χ^2 値を用いた関連度の指標がいくつか存在する。そのうち最も代表的なものが次のクラメールの連関係数である。

クラメールの連関係数（V）

χ^2 値の最大値は $(\min(k, l)-1)n$ となる。このことから，

$$V = \sqrt{\frac{\chi^2}{(\min(k, l)-1)n}} \tag{12.10}$$

とおけば，$0 \leq V \leq 1$ となって，標本数や行数，列数に左右されない関連度の指標とすることができる。

表 12.1 の年齢とインターネット利用のクロス表について計算してみると χ^2 値は 5.275，クラメールの V は，0.133 になる。

なお，2×2 表の場合には，クラメールの連関係数は四分点相関係数に一致する。

3. クロス表の検定

観測データとしてのクロス表はさまざまな関連度を示すが，これはあくまで

標本として得られたデータの上でのことである。図 12.2 のように，それぞれのセルに対応する人々の割合が，母集団において $\pi_{11}\sim\pi_{22}$（計＝1）の比率で存在しているとする（図は，単純化のために 2×2 表で示した）。

図 12.2　母集団と標本

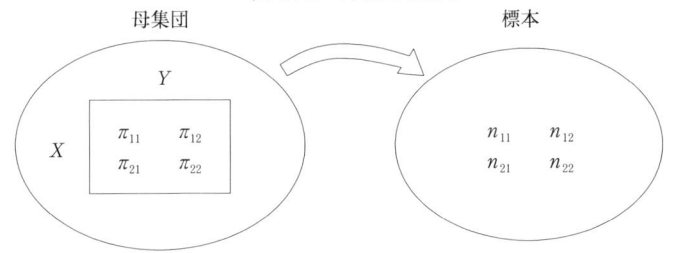

母集団

Y

X　π_{11}　π_{12}
　　π_{21}　π_{22}

標本

n_{11}　n_{12}
n_{21}　n_{22}

この母集団から無作為に n 人を抽出した結果，$n_{11}\sim n_{22}$ のセル度数が観測されたと考える。ここで，帰無仮説は「H：母集団において，X と Y の分布は独立である」とする。すなわち，一般のクロス表については，次の帰無仮説を立てることになる。

独立性の帰無仮説　H：すべての i, j の組について $\pi_{ij}=\pi_{i.}\times\pi_{.j}$　(12.11)

この帰無仮説のもとで，(12.9) 式で定義されている χ^2 値は自由度 $df=(k-1)(l-1)$ の χ^2 **分布**に従うことがわかっている（k は行数，l は列数）。χ^2 分布は，

図 12.3　χ^2 分布の密度関数

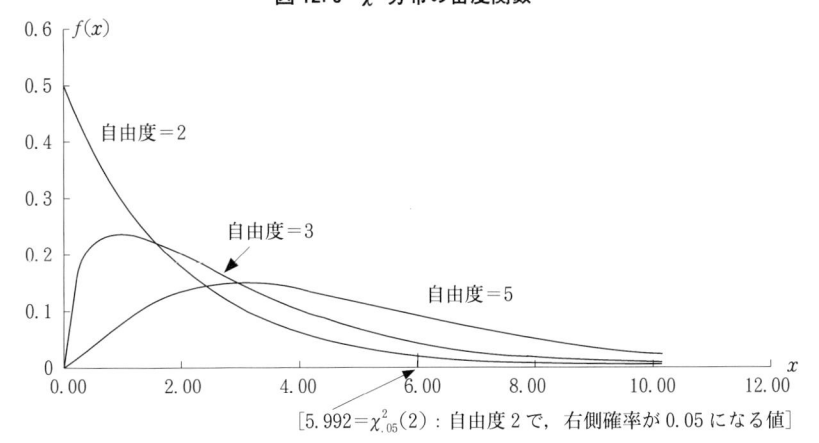

$f(x)$

自由度＝2
自由度＝3
自由度＝5

[$5.992=\chi^2_{.05}(2)$：自由度 2 で，右側確率が 0.05 になる値]

自由度の大きさによって異なるが，だいたい図12.3のようなかたちをしている。（密度関数の概念は，第15章参照。）もしも，帰無仮説 H が正しくなければ，標本統計量 χ^2 の値が大きくなって右裾の方に出現する。したがって，当該の自由度 df の χ^2 分布の右側確率 α の点を $\chi^2_\alpha(df)$ とすれば，「観測された標本統計量 χ^2 の値 $>\chi^2_\alpha(df)$」のとき帰無仮説 H を棄却し，「有意水準 α で，母集団において X と Y とは独立ではない」と判断する。さもなければ H を受容し，「母集団において X と Y とは独立ではないとはいえない」と判断する。

表12.1のクロス表の場合，標本の χ^2 値は5.275であった。自由度は2なので，付表4より，$\chi^2_{.05}(2)=5.992$ になっている。これからすると有意水準5％では帰無仮説 H は棄却できず，「年齢とインターネット利用に関係があるとはいえない」と判断することになる。

4. 相関係数

4.1 散布図と相関係数

二つの量的変数のあいだの関連のしかたは，一般に（ピアソンの積率）相関係数を用いて分析される。相関係数の考え方は，**散布図**（scattergram）をもとにするとわかりやすい。

X 軸と Y 軸からなる二次元の平面に各ケースの値の組 (x_i, y_i) の点をプロットしたものを**散布図**という。エクセルや統計ソフトを利用すると，簡単に散布図を描くことができる。図12.4に，中学生の国語の成績と数学の成績の散布図の例が示してある。

二つの量的変数の関係を表す基本的統計量に，次で定義される**共分散**（co-variance）がある。

$$\begin{aligned} s_{xy} &\equiv \frac{1}{n}\sum_{i=1}^{n}(x_i-\bar{x})(y_i-\bar{y}) \\ &= \frac{1}{n}\sum_{i=1}^{n}x_i y_i - \bar{x}\bar{y} \end{aligned} \quad (12.12)$$

散布図において点 $(\bar{x}, \bar{y})$ を中心にして，右上方向と左下方向とに位置する

4. 相関係数

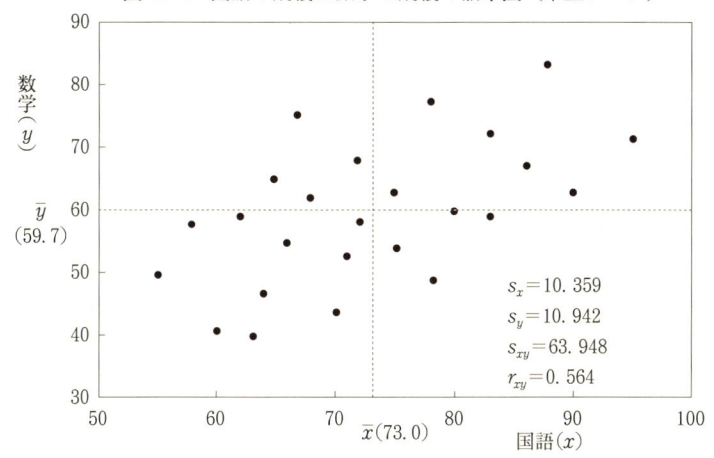

図 12.4 国語の成績と数学の成績の散布図（架空データ）

$s_x = 10.359$
$s_y = 10.942$
$s_{xy} = 63.948$
$r_{xy} = 0.564$

ケースが多くなれば，共分散 s_{xy} はプラスに大きな値をとる傾向をもつ．逆に，左上方向と右下方向に位置する傾向が多ければ，マイナスに大きな値をとる傾向をもつ．

共分散を二つの標準偏差で割ったもの，

$$r_{xy} = \frac{s_{xy}}{s_x s_y} \tag{12.13}$$

が，**相関係数**（correlation coefficient）である．図 12.4 のデータの場合，相関係数はすでに示してあるけれども，

$$r_{xy} = \frac{63.948}{10.359 \times 10.942} = 0.564$$

になっている（ここでは，分散と共分散は共に n で割ったものを用いた．統一して用いるのであれば，$n-1$ で割った不偏分散と共分散を用いても同じになる）．

なお，「相関係数」とよばれる指標はほかにもたくさんあるので，それらと区別するために「ピアソンの積率相関係数」という正式名称があるが，一般には，単に「相関係数」とよんでかまわない．

4.2 相関係数の性質

相関係数には次のような性質がある。

(1) 相関係数 r_{xy} は，最大関連のとき ± 1 の値をとり，無関連のとき 0 の値をとる。

(2) $+1$ の値をとるのは，x と y の間に $y=ax+b(a>0)$ という一次式で表される関係が存在しているときである。つまり，散布図において，ケース値 (x_i, y_i) がすべて正の傾きをもった直線の上に並んでいるときである。そして，相関係数が -1 になるのは，傾きが負の直線の上に並んでいるときである。

(3) したがって，相関係数 r_{xy} は，x と y の分布がどれだけ「直線的な関係」，いいかえれば「線形の関係」に近いかを測定しているのである。逆にもしも x と y の間に，$y=x^2$ のような関係があったとしても，そのようなデータの相関係数は 1 にならず，むしろ 0 に近くなる。

(4) 相関係数 r_{xy} は，各変数の一次変換に対して不変（ただし符号は変わりうる）である。すなわち，すべてのデータを

$$u_i = ax_i + b \quad (a \neq 0)$$
$$w_i = cy_i + d \quad (c \neq 0) \tag{12.14}$$

で変換したとき，新しい変数の相関係数 r_{uw} は，

$$r_{uw} = \begin{cases} +r_{xy} & ac>0 \text{ のとき} \\ -r_{xy} & ac<0 \text{ のとき} \end{cases} \tag{12.15}$$

となる。

したがって，たとえば所得と年齢との相関係数を求める場合，所得は円単位であっても，万円単位であっても，ドル単位であっても，あるいはまた，年齢を一律に 10 歳加えても，結果として得られる相関係数の値は同じである。

ところで，どのくらいの相関係数の値があれば「高い相関がある」といえるかということがしばしば問題になる。個人を単位とした社会調査データでは，0.5 を越えるような相関係数が得られることはかなり稀である。しかし，相関係数の値が大きいか小さいかは，あくまで相対的なものであって，いくらであれば「高い相関」で，いくら以下だと「低い相関」だというようなことを一般的に述べることはできない。ただ，次に述べる検定を用いて，「有意ではない相関係数」は低い相関だとみなしていいだろう。

4.3 相関係数の検定

相関係数の検定とは，一般に母集団における相関係数 ρ_{xy} （ロー）について，「H : $\rho_{xy}=0$」という帰無仮説を立て，それを観測された相関係数 r_{xy} を用いて検定することである。

これには，帰無仮説 H が真であるとき，

$$t = \frac{r_{xy}}{\sqrt{1-r_{xy}^2}}\sqrt{n-2} \tag{12.16}$$

が，自由度 $(n-2)$ の t 分布に従うことを用いる。したがって，平均の検定のときと同じように，自由度 $(n-2)$ の t 分布の上側確率 α の値を $t_\alpha(n-2)$ とすれば，r_{xy} の観測値から（12.16）式で t の値を求め，以下のようにして検定することができる。

> 対立仮説 K : $\rho_{xy} \neq 0$ ……$|t| > t_{\alpha/2}(n-2)$　で棄却　（両側検定）
> 対立仮説 K : $\rho_{xy} > 0$ ……$t > t_\alpha(n-2)$
> 　　　　　　$\rho_{xy} < 0$ ……$t < -t_\alpha(n-2)$　で棄却　（片側検定）

ちなみに，危険率 α で両側検定を行うとき，帰無仮説を棄却できるための標本相関係数の大きさの下限は表 12.9 のようになっている。

表 12.9 「H : $\rho_{xy}=0$」を棄却できる $|r_{xy}|$ の下限

n	$\alpha=0.05$	$\alpha=0.01$
100	.197	.256
400	.098	.129
1000	.062	.081

なお，「**母集団における相関係数** ρ_{xy}」について，簡単に説明しておこう。これは第 15 章「確率の基礎」の第 5 節で紹介している「確率変数の結合分布」を用いて概念化されている。二つの確率変数 X と Y が結合分布しているとき，その密度関数が，離散型のときは $p(x, y)$ で，連続型のときは $f(x, y)$ で表される。このとき，データの共分散と同じように，確率変数の共分散 $COV(X, Y)$ が，**期待値**の概念を用いて，

$$COV(X, Y) \equiv E((X-\mu_X)(Y-\mu_Y))$$
$$= \begin{cases} \sum_{1}^{\infty}\sum_{1}^{\infty}(x_i-\mu_X)(y_j-\mu_Y)p(x_i, y_j) & (離散型) \\ \int_{-\infty}^{\infty}\int_{-\infty}^{\infty}(x-\mu_X)(y-\mu_Y)f(x, y)dydx & (連続型) \end{cases} \quad (12.17)$$

で定義される。このとき，X と Y の相関係数 ρ_{xy} は，

$$\rho_{xy} \equiv \frac{COV(X, Y)}{\sigma_X \sigma_Y} \quad (12.18)$$

で定義される（σ_X と σ_Y はそれぞれ X と Y の標準偏差）。式のかたちは，データの相関係数の場合とおなじである。

　この ρ_{xy} は，X と Y の分布が独立であれば，必ず 0 になる。（X と Y が多変量正規分布に従っているときは，ρ_{xy} が 0 であれば X と Y は独立だという性質もある。）したがって，帰無仮説「H：$\rho_{xy}=0$」が棄却されれば，「X と Y は独立ではない」と判断することができるのである。

　標本データである (x_i, y_i) $(i=1, \ldots, n)$ の組は，図 12.5 に示したように，母集団において何らかの結合分布をしている確率変数 X と Y の実現値だと考えられる。したがって，標本値から得られる観測された相関係数 r_{xy} は，確率分布しているものからの実現値である。このため，母集団において X と Y が独立であって，したがって ρ_{xy} が 0 であっても，標本値としての相関係数

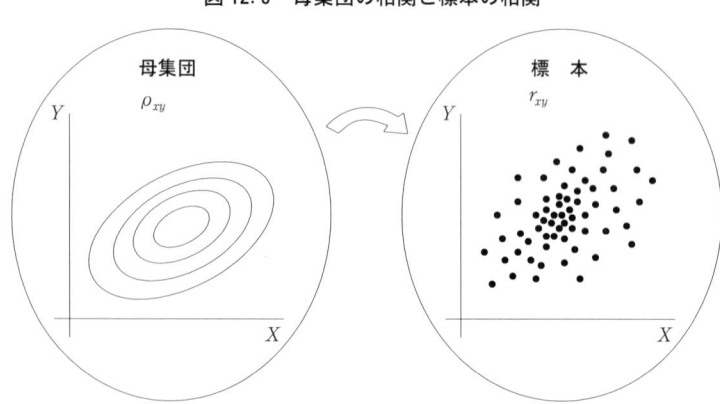

図 12.5　母集団の相関と標本の相関

r_{xy}は必ずしも0にはならない。しかし，その分布のしかたは（12.16）式がt分布するということに従うはずなので，それから外れる場合には帰無仮説の方が間違っていると考えるのである。

5. 順 位 相 関

カテゴリカル変数と量的変数の中間に順序変数というものがある。たとえば，3段階の階層帰属意識と5段階の生活満足度について，表12.10のようなクロス表が得られたとすれば，順序において最大の関連があると考えることができるだろう。順序だけに注目して，関連度の度合いを示す指標として，代表的な二つを以下に紹介しておこう（ほかにもたくさんあるが，ここでは省略する）。

表12.10 順序変数のクロス表の例

		生活満足度				
		1.非常に満足	2.やや満足	3.どちらともいえない	4.やや不満足	5.非常に不満足
階層帰属	1.上	20	0	0	0	0
	2.中	0	30	40	0	0
	3.下	0	0	0	20	10

5.1 グッドマンとクラスカルの順序連関係数 γ（ガンマ）

いま，値が小さいほど順位が上であることを示す変数xとyがあるとする。データの中のどの2ケース（1と2とする）も，xに関する順位の上下は，「$x_1 < x_2$」「$x_1 = x_2$」「$x_1 > x_2$」の三つの可能性がある。yも同様である。したがって，xにおける順位とyにおける順位の組合せは次の9通りがある。

表12.11 xにおける順位とyにおける順位の組合せ

	$y_1 < y_2$	$y_1 = y_2$	$y_1 > y_2$
$x_1 < x_2$	A	C	B
$x_1 = x_2$	C	C	C
$x_1 > x_2$	B	C	A

A：順位の向きが x と y で同一

B：順位の向きが x と y で逆

C：x ないし y もしくは両方で順位が等しい

すべての2ケースの対（ペア）は，上のAかBかCのどれかに属しているので，それぞれの対の数を次の記号で表す（対の数は，全部で $n(n-1)/2$ 個ある）。

$\sharp A$：Aに属すペアの数

$\sharp B$：Bに属すペアの数

$\sharp C$：Cに属すペアの数

これらは，x のカテゴリー数を I，y のカテゴリー数を J とするとき，次のようにして求められる。

$$\left.\begin{aligned}\sharp A &= \sum_{i=1}^{I-1}\sum_{j=1}^{J-1} n_{ij} \sum_{k=i+1}^{I}\sum_{l=j+1}^{J} n_{kl} \\ \sharp B &= \sum_{i=1}^{I-1}\sum_{j=2}^{J} n_{ij} \sum_{k=i+1}^{I}\sum_{l=1}^{j-1} n_{kl} \\ \sharp C &= \frac{n(n-1)}{2} - (\sharp A + \sharp B)\end{aligned}\right\} \quad (12.19)$$

このとき，グッドマンとクラスカルの順序連関係数は，

$$\gamma = \frac{\sharp A - \sharp B}{\sharp A + \sharp B} \quad (12.20)$$

で定義される。2×2表ではこの γ はユールの連関係数 Q に一致する。

5.2 スピアマンの順位相関係数 ρ（ロー）

順位の刻み方が細かいときには，順位の方向だけでなく，その差の大きさも考慮に入れて考えた方がいいだろう。とくに，x と y の両方とも，1から n まで完全な順位がついている場合には，この順位の値そのものを数量として，量的変数としての相関係数を計算することができる。すなわち，

$$\rho = \frac{s_{xy}}{s_x s_y} \quad (12.21)$$

である。これには，別の計算法として

$$\rho = 1 - \frac{6\sum_{i=1}^{n}(x_i - y_i)^2}{n(n^2-1)} \quad (12.22)$$

という式を用いることもできる。

　もしも同順位のものが存在するときは，ケース値として，対応する順位の平均値を与えて計算する。たとえば，x で第4位のケースが3個存在するときは，その3ケースの x の値には $(4+5+6)/3 = 5.0$ を与える。

　以上，本章では，2変数のあいだの関連の度合いを示すさまざまな指標と，母集団における関連の有無を統計的に検定する方法とを解説した。これらは，今日では統計ソフトを用いるとあっという間に計算して出力結果をみることができるようになった。このため，本章で示した計算式を用いてわざわざ自分で計算する必要はないといっていい。ただし，ここで次の点に注意しなければならない。それは，統計ソフトを用いる場合でも，それぞれの指標や検定法がどういう計算をしていて，出てきた数値にはどういう意味があるのかを正しく理解していなければ，統計ソフトの出力結果を有効に利用することはできないということである。このことは，本章で解説した分析法に限らずすべての統計的分析にいえることだが，とくにクロス表関連の指標は，もっとも頻繁に使われるものなので気をつけなければならない。ひとことで言えば，統計的分析法という道具は，その性能をよく理解して使うものだということである。したがって，自分でデータを計算する必要はなくなった今日でも，本章で述べた計算式はやはり理解しておかなければならないのである。

*** **第12章　練習問題** ***

12.1　ある意見についての賛否を性別で集計したところ，次のようなクロス表がえられた。このクロス表について，以下の問いに答えよ。

	賛成	やや賛成	反対	計
男性	16	8	6	30
女性	8	12	10	30

(a) χ^2 値を求めよ。

(b) 自由度はいくらか。

(c) このデータが母集団からの無作為標本であるとき，母集団で性別によって意見の分布が異なるといえるかどうかを有意水準5％で検定せよ。

(d) かりに，すべてのセルのケース数が2倍であったとき，検定結果はどうなるか。

12.2 次のような10ケースからなるデータの2変数 x と y について，それぞれの平均値，分散，および x と y の共分散と相関係数を求めよ。

x 1 1 2 3 4 5 7 8 9 10
y 2 4 6 1 8 5 3 9 5 7

12.3 x, y, z の3つの変数について，3ケースからなる次のデータがあるとする。ただし，d のところの値だけはっきりしていない。このデータについて，(a)(b)の問いに答えよ。

	ケース		
	(1)	(2)	(3)
x	-3	0	3
y	0	-1	4
z	d	-3	0

(a) x と y の共分散 s_{xy} を求めよ。

(b) d の値によって，共分散 s_{xz} と s_{yz} の符号はそれぞれどのように変化するか。

第13章
回帰分析を理解する

1. 回帰式と最小二乗法

　所得は学歴によってどのていど決まっているのだろうか，また学歴も親の階層であるていど決まっているのではないだろうか，というように，量的な変数 y の分布が，もう一つの変数 x の影響を受けているのではないかと推測されることは多い。このような推測がはたしてどれだけあたっているかを確かめるための一つの方法が回帰分析である。

　たとえば，ある高校のクラスで国語の成績（x）と数学の成績（y）とで図13.1のような散布図があるとする。相関係数を求めてみると $r_{xy}=0.564$ である。大まかな傾向として，図に示したような直線で表されるような関係が国語の成績と数学の成績の間にあるようにみえる。

　この直線は，一般的に，

$$y = a + bx \tag{13.1}$$

という方程式で表現できる。しかし，データのほとんどはこの直線から外れている。そこで，観測されたデータについては，

　　$y=x$ が影響する基本的な関係式＋誤差

というモデルを設定する。回帰モデルでは，これは，

$$y_i = a + bx_i + e_i \tag{13.2}$$

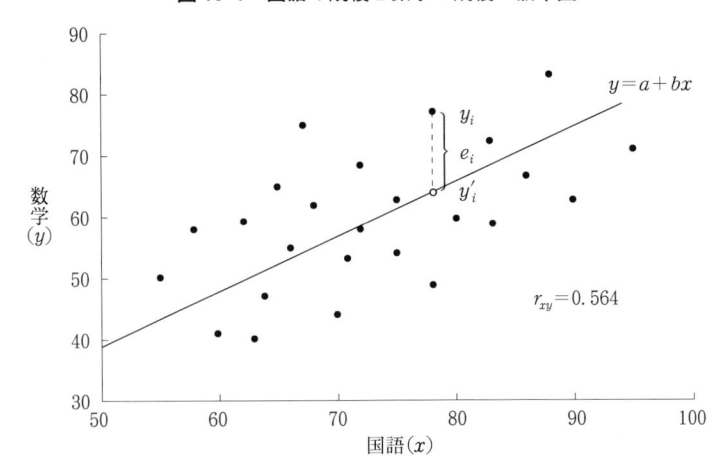

図 13.1　国語の成績と数学の成績の散布図

という式で表される．e_i は図 13.1 で示されているように，観測値 y_i が直線 $y=a+bx$ から外れている差を表している．この直線の (13.1) 式を**回帰式**，x を**独立変数**もしくは**説明変数**，y を**従属変数**もしくは**被説明変数**，a を**切片**，b を**回帰係数**（regression coefficient），そして e_i を**誤差**もしくは**誤差項**とよぶ（ここで，「独立」という言葉は，クロス表や確率における「独立」とは関係がない）．そして，e_i を除いた部分，

$$y'_i = a + bx_i \tag{13.3}$$

をとくに**予測式**という．

計量モデルを表現する (13.2) のような式の中で，式を具体的に特定化する a と b のような未知の定数を**パラメター**とよぶ．予測式を決めるためには，パラメターである a と b とを決めなければならない．これには，「誤差 e_i をできるだけ小さくする」という基準を用いる．具体的には，

$$Q \equiv \sum_{i=1}^{n} e_i^2 = \sum_{i=1}^{n}(y_i - (a+bx_i))^2 \tag{13.4}$$

を最小にするような a と b の値とする．これを**最小二乗法**（Least Square Method）という．

(13.4) の Q の式において，y_i と x_i とは観測されたデータの値であり，既知である．それに対して a と b とが未知である．Q は，a と b の二次式となって

いるが，それを最小にする (a, b) の値の組は，ちょうど下向きの放物線の最小値問題と同じように，Q に関する二つの導関数を同時に 0 にする点として求まる．したがって，(13.5) の二つの式が得られる．

$$\begin{aligned}\frac{\partial Q}{\partial a} &= \frac{\partial}{\partial a}\sum_{i=1}^{n}(y_i-(a+bx_i))^2 = 0 \\ \frac{\partial Q}{\partial b} &= \frac{\partial}{\partial b}\sum_{i=1}^{n}(y_i-(a+bx_i))^2 = 0\end{aligned} \qquad (13.5)$$

これを整理すれば，まず次の二式が得られる．

$$\left.\begin{aligned}a - \bar{y} + b\bar{x} &= 0 \\ \bar{x}a + \frac{\sum x_i^2}{n}b - \frac{\sum x_i y_i}{n} &= 0\end{aligned}\right\} \qquad (13.6)$$

これらは，a と b の連立一次方程式になっており，次のように解ける．

$$\left.\begin{aligned}a &= \bar{y} - b\bar{x} = \bar{y} - \frac{s_{xy}}{s_x^2}\bar{x} \\ b &= \frac{s_{xy}}{s_x^2}\end{aligned}\right\} \qquad (13.7)$$

この a と b とが，回帰モデル (13.2) の**最小二乗解**である．

回帰式 $y = a + bx$ は，散布図 13.1 からわかるように，x の値の変化に従って y の値が平均的にどう変化するかを示している．たとえば，x の値が 1 だけ増すと，y は平均的に b だけ増す（$b > 0$ のとき）ことがわかる．

しかし，回帰係数 b の値は，x と y の単位のとり方に依存していることに注意しなければならない．(13.7) 式の回帰係数 b と相関係数 r_{xy} との間には，

$$b = \frac{s_y}{s_x} r_{xy} \qquad (13.8)$$

という関係がある．r_{xy} の方は単位のとり方に影響を受けないが，標準偏差 s_x と s_y とは影響を受ける．測定単位を変えて，x の標準偏差を小さくするか y の標準偏差を大きくすれば，b の値はいくらでも大きくすることができる．（逆に，小さくすることもできる．）

なお，今のように独立変数が 1 個だけのものはとくに**単回帰分析**という．

2. 重回帰分析

2.1 独立変数が2個のとき

「所得は，年齢と学歴によってどのように影響されているか」というような問題を立てるときには，独立変数が x_1 と x_2 の2個からなる回帰分析を行うことになる。一般的な回帰式は，

$$y_i = b_0 + b_1 x_{i1} + b_2 x_{i2} + e_i \tag{13.9}$$

となる。誤差項を除いた予測式

$$y' = b_0 + b_1 x_1 + b_2 x_2 \tag{13.10}$$

は，図13.2のように (x_1, x_2, y) の3次元空間の中にある平面を表す式である。誤差 e_i は，(x_1, x_2) 平面上における第 i ケースの点 (x_{i1}, x_{i2}) に対して，予測式で定まる値 y'_i と観測値 y_i との差を表している。重回帰のとき，b_1 や b_2 は**偏回帰係数**（partial regression coefficient）とよばれる。

b_0，b_1 および b_2 の値は，やはり最小二乗法を用いて，

$$Q = \sum e_i^2 = \sum (y_i - (b_0 + b_1 x_{i1} + b_2 x_{i2}))^2 \tag{13.11}$$

図13.2 独立変数が2個のときのデータと回帰式

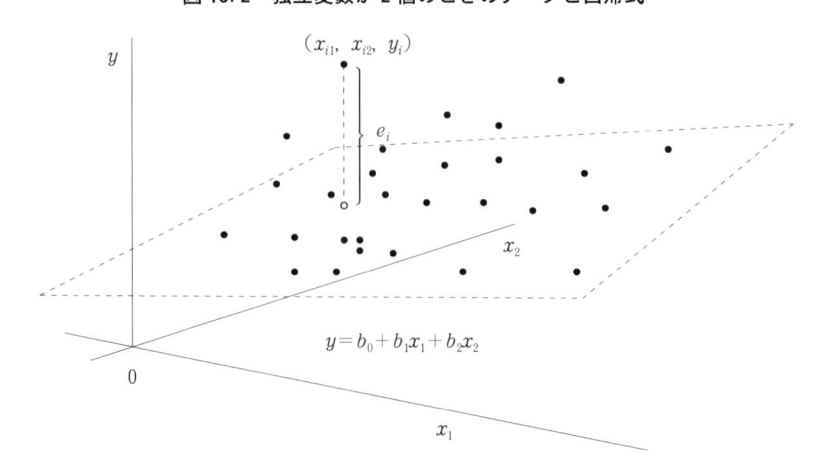

2. 重回帰分析

を最小にするような b_0, b_1, および b_2 の値の組として求められる。したがって，単回帰のときと同じように，(13.11) 式の Q を各パラメタによって偏微分して 0 とおいた三つの式

$$\frac{\partial Q}{\partial b_0}=0, \quad \frac{\partial Q}{\partial b_1}=0, \quad \frac{\partial Q}{\partial b_2}=0$$

を連立させて，b_0, b_1, および b_2 について解くことになる。その結果，次の 3 式が得られる。

$$b_0 = \bar{y} - b_1 \bar{x}_1 - b_2 \bar{x}_2 \tag{13.12a}$$

$$\begin{cases} s_{11}b_1 + s_{12}b_2 = s_{1y} \\ s_{21}b_1 + s_{22}b_2 = s_{2y} \end{cases} \tag{13.12b}$$

ただし，(13.12b) における左辺の四つの s_{jk} は，x_j と x_k との分散 ($j=k$ のとき) もしくは共分散 ($j \neq k$ のとき) を表している。そして，s_{1y} と s_{2y} はそれぞれ x_1 と y，および x_2 と y の共分散を簡略表記したものである。(13.12b) 式を b_1 と b_2 について解けば，

$$b_1 = \frac{s_{22}s_{1y} - s_{12}s_{2y}}{s_{11}s_{22} - s_{12}^2}, \quad b_2 = \frac{s_{11}s_{2y} - s_{21}s_{1y}}{s_{11}s_{22} - s_{21}^2} \tag{13.13}$$

となる。これが偏回帰係数 b_1 と b_2 の**最小二乗解**である。切片 b_0 は，この式を (13.12a) に代入して求められる。

2.2 独立変数が m 個のとき

独立変数の数は，数個から 10 個くらいまで用いることがある。一般的な回帰式は次のように表せる。

$$y_i = b_0 + b_1 x_{i1} + b_2 x_{i2} + \cdots\cdots + b_m x_{im} + e_i \tag{13.14}$$

最小二乗法による**解の公式**は次のようになっている。

$$b_0 = \bar{y} - b_1 \bar{x}_1 - b_2 \bar{x}_2 - \cdots\cdots - b_m \bar{x}_m \tag{13.15a}$$

$$\begin{cases} s_{11}b_1 + s_{12}b_2 + \cdots\cdots + s_{1m}b_m = s_{1y} \\ s_{21}b_1 + s_{22}b_2 + \cdots\cdots + s_{2m}b_m = s_{2y} \\ \quad\quad\quad\cdots\cdots\cdots\cdots \\ s_{m1}b_1 + s_{m2}b_2 + \cdots\cdots + s_{mm}b_m = s_{my} \end{cases} \tag{13.15b}$$

ここで (13.15b) の連立一次方程式を b_1, b_2, ……, b_m について解き，さらにその結果を (13.15a) 式に代入することによって，切片と偏回帰係数とが求まる．なお，この式における分散と共分散とは，n で割ったものでも $n-1$ で割ったものでも，どちらかに統一してあれば，どちらでもいい．

$m \geqq 3$ になると，偏回帰係数を (13.13) 式のように直接表すためには，行列と行列式の知識が必要なので，ここでは省く．

単回帰のときと同様に，偏回帰係数の値は変数の単位のとり方で次のように影響を受けることに注意しなければならない．

(1) x_j の値をすべてのケースについて a 倍（$a>0$）すれば，偏回帰係数 b_j は，$1/a$ 倍になる．

(2) y の値をすべてのケースについて a 倍（$a>0$）すれば，すべての偏回帰係数が a 倍になる．

2.3 決定係数

予測式が実際のデータにどの程度よくあてはまっているかという問題は，以下のように，従属変数である $\bar{y}$ の**平方和**（Sum of Squares）をもとにして考える．

個々の y_i の値と平均 $\bar{y}$ との差の二乗の和は，一般に変動ともよばれ，観測データにおける y の値の散らばりの度合いを示している．回帰分析ではこれを**全平方和**とよび，記号 SS_T で表わす．この全平方和は，最小二乗法で推定される y'_i を用いて，(13.16) 式のように分解できる．右辺の第 1 項は**説明された平方和**（SS_E）であり，第 2 項は**残差平方和**（SS_R）である．なお，第 2 項は $Q = \Sigma e_i^2$ に等しい．また，$\bar{y}' = \bar{y}$，$\bar{e} = 0$ となっている．

$$\left. \begin{array}{l} \Sigma(y_i - \bar{y})^2 = \Sigma(y'_i - \bar{y})^2 + \Sigma(y_i - y'_i)^2 \\ SS_T = SS_E + SS_R \end{array} \right\} \quad (13.16)$$

このとき，

$$R^2 \equiv \frac{SS_E}{SS_T} = 1 - \frac{SS_R}{SS_T} \quad (13.17)$$

は，全平方和のうち，回帰モデルによって説明される平方和の**割合**を表してい

る。R^2 を**決定係数**(Coefficient of Determination)といい，回帰モデルのあてはまりのよさの指標になっている。

決定係数は，次の式でも求めることができる。

$$R^2 = \frac{1}{s_y^2}(b_1 s_{1y} + b_2 s_{2y} + \cdots\cdots + b_m s_{my}) \tag{13.18}$$

決定係数には次の性質がある。

① $0 \leq R^2 \leq 1$。決定係数が1になるのは，誤差 e_i がすべて0のとき，すなわち，y_i の観測値と回帰による予測値とが一致するときである。

② 変数の一次変換に対して不変。

③ 説明変数を増やすと，決定係数は増大する。すなわちある独立変数の組 $x_1, \cdots\cdots, x_m$ が投入されたときの決定係数を $R^2_{y\cdot 1\cdots\cdots m}$ とし，それにさらに独立変数 x_{m+1} が追加投入されたときの決定係数を $R^2_{y\cdot 1\cdots\cdots m+1}$ とすれば，

$$R^2_{y\cdot 1\cdots\cdots m} \leq R^2_{y\cdot 1\cdots\cdots m+1}$$

(増大しないで等しいときは，追加された独立変数 x_{m+1} 自身が，他の $x_1, \cdots\cdots, x_m$ によって完全に決定されていること ($R^2_{m+1\cdot 1\cdots\cdots m}=1$) を意味している。)

なお，決定係数 R^2 は，もとの y と予測値 y' との相関係数 $r_{yy'}$ (これを**重相関係数**という) とのあいだに

$$r_{yy'}^2 = R^2 \tag{13.19}$$

という関係がある。また，説明変数が1個だけのとき，y' は x の一次式になっているから，$r_{yy'}$ は r_{xy} に等しい。したがって，

$$R^2 = r_{xy}^2 \tag{13.20}$$

で，決定係数は x と y の相関係数の二乗に等しい。ただし，これは独立変数が1個だけのときである。

2.4 標準化偏回帰係数

すべての変数をあらかじめ標準化しておいて，その上で重回帰分析を行うことがある。こうすると，変数の分散がすべて1に統一されているので，ある意味で「標準化した観点」から偏回帰係数の大きさを考察することができる。こ

の回帰式は

$$y_i = p_0 + p_1 x_{i1} + p_2 x_{i2} + \cdots\cdots + p_m x_{im} + u_i \tag{13.21}$$

と表せる．標準化すると偏回帰係数だけでなく誤差項の大きさも変化するので，u_i で表している．

これについて，最小二乗法でパラメーター $p_0, p_1, \cdots\cdots, p_m$ の値を求めると，(13.15) と同様の一組の式が得られる．しかし，次のように少しだけ異なる．

① 切片 p_0 の値は必ず 0 になる．
② 連立一次方程式 (13.15b) に対応する標準化偏回帰係数を求める式の係数は，標準化する前の分散 – 共分散 s_{jk} ではなく，相関係数 r_{jk} になる．

このようにして求まる標準化偏回帰係数 p_j と，もとの偏回帰係数 b_j との間には，次の関係が成立している．すなわち，標準化する前の y の標準偏差と当該の x_j の標準偏差の大きさが関係しているのである．

$$p_j = \frac{s_j}{s_y} b_j, \quad b_j = \frac{s_y}{s_j} p_j \tag{13.22}$$

なお，標準化した場合の決定係数は**もとの決定係数に等しい**．

標準化偏回帰係数は，慣習的に**ベータ係数**ともよばれ，統計プログラム・パッケージでも通常の偏回帰係数と一緒に出力されることが多い．

3. 重回帰分析における検定

3.1 母集団における重回帰式

前節までの話はあくまで，観測されたデータの構造についてのものである．もしも何らかの母集団を想定し，母集団ではどうなっているのかという問いを立てるとすれば，検定と推定の作業を行わなければならない．そのためには標本のデータが，母集団の構造をどのように表現しているかについての確率モデルが必要になる．

それは，次の式で与えられる．

3. 重回帰分析における検定

図 13.3　重回帰分布における母集団と標本の関係

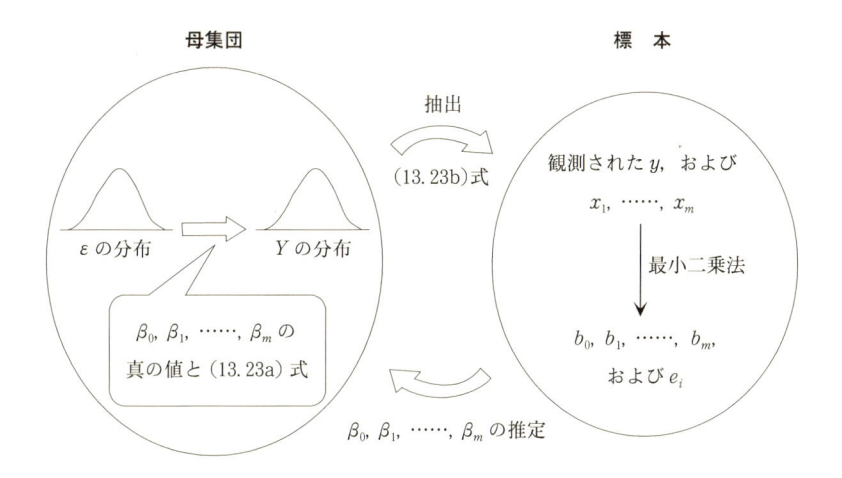

母集団　　　　　　　　　　　　標本

抽出
(13.23b)式

ε の分布　　Y の分布

観測された y, および $x_1, \cdots, x_m$

$\downarrow$ 最小二乗法

$b_0, b_1, \cdots, b_m,$ および e_i

$\beta_0, \beta_1, \cdots, \beta_m$ の真の値と (13.23a) 式

$\beta_0, \beta_1, \cdots, \beta_m$ の推定

$$\text{一般式}\quad Y = \beta_0 + \beta_1 x_1 + \beta_2 x_2 + \cdots + \beta_m x_m + \varepsilon \quad (13.23\text{a})$$

$$\text{ケース } i\quad Y_i = \underbrace{\beta_0 + \beta_1 x_{i1} + \beta_2 x_{i2} + \cdots + \beta_m x_{im}}_{*} + \varepsilon_i \quad (13.23\text{b})$$

　この式は，図 13.3 のように，母集団における構造と抽出モデルを表しており，次のような意味をもっている。

① 　母集団では，一般式 (13.23a) の構造が存在すると仮定される。β_0, β_1, ……, β_m は，この構造を規定する「真の」パラメターであり，直接には観測できない。他方，独立変数 x_1, ……, x_m のほうは，標本として直接観測されることになる。誤差項 ε は，母集団の各個体で異なる値をとって分布している。Y もまた (13.23a) 式に従って分布している。

② 　個々の ε_i は母集団から第 i 標本を確率抽出することに伴う確率変数であり，最小二乗法によって定まる e_i がその実現値だとみなされる。

③ 　従属変数 Y_i は，観測値 y_i とは区別された確率変数とみなされる。すなわち，第 i ケースの観測値 y_i は，その固定された独立変数の値 x_{i1}, ……, x_{im} と，母集団における構造パラメター β_0, β_1, ……, β_m とによって決定される $*$ の部分に，第 i ケースに確率的に作用する誤差項 ε_i とが加わることによって生じる確率変数 Y_i の実現値だとみなされるのである。

④ 観測された $x_j(j=1, \ldots, m)$ と y とのデータから最小二乗法でパラメータ $b_0, b_1, \ldots, b_m$ を求めることは，母集団の構造パラメータ $\beta_0, \beta_1, \ldots, \beta_m$ の真の値を推定するという作業だとみなされる。これはあたかも観測データから母集団の真の平均値を推定するようなものである。

⑤ 一般的には，個々の誤差項 ε_i の分布のしかたについて，それらは，平均 0，分散 σ^2 の正規分布に従っており，かつ異なるケースの誤差項 ε_i と ε_k とは独立だと仮定される。

以上のような諸設定のもとで，次の基本的結論が導かれる。

(1) (13.15)式から求まる最小二乗推定値 b_j は，真の値 β_j の推定値として望ましい性質を満たしている（具体的には「最良不偏線形推定値」ということだが，説明は省略しよう）。

(2) 最小二乗推定値 b_j は平均 $=\beta_j$，分散 $=c_{jj} \times \dfrac{\sigma^2}{n}$ の正規分布に従って出現する。（c_{jj} は，独立変数の組 $x_1, \ldots, x_m$ のあいだの分散と共分散とによって定まる値であり，行列式を用いて表現されるので，ここで詳細は省略する。）

(3) 最小二乗法によって求められる観測された誤差項 e_i の標準偏差 s_e を用いると，σ^2 の不偏推定値が $ns_e^2/(n-m-1)$ で与えられる（n は標本数，m は独立変数の個数）。このことから，

$$\sqrt{ns_e^2/(n-m-1)} \tag{13.24}$$

のことを**回帰の標準誤差**とよぶ。これは，誤差項 ε_i の標準偏差 σ の推定値である。（ただし，s_e^2 は n で割った分散。）

(4) この σ^2 の推定値を用いると，b_j の標準偏差の推定値が，

$$s_e\sqrt{\dfrac{c_{jj}}{n-m-1}} \tag{13.25}$$

で与えられる。これを，**偏回帰係数の標準誤差**とよぶ。

3.2 単一の偏回帰係数の検定

一つの説明変数 x_j の観測された偏回帰係数 b_j は 0 でないことが多い。これは，データ上では説明変数 x_j が y に対して影響していることを意味する。しかし，b_j は β_j を中心に確率的に分布しているので，母集団において $\beta_j=0$ であ

ってもデータからの推定値は $b_j \neq 0$ になる確率が存在する.すなわち,本当は $\beta_j = 0$ であるのに,観測するときに誤差項 ε_i が作用して出現した y の観測値を用いると,たまたま推定値 b_j が 0 ではない数値として現れてしまう可能性がある.そこで,「H:真の β_j は 0 である」という帰無仮説を設定し,観測値からみて,はたして,「H: $\beta_j = 0$」を棄却してもさしつかえないかどうかを検定によってチェックする.

推定値 b_j の標準誤差の推定値は (13.25) 式で与えられる.この標準誤差の値は,一般に統計プログラムで出力してくれる.帰無仮説のもとで,$b_j \div (b_j$ の標準誤差) は t 分布に従っている.t 分布は,自由度によって多少の違いがあるが,おおむね ± 2 を超える領域を棄却域として,

$|b_j| \leq 2 \times b_j$ の標準誤差 ならば $\beta_j = 0$ を採択する

という判断を行うことができる.(統計プログラムでは,2 の代わりに正確な上側 5% の t 値を代入した結果や,観測値 b_j の有意水準が出力される.)

3.3 回帰モデル全体の検定

そもそも,(13.23) 式の回帰式で表されるモデルが全体として説明力をもたないのではないか,という可能性も 0 ではない.これは,「すべての独立変数 $x_1, \ldots, x_m$ が,Y に対して,少なくとも (13.23) 式のようなかたちでは無関係だ」という可能性である.このチェックのためには,すべての真の $\beta_1, \ldots, \beta_m$ が 0 だ,という帰無仮説を検定すればよい.すなわち,

$\mathrm{H}: \beta_1 = \beta_2 = \cdots = \beta_m = 0$

この H のもとでは,最小二乗法によって得られる (13.16) の平方和に関して,表 13.1 の右欄に示されている平均平方和の比として定義される次の F 値が,自由度 $(m, n-m-1)$ の F 分布に従う.

$$F = \frac{SS_E/m}{SS_R/(n-m-1)} \tag{13.26}$$

したがって,重回帰分析の結果から,この平均平方和の比 (F) を計算して,

$F >$ 自由度 $(n, n-m-1)$ の F 分布の上側確率 α% の点の値

であれば，危険率 α %で帰無仮説 H を棄却する．すなわち，「β_1, ……, β_m のうち，少なくとも一つは0ではない」と判断する．さもなければ，H_0 を採択するのである．

なお，(13.26)式は，決定係数 $R^2_{y\cdot1\cdots\cdots m}$ を用いて，

$$F=\frac{R^2_{y\cdot1\cdots\cdots m}/m}{(1-R^2_{y\cdot1\cdots\cdots m})/(n-m-1)} \qquad (13.27)$$

とも表される．

表 13.1 分散分析表

平方和		自由度	平均平方和
モデルで説明された平方和	(SS_E)	m	SS_E/m
残差平方和	(SS_R)	$n-m-1$	$SS_R/n-m-1$
y の全平方和	(SS_T)	$n-1$	

3.4 複数の偏回帰係数の検定

m 個の独立変数のうち，k 個（$1 \leq k \leq m$）の変数は Y に対して何の影響ももたない，という帰無仮説もチェックすることができる．いま，この k 個の変数が並びの後ろの x_{l+1}, ……, x_m ($l=m-k$) であるとする．そうすると，これは，

$$H : \beta_{l+1} = \cdots\cdots = \beta_m = 0$$

という帰無仮説を検定することになる．これには，次の二つの決定係数を用いる．一つは，m 個全部を投入したときの決定係数 $R^2_{y\cdot1\cdots\cdots m}$，もう一つは，最初の l 個だけを投入したときの決定係数 $R^2_{y\cdot1\cdots\cdots l}$ である．H が正しいとき，これらを用いた次の F が自由度（k, $n-m-1$）の F 分布に従うことを用いて，F 分布表から検定できる．

$$F=\frac{(R^2_{y\cdot1\cdots\cdots m}-R^2_{y\cdot1\cdots\cdots l})/k}{(1-R^2_{y\cdot1\cdots\cdots m})/(n-m-1)} \qquad (13.28)$$

なお，$k=1 (l=m-1)$ のとき，この検定は一個の β_j に関する検定に一致する．また，$k=m (l=0)$ のときは，回帰モデル全体の検定に一致する．

3.5 自由度調整済みの決定係数

決定係数 R^2 は $1-SS_E/SS_T$ として定義されているが，これは一般に変数の数が増えるだけで大きくなるという傾向をもつ。そこで独立変数の数をコントロールした，ある種の「平均的な」決定係数が用いられることがある。これは，

$$R^{2*} \equiv 1 - \frac{SS_R/(n-m-1)}{SS_T/(n-1)} \tag{13.29}$$

で定義され，自由度調整済みの決定係数（adjusted R-square）とよばれる。

4. 重回帰分析の例

重回帰分析を実際に行ってみよう。具体例といっても，現在では個別のケースの値から自分で手計算をすることはまずないので，ここではやや概略的に示すだけになる。図 13.4 は，45〜49 歳の有職の男性（ケース数 337）の「職業威信スコア」と「年間個人収入」とを散布図に表したものである。（「職業威信スコア」というのは，188 個に小分類された職業カテゴリーにある尺度を与えたもので，計量的な階層研究において「職業」を量的変数として扱う際にしばしば利用されている。）この図を見ると，左下に多くのケースが集まってひとかたまり

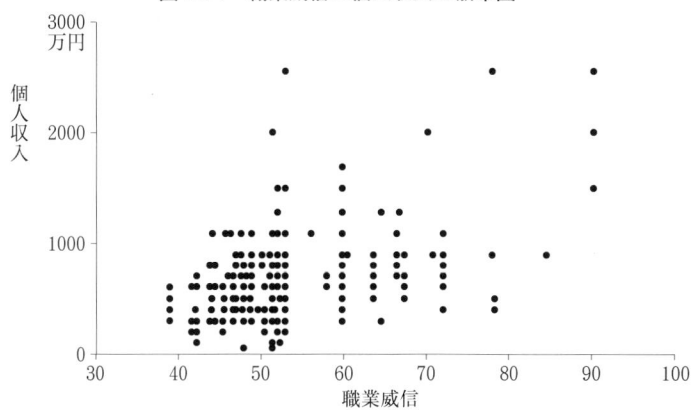

図 13.4 職業威信と個人収入の散布図

（注）45〜49 歳男性。無職と DK を除く。1995 年 SSM 調査より。

をなし，他のケースがやや右上方向に散らばっていることがわかる。相関係数を求めてみると，0.460で，かなり高い。

ここから，「年間個人収入」を従属変数とする回帰分析が考えられるが，独立変数にもう一つ「教育年数」を追加してみよう。「教育年数」は，たとえば高校卒に「12」，大学卒に「16」というふうに数値を与えたもので，やはり階層研究で「学歴」を量的変数として扱う際に利用されるものである（浪人や留年の年数はカウントしていない）。

これら三つの変数の平均，標準偏差，および相関係数は表13.2のようになっている。

ここから，

$$\underset{(y)}{\text{個人収入}} = b_0 + b_1 \times \underset{(x_1)}{\text{教育年数}} + b_2 \times \underset{(x_2)}{\text{職業威信}} \qquad (13.30)$$

という重回帰式を立てて計算してみる。

表13.2 45～49歳男性データにおける教育年数・職業威信・個人収入

	平均	標準偏差	相関係数 職業威信	相関係数 個人収入	ケース数
教育年数	12.51(年)	2.450	0.4153	0.3712	337
職業威信	53.18	8.806	—	0.4597	337
個人収入	680.42(万円)	368.70	—	—	337

（注）1995年SSM調査データより（無職およびDKを除く）。

表13.2には相関係数が示されているので，まず，標準化された偏回帰係数を求める方が早い。これは，(13.13)式の共分散を相関係数におきかえた式，

$$p_1 = \frac{r_{1y} - r_{12}r_{2y}}{1 - r_{12}^2}, \quad p_2 = \frac{r_{2y} - r_{21}r_{1y}}{1 - r_{21}^2} \qquad (13.31)$$

で求めることができる（このような比較的簡単な式で表せるのは，独立変数が2個までである）。ここから，標準化された偏回帰係数は，

$$p_1 = \frac{.3712 - .4153 \times .4597}{1 - .4153^2} = .2179$$

$$p_2 = \frac{.4597 - .4153 \times .3712}{1 - .4153^2} = .3692$$

となる。

4. 重回帰分析の例

さらに，通常の偏回帰係数は，(13.22) 式より，

$$b_1 = \frac{368.7}{2.450} \times .2179 = 32.79, \quad b_2 = \frac{368.7}{8.806} \times .3692 = 15.46$$

として求まる（有効ケタ数は3ケタと考えていい）。ここからまた切片の値が，(13.12a) 式より，

$$b_0 = 680.42 - (32.79 \times 12.51 + 15.46 \times 53.18) = 5531.9$$

として求まる。

決定係数は，(13.18) 式を標準化された偏回帰係数に適用して（標準化したときの決定係数は，もとのそれと同一だから），

$$R^2 = .2179 \times .3712 + .3692 \times .4597 = .251$$

となる。

これらの計算結果は，次のように読むことができる。まず，通常の偏回帰係数からは，教育年数が1年増えると個人収入が平均的に 32.79 万円増える傾向があり，職業威信が1ポイント増えると個人収入が平均的に 15.46 万円増える傾向があることがわかる。

次に，標準化された偏回帰係数は，教育年数が1標準偏差分だけ増えると標準化された個人収入の値が平均的に 0.2179 増え，職業威信が1標準偏差分だけ増えると標準化された個人収入の値が平均的に 0.3692 増えることがわかる。標準化された値で比較すると，職業威信の方が教育年数よりも大きな係数値を示している（このあたり，有効ケタ数を維持するために，4ケタ表示をしているが，実際の報告書などでは，3ケタで表示すればいい）。

さらに，決定係数が 0.251 だということは，個人収入の分散のうち，25.1%が教育年数と職業威信とによって「説明される」ことを意味している。いいかえれば，個人収入の予測値の分散はもとの分散の 74.9% になっているということである。

以上が，記述統計学的な分析である。次に検定を行ってみよう。

まず，偏回帰係数の検定は (13.25) 式の標準誤差を計算しなければならないが，これは一般に手計算では無理なので，結果だけ示すと，表 13.3 のよう

になっている。$|t|$ の値がだいたい2以上であれば、「母集団での値＝0」という帰無仮説を棄却できるが、表の右端の p 値（有意水準）から明らかなように、すべて有意である。

表 13.3　偏回帰係数の検定（表 13.2 のデータ）

	偏回帰係数	標準誤差	t 値	p
切片	−551.9	117.986	−4.678	.000
教育年数	32.79	7.837	4.184	.000
職業威信	15.46	2.180	7.090	.000

表 13.4　分散分析表（表 13.2 のデータ）

	平方和	自由度	平均平方和	F	p
回　帰	11444662	2	5722330.8	55.834	.000
残　差	34231080	334	102488.3		
全　体	45675742	336			

　次に、回帰モデル全体の検定をみてみよう。このためのデータは決定係数からも計算できるが、統計ソフトを使えば、表 13.4 のような分散分析表が出力される。いまの場合、あらためて計算するまでもないが、自由度が (2, 334) の F 分布の上側1％の値は 4.67 なので、$F=55.834$ からは「モデル全体の説明力がない」という帰無仮説は棄却される。

　以上、本章では、量的な従属変数 y の値が量的な独立変数の組 x_1, ……, x_m に依存しているというモデルを立ててデータを分析する回帰分析の骨子を説明した。三つ以上の変数の間の統計的関係を考察することを多変量解析といい、そのために用いるモデルのことを計量モデルというが、ここで紹介した回帰分析はそうした統計的分析法の基本をなしている。今日では、社会調査データを分析するのに、さまざまな多変量解析の手法が盛んに活用されているので、統計的な分析法を本格的に身につけたいと思う人は、ぜひそれらの手法についても勉強してほしい。

*** 第13章　練習問題　***

13.1 40〜44歳の有職の男性を対象とする調査において，個人収入（万円），学歴（年数），および生活満足度（1〜7のスコア）の三つの変数のあいだに，次のような分散および共分散（ともにnで割ったもの）のデータが得られた．

	分散（対角部分）と共分散			平均	n
	学歴	個人収入	生活満足度		
学歴	5.88963	213.404	0.437635	13.0808	260
個人収入		318986.54	109.846	665.00	260
生活満足度			1.87255	4.6769	260

(a) このデータから，生活満足度を学歴と個人収入に回帰させたときのそれぞれの偏回帰係数を求めよ．
(b) 標準化偏回帰係数を求めよ．
(c) 決定係数 R^2 を求めよ．
(d) 個人収入と生活満足度との相関係数を求めよ．
(e) 本文の（13.27）式を用いて，「学歴と個人収入の偏回帰係数はともに0である」という帰無仮説を検定せよ．
(f) 本文の（13.28）式を用いて，「学歴の偏回帰係数は0である」という帰無仮説を検定せよ．

13.2 独立変数が2個のときの偏回帰係数 b_1 と b_2 を求める（13.13）式を，残差平方和 $Q = \sum (y_i - (b_0 + b_1 x_{i1} + b_2 x_{i2}))^2$ を最小にする値の組として，次の(a)〜(d)の手順にしたがって実際に導出してみなさい．

(a) まず，$\partial Q/\partial b_0 = 0$, $\partial Q/\partial b_1 = 0$, および $\partial Q/\partial b_2 = 0$ とおいて，三つの式を立てる．
(b) 第1式から，$b_0 = \bar{y} - b_1 \bar{x}_1 - b_2 \bar{x}_2$ を導く．
(c) この b_0 の式を残りの二つの式に代入して，
$$s_{11} b_1 + s_{12} b_2 = s_{1y}$$
$$s_{21} b_1 + s_{22} b_2 = s_{2y}$$
を導く．
(d) 最後に，上の連立方程式を b_1, b_2 について解いて，（13.13）式を導く．

$$\left[\begin{array}{l}\text{参考 一般に,}\ f(a,\ b)=(ax+b)^r \text{を}\ a \text{と}\ b \text{の関数とみなすとき,}\\ \qquad \dfrac{\partial f}{\partial a}=r(ax+b)^{r-1}x\\ \qquad \dfrac{\partial f}{\partial b}=r(ax+b)^{r-1}\end{array}\right]$$

13.3 上の 13.2 における途中計算を利用して,次の式が成立することを導出してみなさい。

(a) 誤差項 e_i の平均 $\bar{e}=0$
(b) 誤差項 e と独立変数 x_1 との共分散 $s_{e1}=0$

第14章 質的な研究とはどういうものか

1. さまざまな質的研究

1.1 質的データを扱うものとしての質的研究

　ひとくちに質的研究あるいは質的調査といっても，そうよばれる社会学的研究には実にさまざまなものがある。第2章で述べたように，一般的に質的研究とは，人々の主観的な世界を比較的直接的に表現している質的データを用いて，日常的な社会現象をできるだけ加工しないで記述するものだと考えられている。ただしこれはあくまでも最大公約数的な捉え方であって，あらためて「質的研究とは何か」について考えようとすると，その概念は質的研究をすすめている論者たちのあいだでいろいろに異なっていることがわかる。

　たとえばある人々は，質的研究とは「研究対象をその複雑な姿のままに，自然な日常の文脈で記述するもの」であって，抽象的な理論命題を打ち立てることをめざすものではないと考えている。それに対して別の人々は，質的研究もまた，ある程度抽象化された理論を構築することをめざすべきだと主張している。

　実は，論者たちのあいだで質的研究の概念が異なっている主な理由は，彼らが理想的だと考える研究のイメージに基づいて「あるべき質的研究」を語ろうとしすぎているからである。それぞれが理想の研究のイメージをもっていたり語ったりすることは大変よいことなのだが，自分のものとは異なる理想を無視

したり認めなかったりすることは，必ずしも好ましいことではない。

たとえば，天文宇宙のことが大好きで，ビッグバンやブラックホールのことを研究して新しい発見をすることが自分の研究の理想だと考えている人が，高校生に「理科」の面白さを説明するようなときに，理科とは宇宙の成り立ちを探求することに限られると生徒に教えたとしたらおかしいだろう。地学や物理に含まれる研究対象はもっと広いし，さらには生物や化学も理科の重要な柱をなしている。

同じことが社会調査法についてもいえる。質的研究が好きだ，その中でもたとえばナラティブ分析が好きだ，というのはいくらあってもかまわない。そういう好みはどんどんもつべきだ。しかし，だからといって，ほかのタイプの研究は質的研究ではないとか，そもそも社会学的研究ではないかのように考えることはできない。

したがって，本章では「**質的研究**」という言葉で，できるだけ広い範囲の研究を含めて考えることにする。このためには，「質的データを扱うのが質的研究だ」という程度に概念化しておくのがいいだろう。こうしておけば，現実に存在するさまざまな質的研究のすべてがカバーされる。その中には，一方に質的なデータを統計的に分析する研究も含まれるし，他方には，ナラティブなデータをほとんど加工しないで提示することが望ましいと考える研究も含まれるだろう。

それでは**質的データ**とは何か。このことについても，すでに第2章で簡単に説明してある。あまり厳密に考える必要はなく，基本的には，通常の統計的分析では扱いにくいありとあらゆるタイプのデータが「質的」だと考えていい。より具体的には，数値では表されていないデータのすべてが質的データに含まれる。したがって，質的データといってひとくくりにされるものの範囲はきわめて広く，その種類は多種多様である。それを，「何がどのように記録されているか」に注目して大まかに分けてみると，表14.1のようになるだろう。ここではまず，データとしての記録ドキュメントが，①研究者自身によって作成されたものか，それとも，②すでに作成されていたものか，で分けられている。

このうち①の研究者が作成するものについては，研究者による「データの収集・記録」という狭い意味での「調査」が不可欠であることはいうまでもない。

1. さまざまな質的研究

表 14.1　さまざまな記録ドキュメント

①研究者が作成するもの	a．図表を含む文書	調査票と回答 フィールドノート・メモ テープを起こしたもの
	b．音声記録	テープ・ビデオ
	c．映像記録	写真 ビデオ・DVD
②すでに作られたもの	a．図表を含む文書	古文書・議事録 日記・手紙・生活記録 報告書・作品（小説・詩・学術論文） 新聞・雑誌・パンフレット
	b．音声資料	レコード・テープ・CD・ラジオ
	c．映像資料	写真・映画・テレビ

　研究者自身によるデータの収集と記録という意味での「調査のしかた」は，上の分類とは別に，主に次の3タイプに分けられる。
　(1)　質問紙を用いた質問や口頭によるインタビュー
　(2)　実験的ないし人工的な場面における対象者たちの振る舞いや発話の観察
　(3)　日常的な生活場面での対象者たちや社会的・自然的出来事の観察

　なお，一般的に，**フィールドワーク**とよばれる調査方法は，とにかく現場にでかけてデータを収集するということを広く意味しているのであって，必ずしも質的研究に限られるものではないし，インタビューや観察に限られるものでもない。たとえば，調査票を用いた統計的な個別面接調査もフィールドワークであるし，対象者にインタビューするのではなく，現地の旧家に残されている資料を探したり，現地の地理・自然を観察することもフィールドワークである。考古学者が地面を掘ったり，地質学者が石を拾ったりするのもフィールドワークにほかならない。

　いずれにしても，質的研究が扱うデータはこのようにきわめて多様である。質的研究にとりかかるにあたっては，このうち，どのようなデータを用いてどのような分析を行うかを研究者自身が決めなければならない。それは当然のことながら，研究によって何を明らかにすることをめざしているかという研究目的に依存している。

1.2 何をめざすか

◇ 民族学的エスノグラフィー

　質的研究を代表しているものの一つに，**民族学**や**人類学**における**エスノグラフィー**（民族誌）とよばれる研究がある。B. マリノフスキーの『西太平洋の遠洋航海者』，R. ファースの『われわれティコピア人』（1936 年），エヴァンズ＝プリチャードの『ヌアー族』（1940 年）などが有名である。こうした民族学的エスノグラフィーの多くは，何らかの意味でひとまとまりのものと考えられる「社会」に関するかなり包括的な記述と分析からなっている。すなわち，その社会をとりまく自然環境を紹介しながら，政治構造，経済活動，親族関係，宗教やその他の文化など，そこで営まれる社会生活を，多方面にわたってかなり包括的に記述したり説明したりしていくのである。

　たとえば，ニューギニアの東方に浮かぶ島々の部族のあいだで行われているクラ交換という制度を紹介し分析したマリノフスキーの民族誌的記述は次のように始まっている。

> 　いままでわれわれは，真っ青な明るい海の上を渡ってきた。浅い場所では，さまざまな色と形のサンゴの海底にすばらしい植物や魚の生活が観察され，それ自体すばらしい眺めであった。熱帯の密林，火山の風景，いきいきとした水流，滝，かなたの谷の奥ふかくにたなびく白雲，このようなみごとな光景にとりまかれた海とも別れを告げて，いまや北に進んでいく。……
>
> 　浅瀬のいりくんだ水路を通って入り江のなかを進み，本島に近づくにつれて，あちこちに低いもつれた密林が切りひらかれて，その奥には支柱にささえられたヤシの森が見通せる。これは部落のある証拠である。……
>
> 　まもなくわれわれは，屋根のはりだしたヤム芋小屋の前に築かれた壇の一つに腰かけている。裸の足と体にこすられてすべすべになった灰色の丸太，部落の大通りのふみかためられた土，まもなくこの訪問者を取り囲むおおぜいの原住民の褐色の皮膚，これらが描きだす青銅と灰色の色調……（『西太平洋の遠洋航海者』中央公論社，117-8 頁）。

　あたかも，映画の冒頭シーンのように，これから始まる物語の舞台が印象深く描き出されている。このような記述のしかたは，民族学的エスノグラフィー

が，対象とした社会を物語的に構成して報告することによって，その社会の全体的な姿を浮き彫りにすることをめざしていることを表している。

マリノフスキーのトロブリアンド諸島の研究は，民族学および社会学にたずさわる人々に大きな影響を与えて，数多くのすぐれた民族誌的研究を産み出すもとになった。民族誌的方法は，リンド夫妻の『ミドルタウン』，L. ウォーナーたちの『ヤンキー・シティ・シリーズ』，そしてホワイトの『ストリート・コーナー・ソサエティ』など，欧米の現代社会にも適用されてきた。一般に，統計的研究と比較して「事例研究」というとき，その典型例は研究者によってひとまとまりのものとしてとらえられた社会空間としての「全体社会」や「コミュニティ」についての，このような民族誌的研究をさしている。

◇ さまざまな質的研究

しかし，今日の多様な質的研究の中で，民族誌的研究はほんの一部を占めるにすぎない。質的データを用いて探求しているという点では共通性があるものの，何を探求しようとしているかについては驚くほどの多様性が存在しているのである。

いま，質的研究が探求していることを，A「何についての」探求かということと，B「何を」明らかにしようとめざしたものであるか，の二つの軸で大まかに区分してみると，表14.2のようになるだろう。

表14.2 質的研究の多様な探求

A．「何についての」探求か
　①全体社会・コミュニティ　　　　（民族学，人類学，農村研究，『ミドルタウン』）
　②組織・アソシエーション・　　　（企業調査，『ストリート・コーナー・ソサエティ』『アサ
　　集団　　　　　　　　　　　　　イラム』）
　③相互作用・会話　　　　　　　　（シンボリック相互作用論，エスノメソドロジー）
　④個人　　　　　　　　　　　　　（ライフヒストリー，ライフストーリー）

B．「何を」めざしているか
　⑤全体的な民族誌的構造の記述
　⑥ある社会や集団のより特定化された構造の解明
　⑦隠れた制度，人々を拘束しているもの，権力，ルールの発見
　⑧観念体系，思想，作品の構造の解明（学説研究を含む）
　⑨主観的世界，主観に捉えられた（しばしば日常的な）現実・意味世界の探求
　⑩メカニズム的構造の発見

このリストは，質的研究の分類図式としてけっして十分に体系的なものではないかもしれないが，その多様性を理解する上では十分に役立つ。

すでに述べたように，質的研究の古典ともいうべき民族学などのエスノグラフィーは，Aの軸の中の「全体社会・コミュニティ」について，Bの軸において「全体的な民族誌的構造」を明らかにすることをめざすタイプの研究であるといえる。今日では，一つの全体社会やコミュニティや部族に限らず，研究者にとって異文化とみなしうるような集団について，みずからその日常生活を何らかのかたちで体験しながらフィールドワークを行い，そこでの直接的な観察やインタビューなどで得た資料をもとにしてその日常生活と文化とを細部にわたって記述したものを一般に**エスノグラフィー**とよぶようになってきている。この意味でいえば，『ストリート・コーナー・ソサエティ』のほか，東京の下町に生きる人々とその社会を描いたR.ドーアの『都市の日本人』（1958年）や佐藤郁哉の『暴走族のエスノグラフィー』（1984年）などもこれに属すといえるだろう。

もう一つの伝統的な質的研究に，社会思想史，哲学，文献学および社会学史における**学説研究**がある。プラトン研究，カント研究，デュルケム研究，ヴェーバー研究など，いずれもこの区分に属している。学説研究は，ある著者の思想や，一つないし複数のテキストの思想の内容と構造を探求するものである。

学説研究は，社会調査における質的研究と関連づけて考えられることは少ないかもしれないが，日記や手紙を分析することと学術的なテキストを分析することのあいだに，それほど大きな距離はない。せいぜい，学術的なテキストからは，より理論的で抽象的な⑧の観念を探求しようとするのに対して，日記や手紙からは，⑨のより日常的なものの見方や感情が探求できるという違いだろう。

いうまでもなく，**文芸批評・評論**もまた，質的研究の一つの伝統をなすものである。ただし，誰でも知っているように文学作品から何を読み取るかに関しては，さまざまな読み方がある。比較的オーソドックスな文芸批評は，作品の面白さの構造を解説することによって読者をより深いレベルの内在的な面白さに導いていくものであるが，それとは別に，作者の思想を読み込もうとしたり，そこに反映されている執筆された時代の社会的通念を批判しようとするような

読み方もある。

　これらに対して，今日の質的研究において大きな潮流をなしているのが，**隠れた制度**を発見するというタイプの探求である。ここで，「隠れた制度」というのは，人々自身が必ずしも気づいていないのに，社会や相互作用場面において人々の行為や態度を拘束している規範やルール，あるいは権力や支配の構造のことをさしている（むろん，これは「発見する」といっても，研究者によってそういうものがあると推測されるものだから，間違っていることもある）。昔から社会学的研究には，こうした隠れた制度や構造を明らかにしようとするタイプの探求がさまざまに存在してきた。隠れた階級構造を明らかにしようとするマルクス主義的な研究や，未開社会の婚姻と出自の規範（これは，人々によって意識されている）の背後により根底的な「基本構造」があると考えたレヴィ＝ストロースの研究などがそうである。

　近年ではとくにフーコーの**言説分析**が代表的である。言説分析は，テキストがデータだという点では学説研究と表面的には似ているが，明らかにしようとしているのが，個人的な思想ではなくて，社会的な制度だという点で大きく異なっている。最近の文芸批評も，作品をこのような意味でのデータとして扱うものが多くなってきている。

　フーコーなどの影響を受けながら，文化やメディアを素材として，社会に基底的に存在している（と考えられる）階級や差別や権力の構造を浮き彫りにしようとしている研究に，**カルチュラル・スタディーズ**がある。さらに，より日常的な会話や相互行為の中に，人々が自明視しているけれども意識してはいない了解構造や規範や権力の構造を発見しようとしている**エスノメソドロジー**も，隠れた制度を明らかにしようとしているといえる。

　これらとは別に，隠れているものではなく，むしろ人々が**主観的に了解している世界**を明らかにすることをめざしている研究もある。**ライフヒストリー**や**ライフストーリー**の研究が主としてそうした探求をめざしている。**ナラティブ分析**もそうだ。もっとも，この中にも，そうした人々の主観的な了解や「物語」を通じて，その背後にある（と考えられる）隠れた制度に辿り着くことをめざすタイプの研究もある。

　以上に述べた諸流派が，どちらかといえば静態的で固定されている秩序構造

を見出そうとしているのに対して，現象が生成していくプロセスのより動態的な構造を発見することに主眼をおく研究もある。たとえば，B.G. グレイザーと A.L. ストラウスは**グラウンデッド・セオリー**（データ対話型理論）を提唱しているが，彼らがめざしているのは，単なる記述ではなくて「理論」を作ることである。実際，彼らのオリジナルな経験的研究では，死期が近づいている患者についての看護婦の「社会的損失認識」，すなわち，「その患者の家族と職業にとって死がどの程度の損失をもたらすことになるかについての看護婦の見方」というカテゴリーの特性が，「看護婦の職業的冷静さ」というカテゴリーの特性にどう関係しているかが理論化されている。ここで，彼らが「カテゴリー」および「特性」とよんでいるものは，統計的な研究において「変数」および「値」と呼ばれているものにほぼ対応しており，そうしたカテゴリーの間での動態的な関係を明らかにすることがめざされているのである。

2. 質的調査の方法

質的研究が多様であって，それが扱うデータの種類にも表 14.1 のように実にさまざまなものがあることはすでに述べた通りだが，「調査法」という観点から重要なのは，研究者自身がデータをとってくるのか，それともすでにあるデータを活用するのかという問題である。むろん，すでに作成されている古文書や文書テキストを探し出したり収集することも広い意味での「調査」ではあるが，ここではいわゆるフィールドワークにおいて，研究者自身がデータを記録していくという作業について説明しておこう。

2.1 フィールドの設定と調査の実施
◇ フィールドをみつける

質的研究におけるフィールドワークは，統計的研究とは比べものにならないくらい，調査の過程での対象個人や対象集団との関係の密度が濃いものにならざるをえない。世論調査のような統計的調査では，対象者が無作為に抽出されるのであって，あらかじめ何らかの「つて」や「コネ」がある人たちを調査す

るのではない。しかし，質的なフィールドワークは逆である。調査者個人としての人格とその研究目的とが対象個人や対象集団から強く信頼されない限り，質的なフィールドワークを遂行することは不可能である。むろん，まったく見ず知らずのところに飛び込んで，徐々に信頼関係を築いていくということもありうる。

　いずれにしても，このようなフィールドワークは，基本的に「できるところで実施する」のであって，無作為抽出の原則のようなものに従う必要はない。ときどき，対象の代表性とかサンプリングの妥当性とかを問題にする議論があるけれども，これが問題になるのはあくまで統計的研究において，しかも「母集団」の分布の構造を探求するというタイプの研究の場合に限られる。すでに第2章で，事例研究における事例の「代表性」は疑似問題なのであって，重要なのは事例の代表性ではなく結果としての「研究の意義」だと述べたが，このことは質的研究一般にあてはまる。調査対象が，事例として代表性をもっているかどうかはまったく気にする必要はない。重要なことは，それぞれの研究目的に照らして，何らかの探求の成果がえられそうな対象と，それについての調査戦略とを立てるということだけである。

◇　参　与　観　察

　民族学を中心として，フィールドワークはしばしば研究対象である現象が起こっている現場の日常生活に入り込みながら調査する**参与観察**（participant observation）の方法がとられる。現場にいて，インタビューを交えながら直接に出来事を観察してデータを収集するのである。「参与」の度合いはさまざまで，『ストリート・コーナー・ソサエティ』のホワイトのように，本当に街の「ギャング」とよばれる不良青年たちと一緒に生活したり，ゴフマンの『アサイラム』のように，ある病院の許可を得た上で，患者たちとは一人の職員として一年間つきあうということもある。ほかに，アルコール依存症などさまざまな自助グループの集会の参与観察や，代議士の秘書を務めながらの政治過程の研究も参与観察である。

　むろん，すべてのフィールドワークが参与観察である必要はない。農村のフィールドワークだからといって，かならずしも農家に泊まり込んで農作業を手伝うことまでしなくてもいい。ただ原則的に重要なことは，どんな調査研究

(量的研究も含む)であれ，できるだけ現場を直接に体験することである。

◇ **インフォーマント**

みずからデータを集めて記録するフィールドワークでは，**インフォーマント**とよばれる人の存在が欠かせない。直接にインタビューしてさまざまな事柄について回答や情報を与えてくれるすべての人がインフォーマントであるが，口述史のように対象者個人のことだけについてデータを提供してくれる意味でのインフォーマントと，自分のことだけではなく当該社会や集団について詳しい情報を提供してくれるインフォーマントとがある。通常は後者の意味で用いることが多い。英語の informant には情報提供者あるいは密告者という意味もあるが，よそ者としてのフィールドワーカーが容易には知り得ないような情報を教えてくれるだけではなく，しばしば当該社会の制度や文化について解説や説明や解釈をも提供してくれる人である。

こうしたインフォーマントをみつけることができるかどうかは，フィールドワークの成否を大きく左右する。ただ注意しなければならないのは，インフォーマントが提供してくれる社会についての情報は常に正しいとは限らないということである。たとえば，言語学で少数民族の言語を調査する場合，何人かのインフォーマントから単語の正しい意味や正しい構文を教えてもらったりするのだが，その際，間違った情報がもたらされる危険が皆無ではないことは，日本語についての私たち自身の日本語の知識が完全でないことからも容易に推測できる。一般に，成文化されていない社会の規範についての知識は社会成員でも一致していないことがある。ましてや，制度や規範についてのインフォーマントの「解釈」や「説明」は，しばしばそのインフォーマントの個人的な解釈や説明でしかないことがある。したがって，微妙な問題についての情報はなるべく異質な複数のインフォーマントから収集するのが望ましい。

2.2　さまざまなインタビュー

質的であるか量的であるかを問わず，インタビューは社会調査においてデータを収集するための最も基本的な方法だといえる。量的調査の場合，**個別面接調査や電話調査**もインタビューを伴うが，その際，質問は調査票のかたちであらかじめ明確に**構造化**されていることが多い。口頭での質問は伴わないが，文

書で質問を行って文書で回答してもらう，**郵送調査**，**留置調査**なども，いわば「文書インタビュー」として広い意味ではインタビューの一種だと考えてよいだろう。

　質的研究におけるインタビューは，構造化の度合いはゆるやかであるが，ある程度質問内容や順序があらかじめ決められている**半構造化インタビュー**から，前もっての枠組みのほとんどないものまで，多岐にわたる。

　質問紙を用いないで，何らかのトピックスについて1時間前後の時間をかけて聴き取りを行うことを，**in-depth interview**（単に depth interview ともいい，「**深層インタビュー**」と訳されることもある）ということがある。質的研究が用いるインタビューのほとんどは in-depth インタビューだといっていい。

　構造化されている度合いがゆるやかだといっても，インタビューにあたっては，質問項目，具体的な質問の文章，その順序，その他のガイドラインをあらかじめ作成しておくのが普通であり，それを**インタビュー・ガイド**という。調査票調査における**調査マニュアル**と**調査票**そのものを合わせた役割を果たすと考えればいい。

　ライフヒストリー研究あるいは，**ライフストーリー研究**を中心にして，対象者の人生の全体ないしその一部を語ってもらうようなインタビューはとくに，**ナラティブ・インタビュー**とよばれる。非常に包括的に「あなたの人生についてお聞かせ下さい。生まれたとき，あるいは子どものときのご家族の状況から始まって今日にいたるまで，順にお話下さい」というような質問で始まるインタビューもあれば，テレビ番組「プロジェクトX」のように，ある特定の事件やエピソードに関わる個人的な体験を語ってもらうものもある。いずれも，対象者の体験の記憶を一つの物語として語ってもらうことに主眼があるので，構造化の度合いは非常に弱いといえるだろう。

2.3 インタビューと観察の記録

◇ フィールドノート

　ホワイトは『ストリート・コーナー・ソサエティ』のアペンディクスで，コーナーヴィルでの毎日の生活について，「朝食後，私は部屋に戻って，午前中をそこで過ごした。時間の大半は前日の出来事に関するノートをタイプ仕上げ

することであった」と書いている（『ストリート・コーナー・ソサエティ』有斐閣，301頁）。これをみると，彼は毎日の観察した出来事をまずその日のうちに手書きのノートにとり，翌朝それをタイプでまとめるという作業を日課としていたようである。

　フィールドでのインタビューや観察は，なるべく早く記録しなければならない。インタビューや観察をしているその時点で記録をとることができるのであれば，そうすることが望ましい。たとえばホワイトは若者たちのクラブの幹事の役を引き受けたことで，「控えのノートを取る口実のもとに，開かれている会合の全内容を記録でき」たし，ある政治運動員の会合書記として，会合の進捗状況をノートにとってその要約をカーボン・コピーを使ってタイプすることで，自分のための記録を残したとも書いている。こういう恵まれた状況は稀であるにしても，対象者にあらかじめ了解をとれば，インタビューの最中にメモをとったり，場合によってはテープで録音できることは少なくない。

　しかし，観察の最中に記録をとることが物理的に不可能であったり，当事者によって禁じられていたり，あるいはそうすることが観察のしかたとして望ましくない場合もある。たとえば，自助グループの集会に参加して観察するときなどでは，記録をとるという行為そのものが，集会の成立を危うくしてしまう。そのようなときは，観察が終わってなるべく早く，喫茶店でも駅のベンチでもいいから，ノートを広げて記録を記入していくのがいい。

　最初に文書化される記録をメモとよぶかそれともそれ自体をフィールドノートとよぶかは，単なるネーミングの問題なので，どちらでもいい。

◇ ノートの整理

　メモやノートが溜まってくると，整理して保存していかなければならない。それは，研究一般に共通にあてはまることである。ホワイトの場合，彼が調査をしたグループごと（たとえばノートン団）にノートを大別し，それをさらにトピックスごと（たとえば，選挙やヤクザなど）に再分割していったようであるが，むろん，区分けのしかたは研究者それぞれが具体的な調査に応じて個別に工夫すべきことだろう。

　ついでにいっておけば，似たようなことは，統計的調査でも必要になる。これは，データ収集局面においてではなく，データ分析局面においてであるが，

2. 質的調査の方法

統計的データを分析していく際，膨大なメモ書きやノートや出力結果がどんどん溜まっていく。それらもやはり何らかの適切なやり方で区分してファイリングしておかなければならない。いわばこれらは，統計的研究における一種のフィールドノートを構成するのである。

さて，区分けのしかたを考えて，実際にメモやノートをそれに沿って物理的に区分して保存していくことと並行して，ホワイトは**索引作り**も行っている。

> しばらくすると，[グループごとに大別されたうちの]一つのホルダーノートが，所定のアイテムを直ちにみつけ出せる私の記憶の許容量を超えてしまった。そこで，初歩的な索引方法を工夫した。それは一頁を三コラムに分けたものだ。各インタビューまたは観察レポートごとに，①日付，②インタビューや観察をした個人，または複数の人，③インタビュー，観察記録の概要の三コラムであった。この索引は，三頁から八頁になる。ノートを再整理したり，ノートによって物を書いたりなどする時に，索引を五分から一〇分精読しただけで，私の持っている叙述全体の像や特定の項目がどのような位置にあるかについて，充分に理解された（前掲書，311頁）。

今日では，この索引は表計算ソフトやデータベース・ソフト，あるいはより専門的なフィールドノート編集ソフトを使って作成することができる。

イギリスの社会主義者であってかつ地方自治や社会保障制度の研究者でもあったウェッブ夫妻は，より徹底的に，データを最初からすべてカード・システムを使って記録すべきだと主張している。

> 日付［中略］は，すべての紙の同一の場所——例えば，用紙の右上すみに書かれなければならない。また情報源ないしその記録の正当性の根拠を書いておかねばならない。用紙の中央には，記事の本文を書く。すなわち，記録される事実が君自身の個人的な観察であれ，記録の抜きがき，ある文献からの引用，証言，統計数値，名簿，場所のリスト，数表などであれ，それを記述しておく。あるカードには，後に事実と比較してみるために仮説群を追加して記録してもよい（『社会調査の方法』東京大学出版会，84頁）。

> ……仕事机に向かってカードをさまざまのカテゴリーないし順序にしたがって組み変え，整理しなおす過程，まったくカードの整理法にのみ依存しているといってよい

この過程こそ，調査における多くの仕事の中でもっとも生産的な段階であることがわかったといっても，けっして過言ではない（前掲書，88頁）。

ウェッブ夫妻のやり方は，のちに，川喜田二郎がKJ法として推奨することになる方法の先駆けをなすといってもいいだろう。

むろん，索引作りやカード・システムを採用するかどうかは，各自が自分で決めることだ。こういう記録のしかたもあるということを知っておいて，それを参考にしながら，自分にとって適切だと思われる記録の方法を工夫していくことが重要である。

◇ 音声データと映像データ

音声データのうち，インタビューや会話の記録は原則として文書化しなければならない。いわゆる「テープ起こし」であるが，その際，①録音されていることをどの程度忠実に文書化するか，②誰が起こすか，という問題が存在する。

①に関しては，会話分析のように会話の微妙なニュアンスをデータとして活用したいときにはできる限り忠実に，しかも，アクセントの調子や中断時間などをも表現できる記号法を用いて文書化しなければならないだろう。しかし，そうでなくて，ただ話された内容が重要なときは，文章として意味の通ったものに直してもかまわない。あくまで，データのどの側面が研究にとって重要であるかによる。

②に関しては，絶対に研究者自身が起こすべきだという意見もあるが，これは，「できる限り」そうすべきだとやや柔軟に考えていいだろう。しかし，自分で起こさない場合でも，必ず，文書化されたものをみながら**自分自身**で録音を聞いてチェックしなければならない。これは，統計的な調査票調査の場合でも，回収された調査票にはできる限り研究者自身が目を通すこと，データ・クリーニングも分析そのものも誰かに任すのではなくできる限り研究者自身が行うべきことと同様である。研究者が生のデータに触れることは，データに表れているさまざまなニュアンスを通じて，対象者の意味世界に肉迫する上できわめて重要なことである。

なお，時間の制約があるときや分析の目的によっては，すべての録音内容を文書化しておく必要はないかもしれない。どこに何が録音されているかのある

程度詳細なリストを文書化しておき，分析や論述の必要に応じて録音の該当部分を文書化するという方法もあるだろう。映像記録の場合は，すべての文書化は不可能なことだから，これもまず必要なことはリストを作成することである。最近は，音声や映像もパソコンを使って保存整理することができる。

　電子媒体を利用するかしないかに関わりなく，文書であれ音声であれ映像であれ，どんな研究目的にとっても最低限共通に必要なことは，ホワイトのいう意味での何らかの「索引リスト」を作成することである。いつの，どんな内容の記録が，どこに保存してあるかが一目でわかるようなフィールド記録のデータベースである。このデータベースを作成しておけば，分析や執筆の途上で，もとのオリジナルなデータに立ち戻る必要が生じたとき，いつでも簡単にそれをみつけだすことができる。そして，もしも項目ごとにカード化して印刷すれば，ウェッブ夫妻がいうように，それを並べ直したり関連づけたりする作業を通じて，研究において最も重要な「創造的なひらめき」を得ることに役立てることができるだろう。

3. 分析法と論述のスタイル

3.1 多様なリアリティの水準

　記録されたデータを，どのように分析してどのように報告や論文にまとめ上げていくかは，基本的に，その研究が何をめざしているかに依存している。たとえば，対象者の主観に映じた世界を明らかにすることをめざすタイプの研究にとっては，データとして得られた素材はあまり加工されないでなるべく生のままで提示されることが望ましいと考えられるだろう。それとは逆に，対象者が主観的には捉えていないような隠れた制度を明るみにだすことをめざすタイプの研究であれば，まず，研究者がその隠れた制度についてあらかじめ何らかの予見ないし推測をもっている必要がある。そして，その予見をベースにしながらデータを分析していき，対象者のではなく研究者自身のカテゴリーや概念を用いてその制度を記述していくことになるだろう。

　このような違いは，質的研究とは何かについての概念化の違いとも密接に関

連している。それは,「明らかにすべきリアリティとはどのようなものか」についての考え方が,研究者によってさまざまに異なっていることを反映している。社会現象はきわめて多様な側面や水準からなっているので,その中のどこに焦点をあてて社会をみようとするか,どういう現実(リアリティ)をみつけだすことが研究として意義あることであるかについて,さまざまに異なる考え方が存在する。つまり,研究者によって,研究で見出そうとする「リアリティの水準」が異なるのである。

質的研究における異なるリアリティの水準には,大まかに次のようなものがあるといえるだろう。

① **日常性重視**　自然な日常的な文脈の中で観測しうることこそがリアルなものであり,研究とはそれをできるだけ正確に研究者による潤色を交えることなく報告することであるという考え方がある。たとえば,ウヴェ・フリックの『質的研究入門』では,質的研究とは「研究対象の複雑性に対して適切に開かれた研究の方法をとることであ［り］,……対象は統計で用いられるような変数に還元されるのではなく,その複雑な姿のままに,自然な日常の文脈の中で研究される」ものだとされている。

② **主観的意味世界**　日常性重視と密接に関連しているが,質的研究がめざすべきことは,対象者がみずからをとりまく世界をどのように理解し,そこにどのような意味を見出しているかという主観的意味世界を解明することだという考えもある。この場合,主観的意味世界として,対象者自身が用いている概念と主観的な意識のレベルにとどまるか,それともそれを超えて,精神分析が行うように,意識の深層にあるものを研究者の概念を用いてとりだそうとするかという深刻な対立がありうるが,いずれにしても対象者の主観的意味世界がどのように構築されているかにこそ,リアリティの在処があると考える。

③ **社会的相互作用の構造**　社会が人々の主観的な意味賦与や解釈過程からなっていることを前提にしながらも,主観的意味世界の解明にとどまるのではなく,人々の解釈過程を媒介にして成立している社会的相互作用の構造こそが解明されるべきだとする考えがある。これはもともと質的研究を代表する主要学派とみなされる**シンボリック相互作用論**の立場である。たとえばブルーマーは,研究者は「ありのままの経験的社会的世界」から「自然主義的」に得ら

れたデータをもとに出発するのではあるが，最終的にはある程度**抽象的な理論**を構築することをめざすのだと考えている。すなわち，ブルーマーにとって，研究とは次のようなプロセスからなっているのである。

> 観察および分析のために利用可能な経験的世界に直面すること。その世界に関する抽象的な問題を提起すること。その世界に対して訓練された注意深い検討を行うことによって，必要なデータを収集すること。そうしたデータのカテゴリー間の関係を取り出すこと。そのような命題を理論的な図式へと構成すること（『シンボリック相互作用論』勁草書房，60-61頁）。

すでに述べたように，**データ対話型理論**（grounded theory）を主唱しているB.G.グレイザーとA.L.ストラウスも，誇大な（グランド）ではなく，データに基礎をおいた（グラウンデッド）ものとしてではあるが，あくまで，**理論を構築**することが質的研究を含めた社会学の主目的だと考えている。

④　**隠れた制度**　さらに，フーコーの言説分析は，データとしての言説を通じてそれを生み出すもとにある社会的な構造的秩序を描き出すことを眼目としている。データの背後にあるより基底的な構造にこそリアリティがあるという考えは，構造主義がそうであったし，近年のカルチュラル・スタディーズや一部の構築主義的研究にも引き継がれている。あるいはまた，エスノメソドロジーや感情の社会学が，人々の会話や振る舞いや感情の分析を通じて，その背後にあると想定される社会的機制を明らかにしようとするのも同じ構図である。

以上，質的研究と一括りにされるものでも，それが明らかにしようとしているもの，すなわち研究が設定しているリアリティの水準にはさまざまなものがあることがわかる。

ついでに述べておくと，実はこの問題は，質的研究と量的研究とのイデオロギー的対立にも関係している。すでに第2章で述べたように，量的ないし統計的研究については，それが「客観的な方法」で「法則を定立」することをめざすものだという理解（誤解だが）が，それに賛同する論者にも反対する論者にもかなり広く抱かれている。この場合，「客観的に存在している法則的な構造」にこそ，研究がめざすべき探求のリアリティがあるとみなされているのである。本書は，第1章および第2章で，統計的研究をそのように考えることは間違い

図 14.1 調査研究の三つの構成要素

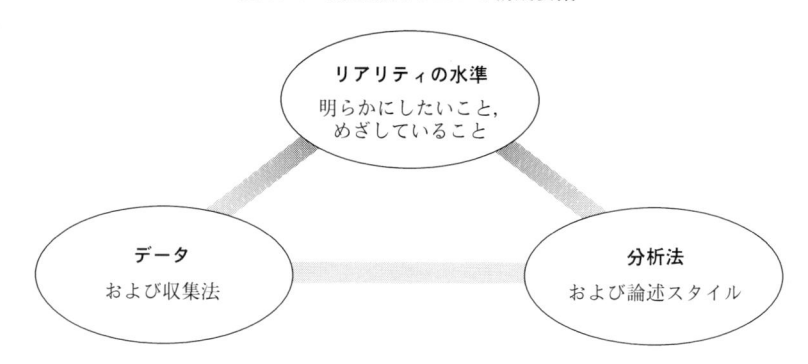

```
        リアリティの水準
        明らかにしたいこと，
        めざしていること
       /              \
      /                \
   データ              分析法
 および収集法      および論述スタイル
```

であり，統計的研究もまた「解釈」であるということを強調した。いまの文脈でいいかえれば，統計的研究もまた，統計的データを用いてではあるが，①の日常性はともかく，②の主観的意味世界，③の社会的相互作用の構造，および④の隠れた制度を明らかにしようとするものだといわなければならない。社会調査で得られる統計的データは，表面的には数量化されているとはいえ，もともとは人々の振る舞いだったり発話であったり思念であったりするものに関するデータなのである。

それはともかく，話を元に戻すと，質的研究の場合，リアリティの水準をどこに設定するかによって，データの分析方法と最終的な論述のしかたとが大きく左右される。統計的研究の場合には，何を明らかにするかの違いはあっても，方法として統計的分析法を用いるという点での共通性があるので，その共通の分析法を教えればいいのだが，質的研究での分析法はそのような共通性は乏しい。

とはいえ，ある程度それぞれのリアリティの水準を念頭におきながら，分析の方法と論述のスタイルとについて語ることはできるだろう。なぜなら，質的か量的かを問わず，どんな研究も，みずからが発見したことが他人にとっても**知る意義のある，真実の，新しい発見**であることを説得的に論述しなければならないからである。したがって，みずからが設定したリアリティの水準に応じて，どんなデータをどのように配置してどんな論述を進めていくかという戦略を立て，それにふさわしいようにデータを分析していかなければならない。す

3. 分析法と論述のスタイル　　265

なわち,「データの分析法」はそれ単独で決まるのではなく,図 14.1 のように
あくまで研究目的としての「リアリティの水準」および「収集されたデータ」
と相関しながら決まるものなのである。これは統計的研究でもそうなのだが,
ここでは質的研究に限定して,いくつかの分析法を解説することにしよう。

3.2 データ自身に語らせる

　口述史やライフストーリー研究やナラティブ分析などでは,日常的な生活世
界の中で対象者によって主観的に生きられた現実を明らかにすることを主眼に
しており,最終的な論述において,「データ自身に語らせる」というスタイル
をとることが多い。この場合,単に「ありのままに」を真に受けて,得られた
データをそのまま記述しただけでは,けっしてよい研究にはならない。多くの
場合,どうでもいい退屈な記述が続くだけである。実際のすぐれた口述史は,
研究者によってかなり編集されたものである。そのことは,一度でも実際の会
話や口述をテープにとって起こしてみると誰にでもわかる。普段の会話という
ものは,読んでわかるような語り方になっていないものである。

　口述史に限らず,できるだけデータ自身に語らせるという論述のスタイルを
とるときは,他人にとっても知る価値のあることが生のデータそのものに存在
していなければならないし,論述の中におかれたデータを読むこと自体が
読者にとって意義のあるものでなければならない。それは,データ自体が**物語
性**を担うということである。たとえば,『ストリート・コーナー・ソサエティ』
で重要なインフォーマントでありかつ主要な登場人物であるドックを紹介する
論述で,ホワイトは次のような書き方をしている。

　　ドックは自分の幼少時代のことを次のように話してくれた。
　　「おれは子供の頃,きちっとした身なりをしていた。いつも小ぎれいな服を着ていた
　　から,玄関口に腰掛けたりすると,母は新聞紙を敷いてすわるようにいつも注意した
　　ものさ。……」(『ストリート・コーナー・ソサエティ』8 頁)

　このあと,ドック自身の長い口述の引用が続くのだが,ここでホワイトは登
場人物であるドックの生い立ちと生活環境とを本人の語りとして論述しており,
その語り自体が興味のある読み物になっているのである。

むろん，ここでホワイトはドックの話したことをそのまま再現しているのではない。さまざまな機会にドックから聞いた話を自伝風に再構成したものである。このように，実際のデータは話のテーマや時間の順序が飛んだりさまざまに入り組んでいるものなので，「データ自身に語らせる」といっても，基本的に研究者自身がデータを整理して，語るにふさわしい部分をとりだし，それらの順序を考えなければならない。このためには，一般に次のような作業を行っておくのがいいだろう。

① データを適切な部分に分解し，それぞれの部分にタグ（付票）をつける。タグには，当該部分の「主題」「時点と状況」，そして研究者自身のコメントなどを記入しておく。

② タグの主題と時点を主な手がかりとして，データをどのように配置することで，どのような物語を浮かび上がらせることができるかを考える。あるいは逆に，すでに研究者の念頭に浮かんでいる物語が存在する場合には，データをどのように配置することによってその物語がもっともらしくなるかを考える。

3.3 データのコード化

インタビュー記録や既存の文書テキストから，多少とも抽象的な概念をとりだすことを行おうとするときは，一般に，データを分割してそれぞれを**コード化**（コーディング）するのがいい。

コード化は，統計的な調査票調査において，自由回答項目をコーディングしていくのと基本的には同じである。コード化する単位は，データの性質や研究の目的によってさまざまに分かれる。たとえば，文書データの場合でも，

(a) 単語（場合によっては文字），単語のリスト
(b) 文節，文
(c) 段落
(d) それ以上に長いもの
(e) 一つの作品そのもの

など，さまざまなレベルでの分け方がある。調査票の自由回答のコーディングは，主として(a)の単語レベルかせいぜい(b)の文節や文のレベルのものを対象にしている。それとは逆に，たとえば「戦後日本の社会学の歴史」というよう

な研究プロジェクトにとっては，さまざまな論文や著作の一つが分析の単位を構成することになる。

　コード化とは，コードを与えることだから，**コード群**が存在するか作られるかしなければならない。質的研究の場合は，統計的研究と違って，あらかじめコードが用意されていることは少ないだろう。したがって，コード作成は，データの収集や記録とともにあるいはそれよりもあとに始まるのであり，さまざまな試行錯誤を伴うことになる。

　与えられるコードがどのようなものであるべきかは，研究の目的ないし，研究者の解釈次元に依存している。たとえば，ある文学作品をそこに描かれた「家族観」という問題関心から分析する場合と，そこに現れてくる「階級支配の構造」を明らかにしようとする場合とでは，研究者が用いるコード体系はかなり違ったものになるだろう。

　コード化されたデータをどのように分析するかも，さまざまにある。以下に，その主要な方法を紹介しておこう。

3.4　質的データの統計的分析と質的内容分析

◇　質的データの統計的分析

　文書データのような質的データを何らかの単位で区切って，一つ一つの単位をケースとみなせば，それらに対して**統計的分析**を行うことができる。この代表的な方法として，**計量文献学**で行われているものと，社会学でも広く行われている**内容分析**とがある。

　計量文献学というのは，源氏物語やシェークスピアの作品のような生のままの文書テキストを，統計的分析によってその統計的な特徴をつかみだし，複数のテキストのあいだで比較したり，関連を考察したりするものである。最も単純には，単語の出現頻度や一組の単語が近接して使用される頻度やセンテンスの長さの分布などが，統計的な特徴として用いられる。さらには，こうした特徴をもとにして，異なるテキスト間の統計的な近似度をクラスター分析などで明らかにしていくことも行われている。

　こうした計量文献学的方法は，それ自体としては当該テキストの思想を解釈するものではなくて，単にテキストの外的な特徴を分析しているだけだから，

主観的意味世界や観念体系を探求しようとする社会学の質的研究にとってはあまり関係がないとみられるかもしれない。どちらかといえば質的研究というよりは統計的研究に属しているといっていい。しかし，実際の社会学的研究において，新聞記事から，たとえば「公平」という単語の出現頻度の時代変化をみることで，「公平」に関する社会的関心の高まりの変化を議論することもある。これも，社会学の質的研究の一つの方法と考えてよいだろう。

◆ 内 容 分 析

　生の文書テキストそのものよりはむしろ，テキストの内容を何らかのかたちでコード化したものに対して統計的分析を施すことを**内容分析**といい，マスメディア研究などで広く行われている。内容分析は，質的データを統計的に分析する手法を代表するものである。この場合，テキストの外見的な特徴ではなく，研究者によってその内容のある種の解釈がコードとして与えられたものを扱うので，計量文献学の方法よりは文書テキストの思想の特徴をとりだすのにより適している。

　よく知られている内容分析の例に，見田宗介の「ベストセラーの戦後日本史」（『現代日本の精神構造』弘文堂）がある。ここで見田は，1946年から62年のあいだにベストセラーになった本を，「現代史と現代社会への関心」「恋愛とセックスにたいする関心」など，七つのテーマに分類し，さらにベストセラーの順位で得点化して，それぞれのテーマの得点の時代変化を統計的に示している。その上で，ほかの資料も活用しながら，ベストセラーの「背後にある国民の欲求ないし関心」を探求し，この戦争直後からの17年間に，人々の関心が「時代と人生の「意味」にたいする根元的な問いかけから，日常的な幸福や生活技術の追求へ」と移っていったと考察しているのである。

　この例にみられるように，内容分析は一般に次のような手続きからなっている。

　① 文書テキストからなるケース・データ（見田の場合は，ベストセラーになった「本」）を収集する。もしくは文書テキストを，ケース・データに分割する。

　② 個々のケース・データに対して，そのテキストにみられる思想や観念の内容を表すカテゴリーをコードとして与える。一つのケースに複数個のカテゴ

3. 分析法と論述のスタイル

リーを賦与してもいい。したがって、カテゴリーの体系は一つではなく、複数であってもいい。これによって、「ケース×(カテゴリー値＋他の属性)」からなる統計的データが作られる。

③　この統計的データを統計的に分析することによって、たとえば、時代別のカテゴリー分布の変化をみたり、カテゴリー間の関連のしかたや、カテゴリーの集合の統計的分布構造などを調べたりする。

④　統計的分析結果を手がかりにしながら、全体の文書テキストデータについて、その思想や観念の構造を考察する。

この通常の意味での内容分析は、次の質的内容分析と区別する必要があるばあい、**統計的内容分析**とよぶことができるだろう。

◇ **質的内容分析**

とくに統計的分析は使わないで、カードなどを使った内容分析もある。それぞれのカードには、重要と思われる文書テキストの抜き書きと、それに与えるカテゴリーおよび当該テキストについてのほかの情報を記入していく。ここで全体のテキストのどの部分に注目するか、それにどのようなカテゴリーを与えるかという作業は、一つのカードを新しく作成するたびにすでに作成したものと比較し、コード化の整合性をチェックしていくことを伴うので、この作業に入ったときからもう分析は始まっていることになる。グレイザーとストラウスは、このような作業を進めていくと、次のようなことが可能になるという。

> ……非常に早い時点でカテゴリーの理論的諸特性が産み出されるようになる。分析者は次のような多様な観点からその思考を開始することになる。すなわち、問題のカテゴリーを類型あるいは連続体としてとらえた場合に、その類型や連続体がカバーする全範囲とか、カテゴリーの次元、カテゴリーが際立ってきたりあるいは限りなく目立たなくなる条件、その主要な諸帰結、他のカテゴリーとの関係、カテゴリーのその他の特性、といった観点がそれである(『データ対話型理論の発見』新曜社、151頁)。

この作業を彼らは「絶えざる比較」とよんでいるが、これはウヴェ・フリックが「質的内容分析」とよんでいるものとほぼ等しい。

質的内容分析は、統計的内容分析と違って、全体のデータをあまり大量のケースに分割して扱うことはできない。その代わりに、それぞれのカードにはあ

る程度詳細なもとのテキストが記入してあるので，分析の途上で常にテキストそのものの解釈の試みを繰り返し続けることができる。

　なお，統計的と質的とを問わず，内容分析は「分析」とよばれているけれども，通常の統計的分析法と違って，何か結果を導き出すアルゴリズム，すなわちそれに従っていけば必ず何かの結果が得られるという決まった手続きが存在するわけではない。与えられた質的データの中に，知るに値するどのような事実があるのかを見出すのはあくまで研究者の「ひらめき」である。内容分析の方法は，そうしたひらめきを引き出す可能性を高めてくれるだけだということに注意しなければならない。

4. 方法の対立を超えて

　これまでの社会学の歴史をふりかえってみると，社会学の探究がどのような方法を用いてなされるべきかについて，驚くほど盛んに議論されてきたことがわかる。古くは，デュルケムの『社会学的方法の規準』や，ヴェーバーの『社会科学と社会政策にかかわる認識の「客観性」』に始まって，集合主義か方法論的個人主義か，理念主義か実証主義か，巨大理論か中範囲理論か，客観主義か主観主義か，本質主義か構築主義かなど，社会学の歴史は方法対立の歴史であるかのようにもみえる。このため，社会調査法における質的か量的かをめぐる理論や質的研究の内部でのさまざまな方法上の差異も，しばしばヴェーバーのいう「神々の闘争」のような，宗教戦争のごとき様相を呈してきた。

　こうした方法上の対立はけっして単なる技術的な対立ではないのは確かである。それは，そもそも社会的世界とはどのようなものであって，その中の何をどのように明らかにすることが「良い探求」であるかについての包括的な教義に関わっているのである。方法上の対立は，社会的世界の本質をめぐる存在論上の対立と科学的探求の意義をめぐる認識論上の対立，そしてさらに，認識と実践をめぐる哲学的な対立と密接に関連している。たとえていえば，それは単に，東京から大阪へ行くのに新幹線がいいか飛行機がいいかの対立ではなく，そもそも大阪はどこにあるかをめぐる対立なのである。

4. 方法の対立を超えて

　世の中にさまざまな学問分野がある中で，社会学ほどこのような「根源的問題」に常に関わり続けている学問はないだろう。普通，通常科学（ノーマル・サイエンス）として確立されてくればくるほど，根源的問題は克服されるか忘れ去られていく。いつまでもそれにかかずらうのは，社会学が学問として成熟していないことの証でもある（ただし，成熟していないことは，必ずしも悪いことではない）。

　このような根源的問題をめぐる対立状況の中で，社会調査法のテキストとして本書がとってきた基本的立場は，対立状況を無視することではなく，対立があるという認識のもとで，なおかつ共通の基盤と考えられるものを設定することであった。

　具体的には，本書は，社会的世界とは人々の意味作用によって構築されている「意味世界」であって，それを解釈的に探求するという点において，統計的研究も質的研究も同じであると考えている。したがって，社会学の統計的研究が，社会的世界の中に物理学のような法則を探求するのは間違いであるとともに，質的研究だけが解釈的方法という特権をもつわけでもない。意味世界としての社会的世界を解釈的に探求するという点において，統計的研究も質的研究も，いわば「同じ神」につかえるのである。

　しかしながら，この共通の基盤のもとでも，「何をどのように明らかにすることがいい探求であるか」についての研究者の意見はさまざまに異なっており，そのため，依然として多くの方法上の対立が残っている。あくまで対象者の主観に映じた世界を明らかにすることをめざすべきだと考える人もいれば，対象者の主観を超えて隠れた社会的制度や権力を明らかにすることをめざすべきだと考える人もいる。またある人は，複数の対象者がそれぞれの当事者の解釈を媒介としてどのような社会的相互作用が立ち上がってくるかを明らかにすべきだと考えていたりする。

　本書は，このような違いはあってしかるべきだと考える。何をどのように明らかにすることをめざすかについて，さまざまな考えと研究があって何らまわない。社会学に限らず，学問とは本来的に多元主義的に開かれているのであり，そうあるべきなのである。

　ただ，そうはいいながら，一つの点だけは注意を促して強調しておきたい。

それは，何をどのように明らかにするかをめざすにしても，研究者はみずからの探求がめざしていることが同時にほかの人々にとっても探求する意義のあることになっているだろうかということを，常にみずからに問いかけ続けるべきだということである。これは，研究というものは学問共同体を前提にしてはじめて成立するものであり，何らかの研究をしようとする人はみずからの探求が何らかの公共的な価値を担うべきだという規範に従わなければならないからである。

　質的研究であれ，統計的研究であれ，研究者はみずからの探求が同時に普遍的に知る意義のある探求であることをめざさなければならない。どういう方法を用いるかは，その目的のためにどのように探求すべきかという観点から，決められなければならない。本書は，どのような方法があるかについて紹介しさまざまに説明してきた。この先，何かを調査したり研究しようとする際，どういう方法が自分にとってふさわしいかを考えるのに，これらの方法が参考になることを願っている。

＊＊＊　第14章　練習問題　＊＊＊

14.1　次のような現象について調査研究を行おうとするとき，⑴どのような問いを立て，⑵どのようなデータをどのようにして収集し，⑶どのように分析することによって問いに答えることができると考えられるか，考察してみなさい。

　(a)　町づくり運動
　(b)　全国の大学における「社会調査法」の教育
　(c)　プライバシー権の歴史

14.2　次のいずれか，もしくはそれ以外の適当なデータを用いて，内容分析を行ってみなさい。

　(a)　ある新聞の一ヶ月間の社説
　(b)　あるニュース番組の一週間分のニュース報道
　(c)　日本社会学会の機関誌『社会学評論』に掲載された論文の時代分析

(たとえば，1970～74 年にかけての論文と 2000～04 年にかけての論文とを比較する)
(d) 世界の憲法（いくつかの国について）

第15章
確率の基礎

本章は，本書において解説した社会調査の方法を理解するために必要な限りでの確率論について解説する。直接に確率に関する基本的な知識があった方がいいのは，検定と推定に関わる章（第10～13章）であるけれども，第7章のサンプリングの無作為抽出の原理をさまざまな場面で応用して考えることができるためにも，確率についてある程度の知識があった方が望ましい。

1. 確率の概念

1.1 確率の定義

われわれは日常生活でもよく「確率」という言葉をみたり聞いたりする。「雨の降る確率」「くじに当たる確率」あるいは「合格する確率」などである。「交通事故にあう確率」とか「ガンで死ぬ確率」などというのもある。

でも，確率とはいったいなんだろうか。朝の天気予報で「今日の夕方，雨の降る確率は30％だ」といわれたとき，傘をもってでかけるべきかどうか迷う人は多いだろう。現実に起こることは「降る」か「降らない」かのどっちかだ。「30％の確率で降る」とは，いったいどんな事態なのだろうか。

一個のサイコロを転がすとき，われわれはでてくる目が1, 2, 3, 4, 5, 6のいずれかであって，しかもその確率がすべて等しく1/6だということを知っている。しかし実際には誰もその確率を「みた」ものはない。一回だけ転が

すと，でてくる目は 1 から 6 までの「どれか一つ」であって，けっして「1 から 6 までが 1/6 ずつ均等にでる」という事態が起こるわけではない。ではなぜわれわれは「確率が 1/6 だ」ということを知っているのだろうか。

それは，実はサイコロの目がでるしかたについてのわれわれの仮説なのである。仮説だから，厳密には正しくないかもしれない。現実のサイコロだと，たとえばちょっとだけ 1 の目が出やすいようなものもあるかもしれない。われわれが「確率は 1/6 だ」というのは，「理想的なサイコロ」についての話なのである。このように，確率というのは，「何が起こるか」ではなく，「どのようなしかたで起こるか」という，現象が生起するしかたに関して用いられる概念である。

確率に関する理論は数学の一分野になっている。それは，長さや面積や体積が数学の一分野であることと似ている。そこでは，理想的に考えられた世界でのさまざまな数量のあいだの関係の構造が明らかにされるのである。1 個のサイコロの目の出方を例にしながら，確率の数学的な定義を説明しよう。

まず，起こりうる出来事，たとえば「1 の目がでる」「偶数の目がでる」などを**事象**とよぶ。一般には事象を集合だと考える。たとえば，「偶数の目がでる」という事象は，集合 A = {2, 4, 6} として考えることができる。

二つの事象 A と B との**和集合** A∪B は，「「事象 A もしくは事象 B が起こる」という事象」に対応している。たとえば，B = {1, 2} とすれば，先の A との和集合 A∪B は「1 の目がでるかもしくは偶数の目がでる」という事象に対応している。また**積集合** A∩B は，「「事象 A が起こりかつ事象 B が起こる」という事象」に対応している。たとえば，A∩B は「2 の目がでる」という事象を表している。

すべての起こりうる事象の和集合を考え，一般に Ω（オメガ）で表す。サイコロの目の場合，Ω = {1, 2, 3, 4, 5, 6} である。そうすると，個々の任意の事象 A は，Ω のある部分集合になる。すなわち A⊆Ω。Ω を**全事象**とよぶ。さらに，**空集合** φ（ファイ）も考える。φ は，集合としては任意の集合 A に含まれる（φ⊆A）と考える。このとき，確率は次のように定義される。

1. 確率の概念

定義 15.1　確率の定義　　全事象Ωの中の任意の部分集合（＝事象）に対して，次の規則に従って 0 から 1 までのあいだのある実数値を与える関数 P の値を「**確率**」とよぶ。

(1)　$P(\Omega)=1$

(2)　任意の部分集合 A について，$P(A) \geq 0$

(3)　もし $A \cap B = \phi$（空集合）ならば，$P(A \cup B) = P(A) + P(B)$

　　（このような事象 A と B は**互いに排反**であるという。）

確率の概念と確率の諸性質のすべては，基本的にこの定義の中に含まれている。われわれが確率の大きさと考えているものは，上の定義の(1)〜(3)の規則を満たすかたちで諸事象に対して割り振られた数値のことである。

ただし，この定義は，「確率の大きさ」は明確に規定しているけれども，どういう現象が確率的な現象であるかについての定義ではない。実体的な意味での「確率現象」が何であるかについての考え方は，それぞれの現象についての研究に任せて，確率論はそれらに共通する確率の大きさの数学的な構造を明らかにするものである。

上の定義から，ただちに，次の二定理が導かれる（常識的だけれど，示しておく）。

定理 15.1　任意の事象について，$P(A) \leq 1$

定理 15.2　任意の二つの事象について，
$$P(A \cup B) = P(A) + P(B) - P(A \cap B) \tag{15.1}$$

なお，もしも全事象Ωが，$\Omega = \cup E_i$（E_i すべての和集合がΩに等しい）であって，かつ任意の異なる i, j について $E_i \cap E_j = \phi$（E_i と E_j とは互いに排反）であるような部分集合 $E_1, E_2, \cdots\cdots$ に分割され，しかも，すべての事象がこれらの集合の何らかの和集合で表されるとき，これらの $E_1, E_2, \cdots\cdots$ を**要素事象**という。サイコロの目では，$E_1 = \{1\}$, $E_2 = \{2\}$, $\cdots\cdots$ などが要素事象になる。

1.2 事象の独立と条件付き確率

確率論において,「独立」の概念ほど重要なものはない。統計的検定においても, 確率的な「独立」を前提にしたり, 現象が「独立」か否かを検討することが多い。「独立」という概念は次のように定義される。

定義 15.2 事象の独立　事象 A と B について, その結合事象の確率がそれぞれの確率の積になっているとき, すなわち

$$P(A \cap B) = P(A) \times P(B) \tag{15.2}$$

が成立しているとき, A と B とは**独立**であるという。

たとえば, サイコロの目に関する次の三つの事象のうち, どれとどれが独立だろうか。

A = {2, 4, 6}　「偶数の目がでる」
B = {1, 2}　「2以下の目がでる」
C = {4, 5, 6}　「4以上の目がでる」

この三つの事象から二つずつを組合せてできる三つのペアのうち, 独立なのは A と B との組だけである。実際,

$$P(A \cap B) = P(\{2\}) = \frac{1}{6}$$

であるが, これは $P(A) \times P(B)$ に等しくなっている。他方, A と C, B と C とには, (15.2) の等号は成立しない。したがって, 事象 A と B とは独立であるが, A と C, および B と C とは独立ではない。

なお, 事象の組が独立だということと, 排反だということとを混同しないように注意しよう。「独立」という言葉は, 「独立な人格」や「独立国家」のように, しばしば「関係がない」「切り離されている」という意味があるので, 「共通の要素をもたない」という「排反」のニュアンスでとられることがある。しかし, 日常用語にはそういう意味もあるけれども, **確率論の用語としての「独立」は, 「排反」とはまったく異なる概念である**。実際, 上の A と B とは独立だが排反ではないし, B と C は排反であるが独立ではない。集合のベン図で表せば, 図 15.1 のようになっている。

1. 確率の概念

図 15.1 独 立 と 排 反

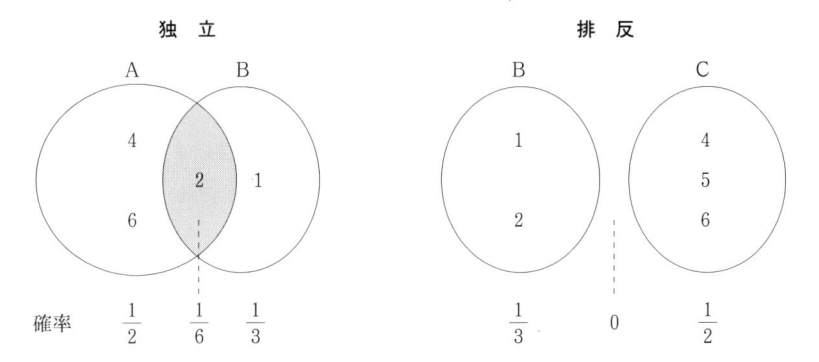

独 立

A: 4, 6, 2
B: 2, 1
A∩B: 2

確率: $\frac{1}{2}$, $\frac{1}{6}$, $\frac{1}{3}$

排 反

B: 1, 2
C: 4, 5, 6

確率: $\frac{1}{3}$, 0 , $\frac{1}{2}$

> **コラム 10　何が独立か**
>
> 確率的だと思える現象のうち，実際にどれが独立でどれがそうでないかは，必ずしもアプリオリには決められない。よく「1等のでやすい宝くじ売場」が話題になるが，もしも異なる宝くじがお互いに独立であるならば，そのような宝くじ売場は存在しない。たまたま（売り上げ枚数が多いこともあって）何度か続けて1等がでただけである。しかし，本当に「1等のでやすい」売場があると考えて，できるだけそこから買おうとする人は，異なる宝くじは「必ずしも独立ではない」と信じていることになる。

独立を仮定すると確率の計算が容易になることが多い。たとえば二つのサイコロを同時に投げたとき，二つとも「1」の目がでるという事象の確率は $1/6 \times 1/6 = 1/36$ と求められる。これは，二つのサイコロの目の出方が独立の事象だと前提されるからできる計算である。

独立の概念の意味は，条件付き確率を考えると比較的わかりやすい。条件付き確率とは，ある事象 A をあたかも全事象であるかのようにみなしたときに（つまり，その事象が起こる確率を1としたときに），その中で事象 B が起こる確率を求めたものであり，次のように定義される。

定義 15.3　条件付き確率　事象 A を条件とする事象 B の**条件付き確率** $P(B|A)$ は，次の式で定義される（ただし $P(A) \neq 0$ とする）。

$$P(B|A) \equiv \frac{P(A \cap B)}{P(A)} \qquad (\equiv は定義式を意味する) \qquad (15.3)$$

たとえば，先ほどの事象 A「偶数の目がでる」と B「2 以下の目がでる」で考えると，「偶数の目がでるという**条件のもとで** 2 の目がでる」という条件付き確率は，

$$P(B|A) = \frac{\frac{1}{6}}{\frac{1}{2}} = \frac{1}{3}$$

となっている。逆に B を条件とする条件付き確率を考えることもできる。

もしも事象 A と B とが独立であったら，$P(A \cap B) = P(A) \times P(B)$ だから，それらのあいだの条件付き確率には次のように特殊な性質が存在する。

定理 15.3　事象 A と B とが独立なときは，そしてそのときにのみ，

$$P(B|A) = P(B) \qquad (15.4)$$

すなわち，**事象 A と B が独立であれば，A を条件とする B の条件付き確率は事象 B の確率に等しい**。A と B を入れ換えても同様である。また，条件付き確率が事象そのものの確率と等しいならば，二つの事象は独立である。

2. 確率変数

2.1 定　義

確率的である事象には，数量的なものもそうでないものもある。サイコロの目は数量的であるが，「雨が降るかどうか」は数量的ではない。ただし，もしもそれを「降雨量」で考えればそれは数量的である。数量的な値をとる確率現象については平均や分散などのよく知られた概念を利用することができ，さま

ざまなタイプの確率の分布のしかたが解明されている。このような確率現象を表現するために，確率変数という概念を用いる。

定義 15.4　確率変数の定義　ある実数値をとる変数 X があって，それが「ある値をとること」，あるいは「ある範囲の値をとること」が確率事象であるとき，X を「確率変数」とよぶ。

たとえば，サイコロを振ったときにでる目の値を X とすれば，この X は確率変数である。あるいは，もしもある人のセンター入試の得点が確率事象であるならば，それも確率変数である。

確率変数には大きく分けて**離散型**のものと，**連続型**のものとがある。この二つは「とりうる値の集合の大きさ（濃度）」によって区分される。たとえばとりうる値が 1 から 6 までの整数値であるサイコロの目は離散型である。とりうる値の集合は $\{1, 2, \ldots, 6\}$ で，集合の大きさつまり要素の数は 6 である。それに対して，「0 から 1 のあいだの任意の実数値を等確率でとりうる確率変数」というものを考えると，とりうる値の集合とは「0 から 1 までの実数」であって，その集合の大きさは無限なので数値では与えられない。

一般に，数の集合の大きさは，**可算**（可附番個）か**連続**かに分けられる。可算というのは，有限かもしくは自然数の集合と同じ大きさのことをいう。この場合には，その集合の要素に 1, 2, 3, …… という自然数の番号をつけることができる。他方，連続というのは実数の集合と同じ大きさをもつことをいう。このときは，すべての要素に番号をつけることは不可能である。

この集合の大きさの概念を用いて，確率変数 X のとりうる値の集合の大きさが**可算であるとき，X を離散型の確率変数**といい，集合の大きさが**連続であるとき，連続型の確率変数**であるという。

X が離散型の場合，とりうる値に順番をつけて，x_1, x_2, …… とすることができて，「$X=x_1$」「$X=x_2$」などが確率事象となる。そして，それぞれの事象の確率を $P(X=x_1)$, $P(X=x_2)$, …… などと表わすことができる。（一般に，確率変数は大文字で表し，そのとりうる値を小文字で表す。）

また，それぞれの値 x_i に対応する確率を $p(x_i) \equiv P(X=x_i)$ とも表して，これを**密度関数**とよぶ。

明らかに，すべてのとりうる値 x_i について $p(x_i)$ を合計したものは，1 になる。すなわち，

$$\sum_{i=1}^{\infty} p(x_i) = 1 \tag{15.5}$$

この Σ は無限個の $p(x_i)$ を加える式になっているが，異なる値が有限個のときは，それ以降の $p(x_i)$ は 0 となるので無視してよい。

離散型確率変数には次のようなものがある。

サイコロの目 サイコロの目がとりうる値は $x_1=1$，$x_2=2$，……と表せる。そうすると $i=1$，……，6 に関して，$p(x_i)=p(i)=P(X=x_i)=1/6$ となっている。

二値変数 当たりが 10 個，外れが 90 個入っているクジがあるとする。ここから無作為に一回だけクジを引くと，「当たり」の確率は 1/10，「外れ」の確率は 9/10 である。これについて，次のような確率変数 X を作ることができる。

$$\begin{cases} \text{「当たり」ならば「} X=1 \text{」} \\ \text{「外れ」ならば「} X=0 \text{」} \end{cases}$$

そうすると，$p(1)=1/10$，$p(0)=9/10$ である。

このように，「当たりか外れか」のほかにも，「雨が降るか降らないか」「男か女か」「賛成か反対か」など，可能な状態がちょうど二つあるような確率現象は，いつでも 0 か 1 かの二値の確率変数で表現することができる（どっちを 1 にするかは好みのまま）。1 に対応する現象の確率を π（パイ）とすれば，他方の確率は $1-\pi$。つまり，$p(1)=\pi$，$p(0)=1-\pi$ となっている（この π は 0 と 1 のあいだの何らかの値で，円周率とは無関係）。

このような 0 と 1 とだけの値からなる確率変数の分布を**ベルヌーイ分布**とよぶ。

2.2 二項分布

サイコロを n 回投げたとき，4 の目は何回でるだろうか。むろんこの回数は決まっていない。0 回もありうるし，n 回もありうる。それでは，一般に x 回 ($0 \leq x \leq n$) だけ 4 の目のでる確率はどのようにして求められるだろうか。

2. 確率変数

図 15.2　サイコロを 3 回投げたとき 4 の目のでる回数の分布

要素事象	4の目のでるパターン			4の目がでた回数(x)	確率
	1回目	2回目	3回目		
E_1	○	○	○	3	$\dfrac{1}{6^3}$
E_2	○	○	×	2	$\dfrac{5}{6^3}\left(=\dfrac{1}{6}\times\dfrac{1}{6}\times\dfrac{5}{6}\right)$
E_3	○	×	○	2	$\dfrac{5}{6^3}$
E_4	×	○	○	2	$\dfrac{5}{6^3}$
E_5	○	×	×	1	$\dfrac{5^2}{6^3}\left(=\dfrac{1}{6}\times\dfrac{5}{6}\times\dfrac{5}{6}\right)$
E_6	×	○	×	1	$\dfrac{5^2}{6^3}$
E_7	×	×	○	1	$\dfrac{5^2}{6^3}$
E_8	×	×	×	0	$\dfrac{5^3}{6^3}$

　たとえば，$n=3$ として，起こりうる要素事象をすべて書き出してみよう。4 の目がでることを○，それ以外の目がでることを×で表し，起こりうる事象と 4 の目のでる回数およびそれぞれの確率を求めると図 15.2 のようになる（それぞれの回で 4 の目のでる確率は 1/6，それ以外の目のでる確率は 5/6 になっている）。

　要素事象（場合）の数は全部で 8 個あり，4 の目のでる回数は，E_1 の 3 回から E_8 の 0 回までに分かれている。ある x について，「4 の目が x 回でる確率」は，回数がちょうど x になっているような要素事象の確率の和になる。たとえば $x=2$ について考えると，$x=2$ となる要素事象は E_2，E_3，E_4 の三つである。したがって，「$x=2$ となる事象全体」はこれらの和集合「$E_2 \cup E_3 \cup E_4$」となる。よって，（要素事象が排反的であることから，確率の定義 15.1 の (3) より）$x=2$ となる確率は，

$$P(x=2) = P(E_2 \cup E_3 \cup E_4)$$
$$= P(E_2) + P(E_3) + P(E_4)$$
$$= \frac{5}{6^3} + \frac{5}{6^3} + \frac{5}{6^3}$$

$$= 3 \times \frac{5}{6^3}$$

このように，サイコロを3回投げたとき4の目がx回でる確率はいくらかを問題にするとき，「4の目のでる回数X」は，0，1，2，3の値の上に確率分布している。この確率変数Xが従っている分布が二項分布である。

二項分布は一般的に次のように定式化される。

1回ごとにおいては確率πで起こるという確率現象があるとする。この現象がn回繰り返されたとき（それぞれを試行という）に，当該の事象が起こった回数を確率変数Xとする。ここで，n回の試行がすべて**お互いに独立であるならば**，Xは次の分布に従い，この分布を二項分布という。

$$P(X=x) = p(x) = {}_nC_x \pi^x (1-\pi)^{n-x} \tag{15.6}$$

この式について説明しておこう。説明をわかりやすくするために，1回の試行である事象が起こることを「Aが起こる」と表現することにしよう。n回の試行のうち，ちょうどx回だけAが起こるという事象は，一般に複数の要素事象からなっている。何回目にAが起こるのかがそれぞれ異なるのである。ただ，何回目に起こるかの違いはあっても，**合計してx回だけAが起こるという要素事象の一つ一つの出現確率**は，共通して，

$$\pi^x (1-\pi)^{n-x}$$

で与えられる。どれか一つの回でAが起こる確率はπで，その出来事が合計してx回起こり，ほかの$(n-x)$回は「Aが起こらない」ということが$(1-\pi)$の確率で起こっている。そして，Aが起こるかどうかは異なる回のあいだでは独立なので，独立の定義より，各回の確率を乗じたものが一つの要素事象の確率になる。かけ算は順序を変えても結果は同じだから，すべて共通に上の式で表されるのである。

では，x回だけAが起こるという要素事象は全部でいくつあるのだろうか。これは，図15.2をヒントに考えると，○と×が合計してn個並んでいる記号の列のうち，○がx回だけ現れているような異なるパターンの数である。これは「n個の異なるものの中からx個をとりだす場合の数」に等しい。この

「場合の数」とは，たとえば「一人ひとり識別された n 人から x 人を選出する場合の数」「1 から n までの自然数の中から，x 個の自然数をとりだす場合の数」「n 枚（$n \leq 52$）の異なるトランプカードから x 枚をとりだす場合の数」などに等しい。これらは，いわゆる「組合せの数 $_nC_x$」で，次の右式を計算して求められる。

$$_nC_x \equiv \frac{n!}{x!(n-x)!} \tag{15.7}$$

(! は「階乗 factorial」を表す。$n! \equiv 1 \times 2 \times \cdots\cdots \times n$。ただし，$0! \equiv 1$。)

たとえば，$n=3$, $x=2$ のとき，

$$_3C_2 = \frac{1 \times 2 \times 3}{(1 \times 2) \times 1} = 3$$

で，先ほどの $x=2$ となる要素事象の数になっている。

二項分布をする確率変数はさまざまな現象において考えることができる。

① もしも，生まれてくる一人の子どもの性別（男女比）が 1/2 の確率で，計 n 人の子どもをもうけるとすれば，そのうち女の子が x 人であるという現象の確率は $_nC_x(1/2)^n$ で与えられる（ただし，それぞれの子どもの性別はお互いに独立に決まっていると仮定して）。

② ある意見に賛成する人の割合が π であるような母集団があるとする。そこから単純無作為抽出で n 人の標本をとったとき，その中の x 人が賛成である確率は (15.6) 式で与えられる。

③ n 人の友人がいて，どの友人も 1 日に確率 π で 1 件のメールを送ってくるとする。このとき，ある 1 日に x 人の友人からメールが送られてくる確率もやはり (15.6) 式で与えられる（ただし，友人の行動がお互いに独立だと仮定して）。

3. 連続型確率変数

3.1 分布関数と密度関数
◇ 分 布 関 数

　0から1までの任意の実数値を等確率でとるような連続型の確率変数 X を考えてみよう。いま「等確率で」と書いたが，実は連続型の確率変数については，簡単に「等しい確率で」ということができない。というのは，ある実数値 $x(0 \leq x \leq 1)$ について確率 $P(X=x)$ を考えたとしても，容易にわかるように，この確率の値は0になってしまうからである。つまり，ある1点の値をとるか否かというかたちでは事象の確率は有意味には与えられないのである。したがって，$p(x)$ というかたちでの密度関数も一般には定義できない。そのため，連続型については，X がある**範囲内**の値をとるか否かということを基礎にして確率を考えていく。いまの X だと，たとえば $P(0 \leq X \leq 0.5)$ という確率を考えれば，その値は 0.5 として明確に定められる。

　連続型の確率変数については次で定義される**分布関数** $F(x)$ というものをまず考える。

$$F(x) \equiv P(X \leq x)。 \quad (-\infty < x < \infty) \tag{15.8}$$

すなわち，分布関数 $F(x)$ というのは，X がある実数値 x 以下の値をとる確率の大きさを x の関数として表したものである。x 軸上で，x 以下の値の範囲は，x が大きくなるに従って広がっていくから，分布関数 $F(x)$ は次のような性質をもっている。

分布関数の性質
①　$0 \leq F(x) \leq 1$
②　$F(x) \leq F(x+\varDelta x) \quad (\varDelta x > 0)$ 　つまり，$F(x)$ は単調非減少である。
③　$F(-\infty) = 0$，および $F(+\infty) = 1$

図15.3 一様分布の分布関数

$$F(x) = \frac{x-a}{b-a}$$

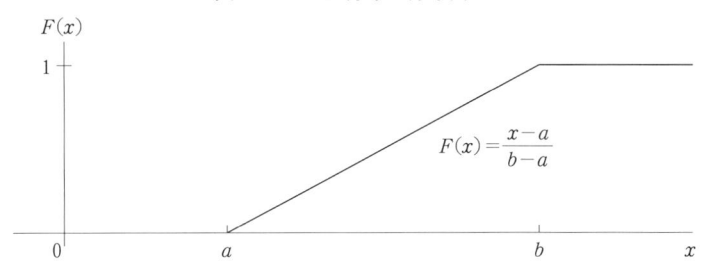

◇ **一様分布**

「0から1までの間で等確率」というのを一般化して,「aからbまでの間で等確率」に分布している確率変数Xを考えてみよう。等確率だということは,Xがaからbまでのある区間の中の値をとる確率が,その区間の幅に比例しているということである(たとえば,等しい幅をもつ異なる区間に関して,Xがその中の値をとる確率は等しい)。したがって,Xの分布関数は次式で与えられる。

$$F(x) = \begin{cases} 0 & x < a \\ \dfrac{x-a}{b-a} & a \leq x \leq b \\ 1 & x > b \end{cases} \tag{15.9}$$

これは,グラフに描くと図15.3のようになる。このような確率変数は,区間$[a, b]$で一様分布をしているとよばれる。

◇ **密度関数**

分布関数を用いれば,連続型の場合にも,離散型の密度関数と似たような意味で密度関数を次のように定義できる。すなわち,分布関数$F(x)$がxで微分可能なとき(つまり,なめらかに連続した曲線もしくは直線であるとき),その導関数

$$f(x) \equiv \frac{dF(x)}{dx} \tag{15.10}$$

を**密度関数**とよぶ。図15.3の一様分布はaとbの2点を除いて微分可能であり,その2点を除くと密度関数は,

図 15.4　密度関数と分布関数

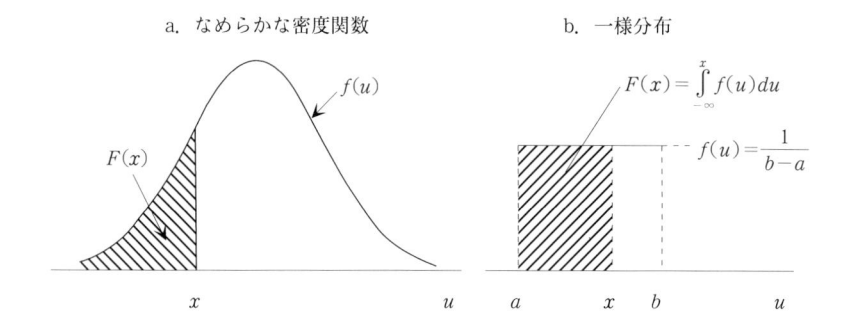

a. なめらかな密度関数　　　　b. 一様分布

$$f(x) = \begin{cases} \dfrac{1}{b-a} & a<x<b \\ 0 & \text{それ以外} \end{cases} \tag{15.11}$$

となっている。

　もしもすべての x について密度関数が定義されていれば，微分と積分との関係から，分布関数 $F(x)$ は，密度関数 $f(x)$ を $-\infty$ から x まで積分した値，

$$F(x) = \int_{-\infty}^{x} f(u)du \tag{15.12}$$

として求まることがわかる。(非連続な点やなめらかでない点 x についても，$f(x)$ に何らかの値を与えることで，その積分が (15.12) 式で $F(x)$ に一致していれば，その $f(x)$ が密度関数になる。)これは，図 15.4a における u 軸と $f(u)$ とで囲まれた部分の x の値までの斜線部の面積の大きさに等しい。一様分布については，図 15.4b のようになっている。

　連続型の密度関数も，その値を「合計」したもの，より正確にいえば，$-\infty$ から $+\infty$ まで積分したものは必ず 1 になる。

3.2　正規分布

　連続型の確率分布の中で，最もよく知られていてかつ重要でもあるのは正規分布である。この分布はよく図 15.4a のような形で示されるが，それは密度関数を表現したものである。正規分布の密度関数は，

$$f(x) = \frac{1}{\sqrt{2\pi}\,\sigma} \exp\left(-\frac{(x-\mu)^2}{2\sigma^2}\right) \tag{15.13}$$

で定義される。ここで，π は円周率の 3.1415…… という実数値であり，σ（シグマ）と μ（ミュー）は分布を特定化する二つのパラメターである。σ は正の値に限定されるが，μ はどんな値でもいい。（あとでみるように，σ は標準偏差，μ は平均に対応している。）exp( ) という記号は，自然対数の底である $e=2.7182818…$ の累乗を表している。（たとえば，$x=\mu$ のときは（ ）内が 0 になるから，$\exp(0) = e^0 = 1$。）

(15.13) 式から推測がつくように，この密度関数は $x=\mu$ のときに最大となり，x が μ から離れるに従って，左右対称にしだいに小さくなって 0 に近づいていく。この関数をグラフにすると図 15.4a のような釣鐘型になる。

正規分布をする確率変数 X に関する確率は，この $f(x)$ を積分することで与えられる。たとえば，X が x 以下の値をとる確率 $P(X \leq x)$ は，分布関数 $F(x)$ の値であるが，それは，

$$F(x) = \int_{-\infty}^{x} f(u)\,du = \int_{-\infty}^{x} \frac{1}{\sqrt{2\pi}\,\sigma} \exp\left(-\frac{(u-\mu)^2}{2\sigma^2}\right) du \tag{15.14}$$

となる（残念ながら，この分布関数を積分記号を外した簡単な式で表すことはできない）。

正規分布は，あとで述べる「中心極限定理」によって，統計的分析で最も頻繁に使われるものになっている。しかし，その確率の値を求めるためには上の積分を計算しなければならず，それにはかなり高度な数学の知識を要するし，手間もかかる。そのため，分布関数についてあらかじめ計算した値のリストが**正規分布表**に掲載されていることが多い。最近では，Excel のようなポピュラーなソフトで簡単に分布関数の値を求めることができるようになった。

4. 期待値

4.1 定　義

確率変数の分布のしかたは，離散型でも連続型でも密度関数の式や形状によ

って知ることができるが，どんな分布でも，その特徴を表す最も基本的な指標は平均と分散である。これらは統計的データの場合と実質的に同一の概念であるが，確率変数の場合には定義のしかたがやや異なる。

まず，確率変数の**期待値**という概念から説明しよう。それは，密度関数を用いて次のように定義される。

定義 15.5　期待値　確率変数 X について，(15.15) 式で定義される $E(X)$ を X の**期待値**（expectation）という。

$$E(X) \equiv \begin{cases} \sum_{i=1}^{\infty} x_i p(x_i) & \cdots\cdots 離散型のとき \\ \int_{-\infty}^{\infty} x f(x) dx & \cdots\cdots 連続型のとき \end{cases} \tag{15.15}$$

期待値 $E(X)$ とは，実際上，X の**平均**（mean）のことであり，平均とよんでかまわない。ただ，この $E(X)$ の定義式は，平均以外のものにも適用されるので，平均とは区別して一般的に期待値というのである。離散型の場合の式は，統計的な量的データの平均の式とまったく同じである。連続型は積分を用いていてわかりにくいが，離散型の式を連続型の分布に対応させたものになっている。（このことは x の微小な幅 Δx について，X が x から $x+\Delta x$ のあいだの値をとる確率が $f(x)\Delta x$ で近似されることを考えれば，わかるだろう。）いずれの場合も，X の平均 $E(X)$ は，密度関数の高さで重みをつけた x 軸の天秤棒を水平に釣り合わせるような**重心点**になっている。

なお，確率変数の期待値はもはや確率変数ではなく，何らかの数値である。そこで $E(X)$ の値を表すのにしばしば μ（ミュー）という記号が用いられる。

（例1）　**サイコロの目**　サイコロを1回振ったときの目の値を X とすれば，

$$E(X) = 1 \cdot \frac{1}{6} + 2 \cdot \frac{1}{6} + 3 \cdot \frac{1}{6} + 4 \cdot \frac{1}{6} + 5 \cdot \frac{1}{6} + 6 \cdot \frac{1}{6} = \frac{21}{6} = 3.5$$

（例2）　**一様分布**　a から b までのあいだだけを考えればよいから，x の不定積分は $x^2/2$ であることを思い出して，

$$E(X)=\int_a^b x\cdot\frac{1}{b-a}dx=\frac{1}{b-a}\left[\frac{x^2}{2}\right]_a^b=\frac{1}{b-a}\cdot\frac{1}{2}(b^2-a^2)$$
$$=\frac{a+b}{2}$$

つまり，a と b の値のふつうの平均値に等しい（常識どおり）。

4.2 一般の期待値

$E(X)$ の定義式の中の x_i や x を，その何らかの関数 $g(x)$ でおきかえたものは，$g(X)$ の期待値 $E(g(X))$ になる。たとえば，$g(x)=a+bx$ であるとき，離散型であれば，

$$\begin{aligned}E(g(X))&=E(a+bX)=\sum_{i=1}^{\infty}(a+bx_i)p(x_i)\\&=a\sum_{i=1}^{\infty}p(x_i)+b\sum_{i=1}^{\infty}x_ip(x_i)\\&=a+bE(X)\end{aligned} \quad (15.16)$$

である。

4.3 分散の定義

期待値の概念を用いて，確率変数 X の**分散** $V(X)$ が（15.17a）式のように定義される。

$$V(X)\equiv E((X-E(X))^2) \tag{15.17a}$$

（ここで，$E(X)$ の値を μ_X とすれば）

$$=\begin{cases}\displaystyle\sum_{i=1}^{\infty}(x_i-\mu_X)^2p(x_i) & \cdots\cdots\text{離散型のとき}\\\displaystyle\int_{-\infty}^{\infty}(x-\mu_X)^2f(x)dx & \cdots\cdots\text{連続型のとき}\end{cases} \tag{15.17b}$$

再び，離散型の場合の式は，統計的データの分散の式にまったく等しいこと

がわかる。

　なお，分散の式は次のようにも変形できる。これも統計的データと同様である。

$$V(X) = E((X-E(X))^2) = E((X-\mu_X)^2) = E(X^2 - 2\mu_X X + \mu_X^2)$$
$$= E(X^2) - E(2\mu_X X) + E(\mu_X^2)$$
$$= E(X^2) - 2\mu_X E(X) + \mu_X^2 = E(X^2) - \mu_X^2 \tag{15.17c}$$

むろんこれは，

$$= E(X^2) - (E(X))^2 \tag{15.17d}$$

とも書ける。

　なお，分散 $V(X)$ の正の平方根を**標準偏差**とよぶ。分散はしばしば σ^2 という記号でも表されるが，このとき標準偏差は σ で表される。

　（例3）　**二項分布の平均と分散**　　1回の出現確率が π である独立な試行を n 回行ったときの出現回数を X とする。このとき X の平均を求めてみよう。とりうる値は 0 から n までなので，

$$E(X) = \sum_{x=0}^{n} x \cdot {}_nC_x \pi^x (1-\pi)^{n-x} = \sum_{x=0}^{n} x \cdot \frac{n!}{x!(n-x)!} \pi^x (1-\pi)^{n-x}$$

これを計算して，

$$E(X) = n\pi \tag{15.18}$$

　次に，

$$E(X^2) = \sum_{x=0}^{n} x^2 {}_nC_x \pi^x (1-\pi)^{n-x} = n\pi - n\pi^2 + n^2\pi^2$$

となるので，

$$V(X) = n\pi - n\pi^2 + n^2\pi^2 - n^2\pi^2$$
$$= n\pi(1-\pi) \tag{15.19}$$

　（例4）　**正規分布の平均と分散**　　(15.13) 式の密度関数 $f(x)$ を定義式 (15.15) と (15.17) に代入して，計算すると，

$$E(X) = \mu$$
$$V(X) = \sigma^2 \tag{15.20}$$

となる（途中計算は複雑なので省略）。密度関数の中の二つのパラメーターが平均と分散に対応していることがわかる。

正規分布の中で，平均 $\mu=0$ で分散 $\sigma^2=1$ であるものを，特別に**標準正規分布**とよぶ。

4.4 標 準 化

確率変数 X が平均 μ，分散 σ^2 で正規分布しているとする。この X から

$$Z = \frac{X-\mu}{\sigma} \tag{15.21}$$

という変換で新しい確率変数 Z を作ることができる。具体的にいえば，X の分布関数を $F_X(x)$ としたとき，(15.21) 式を用いて，Z の分布関数 $F_Z(z)$ が次のように定まるのである。

$$\begin{aligned} F_Z(z) &= P(Z \leq z) = P\left(\frac{X-\mu}{\sigma} \leq z\right) = P(X \leq \sigma z + \mu) \\ &= F_X(\sigma z + \mu) \end{aligned} \tag{15.22}$$

このように定義された Z はやはり正規分布をしており，しかもその平均は $\mu_Z=0$，分散 $\sigma_Z^2=1$ となっている。つまり，Z は**標準正規分布**をする。このように，任意の正規分布をする確率変数 X から (15.21) 式の Z に変換することを**標準化**するという。

5. 独立な確率変数と中心極限定理

この節の主な目的は，中心極限定理を説明することである。この定理は，統計的データに基づく統計的検定や推定にとって，最も基本的なものであり，この定理の発見によって，統計学（statistics）が確率論（probability theory）と密接不可分なものになったといえる。

中心極限定理の内容そのものは難しいものではないが，それを理解するためには，二つの確率変数のあいだの結合分布や独立性の概念が必要になる。まずはこれらを説明し，その上で中心極限定理に進むことにしよう。

図 15.5　結合分布の等高線の例

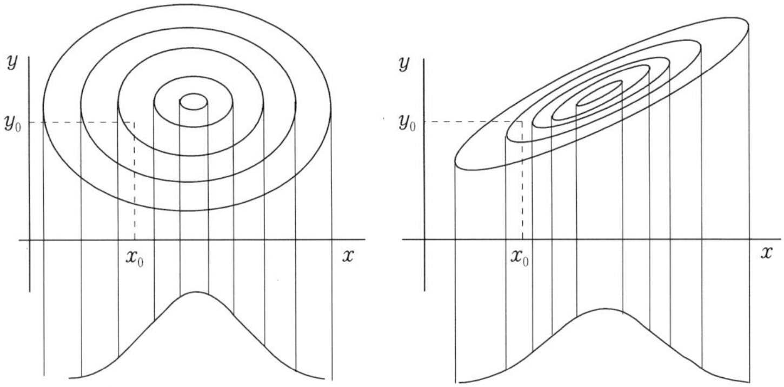

a. 独立なとき　　　　　　　　b. 独立でないとき

5.1　結合分布

一般に二つの確率変数 X と Y とが同時に分布するしかたを，一つの**結合密度関数**で示すことができる。離散型の場合は簡単に，次式で与えられる。

$$p(x, y) \equiv P(X=x \text{ かつ } Y=y) \tag{15.23}$$

連続型の場合は，**結合分布関数**を

$$F(x, y) \equiv P(X \leq x \text{ かつ } Y \leq y) \tag{15.24}$$

で定義し，**結合密度関数**を

$$F(x, y) = \int_{-\infty}^{x} \int_{-\infty}^{y} f(u, v) dv du \tag{15.25}$$

を満たす関数 $f(x, y)$ として定義する。

密度関数は，X-Y 平面上の点 (x, y) に対して高さとしての密度 $p(x, y)$ ないし $f(x, y)$ を定めるものになっている。離散型の場合には，これは X-Y 平面の上に高さの異なる複数の棒が立っているような図になる。連続型の $f(x, y)$ は，海水面を 0 とする地表の高さを表しているようなものだとイメージできる。したがって，連続型の場合には，通常の地図と同じように，$f(x, y)$ が同一の値となる点を結んで一種の等高線を描くことができる。わかりやすい例を図 15.5 に示した。確率 $P(X \leq x_0 \text{ かつ } Y \leq y_0)$ は，図において，x_0 以下でか

つ y_0 以下の領域における山の「体積」の大きさに対応している。

これらの結合密度関数および結合分布関数と，確率事象のあいだの独立の概念を用いて，二つの確率変数 X と Y の独立が次のように定義される。

定義 15.6　確率変数 X と Y の独立

　　　　離散型のとき　　$p(x, y) = p_X(x) \times p_Y(y)$ がすべての x と y の組合せ
　　　　について成立しているとき，X と Y は独立である。

　　　　連続型のとき　　$F(x, y) = F_X(x) \times F_Y(y)$ がすべての x と y の組合
　　　　せについて成立しているとき（$f(x, y) = f_X(x) \times f_Y(y)$ も成立し
　　　　ている），X と Y は独立である。

独立な確率変数の例には次のようなものがある。たとえばサイコロを2回投げるとき，1回目の目の値を X_1，2回目のそれを X_2 とすると，X_1 と X_2 は独立な確率変数だとみなしうる。よって，1回目で i の目がでて，2回目で j の目のでる確率は（$i, j = 1, \ldots, 6$），すべて $1/6 \times 1/6 = 1/36$ である。

ここで，$F_X(x)$ と $F_Y(y)$ はそれぞれ X だけもしくは Y だけに注目したときの分布関数であり，$p_X(x)$ と $p_Y(y)$ および $f_X(x)$ と $f_Y(y)$ はやはり X だけもしくは Y だけに注目した密度関数である。結合分布との関係で，これらは**周辺分布**あるいは**周辺密度**とよばれる。

5.2　確率変数の和

X と Y が確率変数であるとき，その和 $W = X + Y$ もまた確率変数である。たとえば，X が 0，1 の値をとり，Y が 1，2，3 の値をとって，その結合分布と周辺密度が表 15.1a のようになっているとする（この X と Y は独立ではない）。

表 15.1　結合分布と和の分布

a. X と Y の結合分布

		Y の値			X の周辺密度
		1	2	3	
X の値	0	.2	.1	.1	.4
	1	.1	.3	.2	.6
Y の周辺密度		.3	.4	.3	1.0

$\Rightarrow$

b. $W = X + Y$ の分布

	W	確率密度
と	1	.2
り	2	.2
う	3	.4
る	4	.2
値		

このとき，$W=X+Y$ は 1，2，3 および 4 の値をとりえて，そのそれぞれの確率密度は表 15.1b のようになっている。

一般には $W=X+Y$ がどういう分布をするかは単に X と Y の周辺分布によってだけではなく，その結合分布をみなければわからない。しかし，もし X と Y とが独立であれば，その分布については次の性質が成り立っている。

定理 15.6 X の平均が μ_X，分散が σ_X^2 であるとし，Y のそれらが μ_Y と σ_Y^2 であるとする。もしも，X と Y とが独立であれば，$W=X+Y$ について，
$$E(W)=\mu_X+\mu_Y$$
$$V(W)=\sigma_X^2+\sigma_Y^2$$

平均の分布 ここで，X と Y の平均という確率変数 S の分布を考えてみよう。これは $W(=X+Y)$ を 2 で割った $S=\dfrac{W}{2}$ という新しい確率変数である。そうすると，この S の平均と分散は，
$$E(S)=\frac{\mu_X+\mu_Y}{2}$$
$$V(S)=V\left(\frac{W}{2}\right)=\frac{1}{2^2}V(W)=\frac{\sigma_X^2+\sigma_Y^2}{4}$$

となっている。とくに，X と Y とが，同一の平均 μ，分散 σ^2 をもつときは
$$E(S)=\mu, \quad V(S)=\frac{\sigma^2}{2}$$

である。

5.3 中心極限定理

統計的分析で最も重要な確率分布は正規分布である。正規分布は検定や推定において中心的な役割を果たす。その理由はこれから述べる数学上の定理が存在しているからである。

定理 15.7 いま，X_1，……，X_n の n 個の確率変数があって，次の性質を満たしているとする。

　(i) X_i はすべて同一の確率分布に従う。

(ii) X_i は相互に独立である。

このとき，X_1, ……, X_n の平均である確率変数 $S_n = \dfrac{1}{n}\sum X_i$ について，次が成立する。

同一の分布なので，平均や分散を等しく $\mu = E(X_i)$, $\sigma^2 = V(X_i)$ とすると，
$$E(S_n) = \mu, \quad V(S_n) = \frac{\sigma^2}{n}$$
であり，かつ

n が大きくなるにしたがって，S_n の分布は正規分布に近づいていく。

これが中心極限定理である。つまり，**同一の分布に従い相互に独立な確率変数の平均は，n が大きくなるにしたがって，しだいに平均 μ，分散 $\dfrac{\sigma^2}{n}$ の正規分布に近づいていく**ということである。驚くべきことは，これは x_i が離散型であろうと連続型であろうとどんな分布をしているかには依存していない。たとえば，x_i が 0，1 の 2 値の確率変数であっても，その平均 S_n の分布はしだいに正規分布に近づいていくのである（もっとも，この S_n の値は永遠に [0, 1] のあいだにとどまるが）。

この中心極限定理は，第 10 章と 11 章における比率と平均の検定において中核的な役割を果たしている。極限定理というのは，一般に標本数 n が大きくなるにしたがって，ある標本統計量がどういう確率分布に収束していくかに関する数学的定理のことであるが，そうした極限定理の中心にあるのが，中心極限定理である。そして，平均の差の検定のための t 分布，クロス表の独立性の検定のための χ^2 分布，分散比の検定や回帰係数の検定における F 分布なども，さまざまな極限定理の結果として導かれたものである。

ここで重要なことは，こうした確率論の知識を用いて標本データから母集団の分布の構造について議論することができるのは，標本が基本的に無作為抽出の原理にしたがってとられている（あるいは，そうでない場合でも，個々のケー

スの値が独立に同一の分布にしたがって確率的に出現していると想定できる）という前提がみたされているからだということである。つまり，第7章で詳しく解説したように，サンプリングにおいて無作為抽出という方法が重要である理由は，それによってはじめて，本章で解説した確率論が統計的データの分析に利用できるからなのである。

今日では，統計的データを分析するためのさまざまな方法が開発されているが，どの分析法においても，データの値から計算して求められるパラメーターの値についての統計的検定が重要な役割を果たしている。本書における社会調査法の入門的知識を習得した読者は，この次に，ぜひそうした多様な分析法を習得することにチャレンジしてみてほしい。

コラム 11 期待値とリスク

期待値という概念の創始者は，ダニエル・ベルヌーイである（ベルヌーイ一族には数学者が多いので，ファーストネームが欠かせない）。確率 p で x_1 の利益が得られ，確率 $(1-p)$ で x_2 の利益が得られる確率事象があるとき，その期待利益 $E(X) = px_1 + (1-p)x_2$ は，その事象の総合的な利益を評価する有力な指標を与えてくれる。実際，ゲーム理論では人々が期待利得を最大にするという意味で合理的な選択をすると仮定することが多い。しかし，現実には必ずしも人は期待される貨幣価値の高い方を選ぶとは限らない。たとえば宝くじである。1枚300円で1億円の当たる宝くじを買う場合，当たる確率は非常に小さいのでその期待値はマイナス300円に限りなく近い。買わなければ損失は0なので，期待値で考えると買わないほうがいいに決まっているのだが，現実には大勢の人々が宝くじを買っている。（「夢を買う」といういい方は面白い。）

もう一つの例は保険である。ちょうど，1000万円の価値のある家屋に1000万円の火災保険をかけるとする。火災の起こる確率が0.001で保険金が1万2000円だとすれば，火災が起こっても起こらなくても1000万円分の価値のものが手元に残るから，現状と比べた期待利益（損失）は -1 万2000円である。もし保険に入らなければ，-1000 万円 $\times 0.001 = -1$ 万円が期待損失である。つまり保険に入らない方が期待損失は小さい（期待利益は大きい）。

同じ期待利益を与えるけれども確率の組み合わせが異なる二つの選択肢があるとき，確実にその利益がえられる方を好む人をリスク回避者とよび，より不確かな方（すなわち，小さな確率で大きな利益がえられる可能性がある方）を好む人をリスク愛好者とよぶ。保険の場合には，確実な損失が1万2000円生じるのに

対して，小さな確率で1000万円の損失が生じる。このとき，保険をかける人はリスク回避者である。他方，宝くじの場合は，宝くじを買う人の方が愛好者である。明らかに同一人物が状況によってリスク回避者になったり，リスク愛好者になったりする。

＊＊＊ 第15章 練習問題 ＊＊＊

15.1 二つのサイコロを同時に投げるときに現れる目の組合せについて，A〜Dのような四つの事象を考えるとする。

　　　A：二つとも偶数の目
　　　B：二つが同じ目
　　　C：二つとも3の倍数の目
　　　D：二つとも3以下の目

　これらの事象から二つずつ選んでできるすべてのペア（全部で6種類）について，お互いに独立であるかどうか調べなさい。

15.2 ある神社のおみくじは，「大吉」の比率が必ず p になっている。この神社で「大吉」が出るまでおみくじを引くとして，「大吉」以外のくじが出つづける回数を確率変数 X とする。このとき X の密度関数，すなわち $X=x$ 回目まで「大吉」以外が現れるという事象がおこる確率は，

$$f(x) = p(1-p)^x \qquad (x=0, 1, \cdots\cdots)$$

になる。このような確率分布のことを幾何分布という。
　この幾何分布について，X の平均 $E(X)$ が $(1-p)/p$ になることを証明してみなさい。

付表1 標準正規分布の上側確率

$$\alpha(z) = \int_z^\infty \frac{1}{\sqrt{2\pi}} \exp\left(-\frac{x^2}{2}\right) dx$$

$z = 0.00 \sim 3.09$ に対する，標準正規分布の上側確率 $\alpha(z)$ を与える。

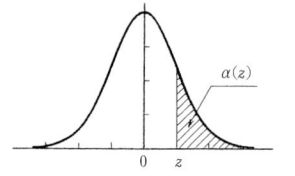

z	.00	.01	.02	.03	.04	.05	.06	.07	.08	.09
.0	.5000	.4960	.4920	.4880	.4840	.4801	.4761	.4721	.4681	.4641
.1	.4602	.4562	.4522	.4483	.4443	.4404	.4364	.4325	.4286	.4247
.2	.4207	.4168	.4129	.4090	.4052	.4013	.3974	.3936	.3897	.3859
.3	.3821	.3783	.3745	.3707	.3669	.3632	.3594	.3557	.3520	.3483
.4	.3446	.3409	.3372	.3336	.3300	.3264	.3228	.3192	.3156	.3121
.5	.3085	.3050	.3015	.2981	.2946	.2912	.2877	.2843	.2810	.2776
.6	.2743	.2709	.2676	.2643	.2611	.2578	.2546	.2514	.2483	.2451
.7	.2420	.2389	.2358	.2327	.2296	.2266	.2236	.2206	.2177	.2148
.8	.2119	.2090	.2061	.2033	.2005	.1977	.1949	.1922	.1894	.1867
.9	.1841	.1814	.1788	.1762	.1736	.1711	.1685	.1660	.1635	.1611
1.0	.1587	.1562	.1539	.1515	.1492	.4174	.1446	.1423	.1401	.1379
1.1	.1357	.1335	.1314	.1292	.1271	.1251	.1230	.1210	.1190	.1170
1.2	.1151	.1131	.1112	.1093	.1075	.1056	.1038	.1020	.1003	.09853
1.3	.09680	.09510	.09342	.09176	.09012	.08851	.08692	.08534	.08379	.08226
1.4	.08076	.07927	.07780	.07636	.07493	.07353	.07215	.07078	.06944	.06811
1.5	.06681	.06552	.06426	.06301	.06178	.06057	.05938	.05821	.05705	.05592
1.6	.05480	.05370	.05262	.05155	.05050	.04947	.04846	.04746	.04648	.04551
1.7	.04457	.04363	.04272	.04182	.04093	.04006	.03920	.03836	.03754	.03673
1.8	.03593	.03515	.03438	.03362	.03288	.03216	.03144	.03074	.03005	.02938
1.9	.02872	.02807	.02743	.02680	.02619	.02559	.02500	.02442	.02385	.02330
2.0	.02275	.02222	.02169	.02118	.02068	.02018	.01970	.01923	.01876	.01831
2.1	.01786	.01743	.01700	.01659	.01618	.01578	.01539	.01500	.01463	.01426
2.2	.01390	.01355	.01321	.01287	.01255	.01222	.01191	.01160	.01130	.01101
2.3	.01072	.01044	.01017	.009903	.009642	.009387	.009137	.008894	.008656	.008424
2.4	.008198	.007976	.007760	.007549	.007344	.007143	.006947	.006756	.006569	.006387
2.5	.006210	.006037	.005868	.005703	.005543	.005386	.005234	.005085	.004940	.004799
2.6	.004661	.004527	.004397	.004269	.004145	.004025	.003907	.003793	.003681	.003573
2.7	.003467	.003364	.003264	.003167	.003072	.002980	.002890	.002803	.002718	.002635
2.8	.002555	.002477	.002401	.002327	.002256	.002186	.002118	.002052	.001988	.001926
2.9	.001866	.001807	.001750	.001695	.001641	.001589	.001538	.001489	.001441	.001395
3.0	.001350	.001306	.001264	.001223	.001183	.001144	.001107	.001070	.001035	.001001

＊統計数値表編集委員会・山口二郎編『簡約統計数値表』（日本規格協会）より転載。付表1～2は，Excel 2000による独自の計算も参考にした。

付表2　標準正規分布の z_α の値

$$\alpha(z) = \int_z^\infty \frac{1}{\sqrt{2\pi}} \exp\left(-\frac{x^2}{2}\right) dx$$

標準正規分布の上側確率 $\alpha(z) = 0.000 \sim 0.309$ に対して，z_α の値を与える。

α	0	.001	.002	.003	.004	.005	.006	.007	.008	.009
.00	∞	3.0902	2.8782	2.7478	2.6521	2.5758	2.5121	2.4573	2.4089	2.3656
.01	2.3263	2.2904	2.2571	2.2262	2.1973	2.1701	2.1444	2.1201	2.0969	2.0749
.02	2.0537	2.0335	2.0141	1.9954	1.9774	1.9600	1.9431	1.9268	1.9110	1.8957
.03	1.8808	1.8663	1.8522	1.8384	1.8250	1.8119	1.7991	1.7866	1.7744	1.7624
.04	1.7507	1.7392	1.7279	1.7169	1.7060	1.6954	1.6849	1.6747	1.6646	1.6546
.05	1.6449	1.6352	1.6258	1.6164	1.6072	1.5982	1.5893	1.5805	1.5718	1.5632
.06	1.5548	1.5464	1.5382	1.5301	1.5220	1.5141	1.5063	1.4985	1.4909	1.4833
.07	1.4758	1.4684	1.4611	1.4538	1.4466	1.4395	1.4325	1.4255	1.4187	1.4118
.08	1.4051	1.3984	1.3917	1.3852	1.3787	1.3722	1.3658	1.3595	1.3532	1.3469
.09	1.3408	1.3346	1.3285	1.3225	1.3165	1.3106	1.3047	1.2988	1.2930	1.2873
.10	1.2816	1.2759	1.2702	1.2646	1.2591	1.2536	1.2481	1.2426	1.2372	1.2319
.11	1.2265	1.2212	1.2160	1.2107	1.2055	1.2004	1.1952	1.1901	1.1850	1.1800
.12	1.1750	1.1700	1.1650	1.1601	1.1552	1.1503	1.1455	1.1407	1.1359	1.1311
.13	1.1264	1.1217	1.1170	1.1123	1.1077	1.1031	1.0985	1.0939	1.0893	1.0848
.14	1.0803	1.0758	1.0714	1.0669	1.0625	1.0581	1.0537	1.0494	1.0450	1.0407
.15	1.0364	1.0322	1.0279	1.0237	1.0194	1.0152	1.0110	1.0069	1.0027	.9986
.16	.9945	.9904	.9863	.9822	.9782	.9741	.9701	.9661	.9621	.9581
.17	.9542	.9502	.9463	.9424	.9385	.9346	.9307	.9269	.9230	.9192
.18	.9154	.9116	.9078	.9040	.9002	.8965	.8927	.8890	.8853	.8816
.19	.8779	.8742	.8705	.8669	.8632	.8596	.8560	.8524	.8488	.8452
.20	.8416	.8381	.8345	.8310	.8274	.8239	.8204	.8169	.8134	.8099
.21	.8064	.8030	.7995	.7961	.7926	.7892	.7858	.7824	.7790	.7756
.22	.7722	.7688	.7655	.7621	.7588	.7554	.7521	.7488	.7454	.7421
.23	.7388	.7356	.7323	.7290	.7257	.7225	.7192	.7160	.7128	.7095
.24	.7063	.7031	.6999	.6967	.6935	.6903	.6871	.6840	.6808	.6776
.25	.6745	.6713	.6682	.6651	.6620	.6588	.6557	.6526	.6495	.6464
.26	.6433	.6403	.6372	.6341	.6311	.6280	.6250	.6219	.6189	.6158
.27	.6128	.6098	.6068	.6038	.6008	.5978	.5948	.5918	.5888	.5858
.28	.5828	.5799	.5769	.5740	.5710	.5681	.5651	.5622	.5592	.5563
.29	.5534	.5505	.5476	.5446	.5417	.5388	.5359	.5330	.5302	.5273
.30	.5244	.5215	.5187	.5158	.5129	.5101	.5072	.5044	.5015	.4987

付表3 t 分布の $t_\alpha(\nu)$ の値：自由度 ν の t 分布において上側確率が α になる点の値

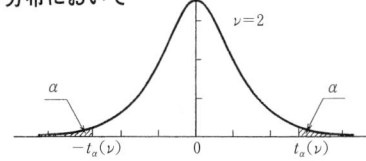

ν \ α (2α)	.200 (.400)	.150 (.300)	.100 (.200)	.050 (.100)	.025 (.050)	.010 (.020)	.005 (.010)	.0005 (.0010)
1	1.376	1.963	3.078	6.314	12.706	31.821	63.657	636.619
2	1.061	1.386	1.886	2.920	4.303	6.965	9.925	31.599
3	.978	1.250	1.638	2.353	3.182	4.541	5.841	12.924
4	.941	1.190	1.533	2.132	2.776	3.747	4.604	8.610
5	.920	1.156	1.476	2.015	2.571	3.365	4.032	6.869
6	.906	1.134	1.440	1.943	2.447	3.143	3.707	5.959
7	.896	1.119	1.415	1.895	2.365	2.998	3.499	5.408
8	.889	1.108	1.397	1.860	2.306	2.896	3.355	5.041
9	.883	1.100	1.383	1.833	2.262	2.821	3.250	4.781
10	.879	1.093	1.372	1.812	2.228	2.764	3.169	4.587
11	.876	1.088	1.363	1.796	2.201	2.718	3.106	4.437
12	.873	1.083	1.356	1.782	2.179	2.681	3.055	4.318
13	.870	1.079	1.350	1.771	2.160	2.650	3.012	4.221
14	.868	1.076	1.345	1.761	2.145	2.624	2.977	4.140
15	.866	1.074	1.341	1.753	2.131	2.602	2.947	4.073
16	.865	1.071	1.337	1.746	2.120	2.583	2.921	4.015
17	.863	1.069	1.333	1.740	2.110	2.567	2.898	3.965
18	.862	1.067	1.330	1.734	2.101	2.552	2.878	3.922
19	.861	1.066	1.328	1.729	2.093	2.539	2.861	3.883
20	.860	1.064	1.325	1.725	2.086	2.528	2.845	3.850
21	.859	1.063	1.323	1.721	2.080	2.518	2.831	3.819
22	.858	1.061	1.321	1.717	2.074	2.508	2.819	3.792
23	.858	1.060	1.319	1.714	2.069	2.500	2.807	3.768
24	.857	1.059	1.318	1.711	2.064	2.492	2.797	3.745
25	.856	1.058	1.316	1.708	2.060	2.485	2.787	3.725
26	.856	1.058	1.315	1.706	2.056	2.479	2.779	3.707
27	.855	1.057	1.314	1.703	2.052	2.473	2.771	3.690
28	.855	1.056	1.313	1.701	2.048	2.467	2.763	3.674
29	.854	1.055	1.311	1.699	2.045	2.462	2.756	3.659
30	.854	1.055	1.310	1.697	2.042	2.457	2.750	3.646
35	.852	1.052	1.306	1.690	2.030	2.438	2.724	3.591
40	.851	1.050	1.303	1.684	2.021	2.423	2.704	3.551
45	.850	1.049	1.301	1.679	2.014	2.412	2.690	3.520
50	.849	1.047	1.299	1.676	2.009	2.403	2.678	3.496
60	.848	1.045	1.296	1.671	2.000	2.390	2.660	3.460
80	.846	1.043	1.292	1.664	1.990	2.374	2.639	3.416
120	.845	1.041	1.289	1.658	1.980	2.358	2.617	3.373
240	.843	1.039	1.285	1.651	1.970	2.342	2.596	3.332
∞	.842	1.036	1.282	1.645	1.960	2.326	2.576	3.291

付表4 x^2 分布の $\chi_\alpha^2(\nu)$ の値：自由度 ν の x^2 分布において上側確率が α になる点の値

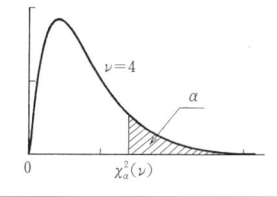

ν \ α	.300	.200	.100	.050	.025	.010	.005	.001
1	1.07419	1.64237	2.70554	3.84146	5.02389	6.63490	7.87944	10.8276
2	2.40795	3.21888	4.60517	5.99146	7.37776	9.21034	10.5966	13.8155
3	3.66487	4.64163	6.25139	7.81473	9.34840	11.3449	12.8382	16.2662
4	4.87843	5.98862	7.77944	9.48773	11.1433	13.2767	14.8603	18.4668
5	6.06443	7.28928	9.23636	11.0705	12.8325	15.0863	16.7496	20.5150
6	7.23114	8.55806	10.6446	12.5916	14.4494	16.8119	18.5476	22.4577
7	8.38343	9.80325	12.0170	14.0671	16.0128	18.4753	20.2777	24.3219
8	9.52446	11.0301	13.3616	15.5073	17.5345	20.0902	21.9550	26.1245
9	10.6564	12.2421	14.6837	16.9190	19.0228	21.6660	23.5894	27.8772
10	11.7807	13.4420	15.9872	18.3070	20.4832	23.2093	25.1882	29.5883
11	12.8987	14.6314	17.2750	19.6751	21.9200	24.7250	26.7568	31.2641
12	14.0111	15.8120	18.5493	21.0261	23.3367	26.2170	28.2995	32.9095
13	15.1187	16.9848	19.8119	22.3620	24.7356	27.6882	29.8195	34.5282
14	16.2221	18.1508	21.0641	23.6848	26.1189	29.1412	31.3193	36.1233
15	17.3217	19.3107	22.3071	24.9958	27.4884	30.5779	32.8013	37.6973
16	18.4179	20.4651	23.5418	26.2962	28.8454	31.9999	34.2672	39.2524
17	19.5110	21.6146	24.7690	27.5871	30.1910	33.4087	35.7185	40.7902
18	20.6014	22.7595	25.9894	28.8693	31.5264	34.8053	37.1565	42.3124
19	21.6891	23.9004	27.2036	30.1435	32.8523	36.1909	38.5823	43.8202
20	22.7745	25.0375	28.4120	31.4104	34.1696	37.5662	39.9968	45.3147
21	23.8578	26.1711	29.6151	32.6706	35.4789	38.9322	41.4011	46.7970
22	24.9390	27.3015	30.8133	33.9244	36.7807	40.2894	42.7957	48.2679
23	26.0184	28.4288	32.0069	35.1725	38.0756	41.6384	44.1813	49.7282
24	27.0960	29.5533	33.1962	36.4150	39.3641	42.9798	45.5585	51.1786
25	28.1719	30.6752	34.3816	37.6525	40.6465	44.3141	46.9279	52.6197
26	29.2463	31.7946	35.5632	38.8851	41.9232	45.6417	48.2899	54.0520
27	30.3193	32.9117	36.7412	40.1133	43.1945	46.9629	49.6449	55.4760
28	31.3909	34.0266	37.9159	41.3371	44.4608	48.2782	50.9934	56.8923
29	32.4612	35.1394	39.0875	42.5570	45.7223	49.5879	52.3356	58.3012
30	33.5302	36.2502	40.2560	43.7730	46.9792	50.8922	53.6720	59.7031
40	44.1649	47.2685	51.8051	55.7585	59.3417	63.6907	66.7660	73.4020
50	54.7228	58.1638	63.1671	67.5048	71.4202	76.1539	79.4900	86.6608
60	65.2265	68.9721	74.3970	79.0819	83.2977	88.3794	91.9517	99.6072
70	75.6893	79.7146	85.5270	90.5312	95.0232	100.425	104.215	112.317
80	86.1197	90.4053	96.5782	101.879	106.629	112.329	116.321	124.839
90	96.5238	101.054	107.565	113.145	118.136	124.116	128.299	137.208
100	106.906	111.667	118.498	124.342	129.561	135.807	140.169	149.449
120	127.616	132.806	140.233	146.567	152.211	158.950	163.648	173.617
160	168.876	174.828	183.311	190.516	196.915	204.530	209.824	221.019
200	209.985	216.609	226.021	233.994	241.058	249.445	255.264	267.541
240	250.988	258.218	268.471	277.138	284.802	293.888	300.182	313.437

付表5　F 分布の $F_\alpha(\nu_1, \nu_2)$ の値：自由度 (ν_1, ν_2) の F 分布において，上側確率が $\alpha(=0.05)$ になる点の値

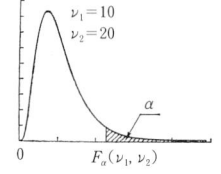

$\alpha = 0.05$

ν_2 \ ν_1	1	2	3	4	5	6	7	8
1	161.448	199.500	215.707	224.583	230.162	233.986	236.768	238.883
2	18.513	19.000	19.164	19.247	19.296	19.330	19.353	19.371
3	10.128	9.552	9.277	9.117	9.013	8.941	8.887	8.845
4	7.709	6.944	6.591	6.388	6.256	6.163	6.094	6.041
5	6.608	5.786	5.409	5.192	5.050	4.950	4.876	4.818
6	5.987	5.143	4.757	4.534	4.387	4.284	4.207	4.147
7	5.591	4.737	4.347	4.120	3.972	3.866	3.787	3.726
8	5.318	4.459	4.066	3.838	3.687	3.581	3.500	3.438
9	5.117	4.256	3.863	3.633	3.482	3.374	3.293	3.230
10	4.965	4.103	3.708	3.478	3.326	3.217	3.135	3.072
11	4.844	3.982	3.587	3.357	3.204	3.095	3.012	2.948
12	4.747	3.885	3.490	3.259	3.106	2.996	2.913	2.849
13	4.667	3.806	3.411	3.179	3.025	2.915	2.832	2.767
14	4.600	3.739	3.344	3.112	2.958	2.848	2.764	2.699
15	4.543	3.682	3.287	3.056	2.901	2.790	2.707	2.641
16	4.494	3.634	3.239	3.007	2.852	2.741	2.657	2.591
17	4.451	3.592	3.197	2.965	2.810	2.699	2.614	2.548
18	4.414	3.555	3.160	2.928	2.773	2.661	2.577	2.510
19	4.381	3.522	3.127	2.895	2.740	2.628	2.544	2.477
20	4.351	3.493	3.098	2.866	2.711	2.599	2.514	2.447
21	4.325	3.467	3.072	2.840	2.685	2.573	2.488	2.420
22	4.301	3.443	3.049	2.817	2.661	2.549	2.464	2.397
23	4.279	3.422	3.028	2.796	2.640	2.528	2.442	2.375
24	4.260	3.403	3.009	2.776	2.621	2.508	2.423	2.355
25	4.242	3.385	2.991	2.759	2.603	2.490	2.405	2.337
26	4.225	3.369	2.975	2.743	2.587	2.474	2.388	2.321
27	4.210	3.354	2.960	2.728	2.572	2.459	2.373	2.305
28	4.196	3.340	2.947	2.714	2.558	2.445	2.359	2.291
29	4.183	3.328	2.934	2.701	2.545	2.432	2.346	2.278
30	4.171	3.316	2.922	2.690	2.534	2.421	2.334	2.266
35	4.121	3.267	2.874	2.641	2.485	2.372	2.285	2.217
40	4.085	3.232	2.839	2.606	2.449	2.336	2.249	2.180
45	4.057	3.204	2.812	2.579	2.422	2.308	2.221	2.152
50	4.034	3.183	2.790	2.557	2.400	2.286	2.199	2.130
60	4.001	3.150	2.758	2.525	2.368	2.254	2.167	2.097
80	3.960	3.111	2.719	2.486	2.329	2.214	2.126	2.056
120	3.920	3.072	2.680	2.447	2.290	2.175	2.087	2.016
240	3.880	3.033	2.642	2.409	2.252	2.136	2.048	1.977
∞	3.841	2.996	2.605	2.372	2.214	2.099	2.010	1.938

付表 5（つづき）

$\alpha = 0.05$

9	10	15	20	30	40	60	120	∞	ν_1 / ν_2
240.543	241.882	245.950	248.013	250.095	251.143	252.196	253.253	254.314	1
19.385	19.396	19.429	19.446	19.462	19.471	19.479	19.487	19.496	2
8.812	8.786	8.703	8.660	8.617	8.594	8.572	8.549	8.526	3
5.999	5.964	5.858	5.803	5.746	5.717	5.688	5.658	5.628	4
4.772	4.735	4.619	4.558	4.496	4.464	4.431	4.398	4.365	5
4.099	4.060	3.938	3.874	3.808	3.774	3.740	3.705	3.669	6
3.677	3.637	3.511	3.445	3.376	3.340	3.304	3.267	3.230	7
3.388	3.347	3.218	3.150	3.079	3.043	3.005	2.967	2.928	8
3.179	3.137	3.006	2.936	2.864	2.826	2.787	2.748	2.707	9
3.020	2.978	2.845	2.774	2.700	2.661	2.621	2.580	2.538	10
2.896	2.854	2.719	2.646	2.570	2.531	2.490	2.448	2.404	11
2.796	2.753	2.617	2.544	2.466	2.426	2.384	2.341	2.296	12
2.714	2.671	2.533	2.459	2.380	2.339	2.297	2.252	2.206	13
2.646	2.602	2.463	2.388	2.308	2.266	2.223	2.178	2.131	14
2.588	2.544	2.403	2.328	2.247	2.204	2.160	2.114	2.066	15
2.538	2.494	2.352	2.276	2.194	2.151	2.106	2.059	2.010	16
2.494	2.450	2.308	2.230	2.148	2.104	2.058	2.011	1.960	17
2.456	2.412	2.269	2.191	2.107	2.063	2.017	1.968	1.917	18
2.423	2.378	2.234	2.155	2.071	2.026	1.980	1.930	1.878	19
2.393	2.348	2.203	2.124	2.039	1.994	1.946	1.896	1.843	20
2.366	2.321	2.176	2.096	2.010	1.965	1.916	1.866	1.812	21
2.342	2.297	2.151	2.071	1.984	1.938	1.889	1.838	1.783	22
2.320	2.275	2.128	2.048	1.961	1.914	1.865	1.813	1.757	23
2.300	2.255	2.108	2.027	1.939	1.892	1.842	1.790	1.733	24
2.282	2.236	2.089	2.007	1.919	1.872	1.822	1.768	1.711	25
2.265	2.220	2.072	1.990	1.901	1.853	1.803	1.749	1.691	26
2.250	2.204	2.056	1.974	1.884	1.836	1.785	1.731	1.672	27
2.236	2.190	2.041	1.959	1.869	1.820	1.769	1.714	1.654	28
2.223	2.177	2.027	1.945	1.854	1.806	1.754	1.698	1.638	29
2.211	2.165	2.015	1.932	1.841	1.792	1.740	1.683	1.622	30
2.161	2.114	1.963	1.878	1.786	1.735	1.681	1.623	1.558	35
2.124	2.077	1.924	1.839	1.744	1.693	1.637	1.577	1.509	40
2.096	2.049	1.895	1.808	1.713	1.660	1.603	1.541	1.470	45
2.073	2.026	1.871	1.784	1.687	1.634	1.576	1.511	1.438	50
2.040	1.993	1.836	1.748	1.649	1.594	1.534	1.467	1.389	60
1.999	1.951	1.793	1.703	1.602	1.545	1.482	1.411	1.325	80
1.959	1.910	1.750	1.659	1.554	1.495	1.429	1.352	1.254	120
1.919	1.870	1.708	1.614	1.507	1.445	1.375	1.290	1.170	240
1.880	1.831	1.666	1.571	1.459	1.394	1.318	1.221	1.000	∞

文献紹介

◎社会調査と社会学の方法について（第1〜3章）

　まず，社会調査の歴史については，G. イーストホープ『社会調査方法史』（慶應通信，1982年），福武直『社会調査　補訂版』（岩波全書，1984年），川合隆男編『近代日本社会調査史（Ⅰ）（Ⅱ）（Ⅲ）』（慶應通信，1989〜94年）などに詳しい記述がある。また，今日行われている社会調査の全体概要を知るうえでは，林知己夫編『社会調査ハンドブック』（朝倉書店，2002年），東京大学教養学部統計学教室編『人文・社会科学の統計学』（東京大学出版会，1994年）の第4・5章が参考になるだろう。

　質的か量的か，実証科学か解釈学かなど，社会学の「方法」をめぐる議論に関わる文献は無数にあるが，安心してすすめられるものは多くない。「方法」だけが独立して存在するわけではないので，たとえば，M. ヴェーバーの『プロテスタンティズムの倫理と資本主義の精神』（岩波文庫など）を『社会科学と社会政策にかかわる認識の「客観性」』（岩波文庫）や『社会学の根本概念』（岩波文庫）と併せて読むとか，E. デュルケムの『自殺論』（中公文庫）や『宗教生活の原初形態　上・下』（岩波文庫）を，『社会学的方法の規準』（岩波文庫）と併せて読むというような勉強の仕方がすすめられる。二人とも，自ら実質的な社会学的探求を遂行するなかで，科学と解釈との不毛で誤った対立を乗り越えることをめざしていたのである。（もっとも，方法について彼らが明示的に提言したことがすべて正しいというわけではないが。）

　社会学が探求する社会的世界を「意味世界」と位置づける議論としては，P. バーガーとT. ルックマン『日常世界の構成』（原題は「現実の社会的構成」，新曜社，1977年），A. ギデンズ『社会学の新しい方法規準』（而立書房，1987年），盛山和夫『制度論の構図』（創文社，1995年）が参考になるだろう。

　さらに，社会調査データからの法則定立の試みの歴史については，I. ハッキング『偶然を飼いならす』（木鐸社，1999年），そして社会現象に法則を当てはめることに対する原理的批判としては，K. ポパー『歴史主義の貧困』（中央公論社，1961年）を参照。

　なお，調査と社会学の方法に関わる諸問題については，石川淳志ほか編『見

えないものを見る力』(八千代出版，1998年) と，今田高俊編『社会学研究法・リアリティの捉え方』(有斐閣，2000年) の中の諸論考も参考になる。

　調査倫理に関して話題にとりあげたのは，M. ミード『サモアの思春期』(蒼樹書房，1976年) とそれを批判した D. フリーマン『マーガレット・ミードとサモア』(みすず書房，1995年) である。そこで言及した W. L. Warner 編 *Yankee City* (1963年) は，残念ながら邦訳はない。社会調査や統計数値が誤って用いられる問題を指摘したものとしては，谷岡一郎『「社会調査」のウソ』(文春新書，2000年)，J. ベスト『統計はこうしてウソをつく』(白揚社，2002年) などがある。また，調査倫理コードの例としては，アメリカ社会学会のホームページを参照されたい。

◉社会調査を用いた社会学研究の例 (主に第3章)

　第3章で紹介した社会学的研究は，まず第1回国勢調査データの個票を利用した戸田貞三『家族構成』(1937年) と地域権力構造についての実証研究である F. ハンター『コミュニティの権力構造』(恒星社厚生閣，1998年) だが，後者については，R. A. ダール『統治するのはだれか』(行人社，1988年) や盛山和夫『権力』(東京大学出版会，2000年) も参照されたい。

　次に，第二次大戦中のアメリカ軍兵士たちを調査した S. A. Stouffer ほか，*The American Soldier* (1949年) は残念ながら邦訳はないけれども，K. マートン『社会理論と社会構造』(みすず書房，1961年) による準拠集団論への展開を参照のこと。さらに，G. C. ホマンズ『ヒューマン・グループ』(誠信書房，1959年) が扱った「ホーソン実験」は社会学・経営学の古典的研究だが，レスリスバーガーらのオリジナルな文献の邦訳はないので，彼の概説書『経営と勤労意欲』(ダイヤモンド社，1954年) などを参照。また，第14章で参照される W. F. ホワイト『ストリート・コーナー・ソサエティ』(有斐閣，2000年) も，ホマンズのなかの主要資料である。ほかに，本文で言及したのは，レヴィ＝ストロース『親族の基本構造』(番町書房，上下，1977-78年；青弓社，2000年)，G. P. マードック『社会構造』(新泉社，1978年)，P. ブルデューほか『再生産』(藤原書店，1991年)。

　社会階層の計量研究についていえば，P. A. Sorokin, *Social and Cultural*

Mobility（1927 年）が嚆矢であり，ついで，多変量解析を用いて研究の新しい地平を開いた P. M. Blau と O. D. Duncan, *The American Occupational Structure*（1967 年）が主要文献だが，いずれも邦訳がないので，日本の SSM 調査を基盤にした富永健一編『日本の階層構造』（東京大学出版会，1979 年），原純輔・盛山和夫『社会階層——豊かさの中の不平等』（東京大学出版会，1999 年）と両名を含む 6 人の編者からなる『日本の階層システム 全 6 巻』（東京大学出版会，2000 年）などを参照されたい。

◎調査の企画からデータファイル作成まで（第 4～8 章）

狭義の社会調査にはそれぞれ特徴をもった多くのテキストがある。まず，調査票の作り方とワーディングに関しては，安田三郎・原純輔『社会調査ハンドブック（第 3 版）』（有斐閣双書，1982 年），安田三郎『社会調査の計画と解析』（東京大学出版会，1970 年），および西平重喜『統計調査法（改訂版）』（培風館，1985 年）が参考になる。SSM 調査の調査票は，1985 年のものが原純輔編『現代日本の階層構造 2 階層意識の動態』（東京大学出版会，1990 年）に掲載されている。次に，サンプリングに関しては，さきの西平の『統計調査法（改訂版）』のほか豊田秀樹『調査法講義』（朝倉書店，1998 年），また，集落抽出については大谷信介ほか『社会調査へのアプローチ』（ミネルヴァ書房，1999 年）の 5 章が詳しい。1936 年のアメリカ大統領選挙時のリテラリィ・ダイジェスト誌とギャラップ社の選挙予測に関しては，鈴木督久氏の HP（http://www.littera.waseda.ac.jp/faculty/stok/menu06/gallup.html）を参考にした。

また，コラム 1 の記事については，M. グラノヴェター『転職』（ミネルヴァ書房，1998 年），第 5 章の権威主義的態度尺度については，T. W. アドルノ『権威主義的パーソナリティ』（青木書店，1980 年）と M. L. Kohn and C. Schooler, *Work and Personality*（1983 年，邦訳なし），第 7 章の外国人居住者調査については，奥田道大・田嶋淳子編著『池袋のアジア系外国人』（めこん，1991 年）等を参照。

◎統計データの基本的分析法（第 9～13 章，第 15 章）

基本的な統計データの分析法についても，各種のテキストがある。まず，数

学がちょっと苦手という人には最もやさしい入門書として松原望『わかりやすい統計学』(丸善, 1996 年) がある。平均や分散からはじまって，クロス表のさまざまな関連度の指標を詳しく知りたい人は，池田央『統計的方法 I 基礎』(新曜社, 1976 年) を，そして平均やクロス表の検定については，芝祐順・渡部洋『統計的方法 II 推測 増訂版』(新曜社, 1984 年) がいいだろう。回帰分析の入門書としては，久米均・飯塚悦功『回帰分析』(岩波書店, 1987 年) がわかりやすい。また，これらを全般的にカバーするものとして，G. W. ボーンシュテットと D. ノーキの『社会統計学』(ハーベスト社, 1990 年) がある。

さらに，第 15 章で解説した確率論を含めた全般的な統計学の入門テキストには，東京大学教養学部統計学教室編『統計学入門』(東京大学出版会, 1991 年)，松原望『改訂版 統計の考え方』(放送大学教育振興会, 2000 年)，そして，これらよりも数学のウェイトが小さいものとして盛山和夫『統計学入門』(放送大学教育振興会, 2004 年) がある。

◎質的な研究の進め方 (第 14 章)

近年は多くのテキストが出ているけれども，最もいい勉強法はすぐれた質的な研究を読むことだろう。まず，人類学・民族学関連のエスノグラフィーとしては，B. マリノフスキー『西太平洋の遠洋航海者』(『世界の名著 59 マリノフスキー・レヴィ＝ストロース』1967 年，中公バックス(61)所収)，R. Firth, *We, The Tikopia* (1936 年，邦訳なし)，E. エヴァンズ＝プリチャード『ヌアー族』(岩波書店, 1978 年) などが代表的である。さらにリンド夫妻『ミドゥルタウン』(青木書店, 1990 年)，R. ベネディクト『菊と刀』(現代教養文庫, 1967 年)，R. ドーア『都市の日本人』(岩波書店, 1962 年)，および W. F. ホワイト (前掲書) などがある。本文中ではとりあげなかったが，エスノグラフィーを「厚い記述」として特徴づけた C. ギアーツ『文化の解釈学 I，II』(岩波書店, 1987 年) も参照のこと。

エスノグラフィー的手法は現代社会の逸脱文化や社会的マイノリティの研究に応用されることが多いが，その古典的研究として，H. ベッカー『アウトサイダーズ』(新泉社, 1978 年)，E. ゴフマン『アサイラム』(誠信書房, 1984 年)，日本のものとして佐藤郁哉『暴走族のエスノグラフィー』(新曜社, 1984 年)

をあげておこう。

　社会意識や文化の研究として，D. リースマン『孤独な群衆』（みすず書房，1964 年），R. N. ベラーほか『心の習慣』（みすず書房，1991 年），見田宗介『現代日本の精神構造』（弘文堂，1965 年）などは，是非とも読んで欲しい。

　権力や制度の社会史的な研究の代表例は，M. フーコー『監獄の誕生』（新潮社，1977 年），P. アリエス『〈子供〉の誕生』（みすず書房，1980 年）である。

　エスノメソドロジーについては，H. ガーフィンケルほか『エスノメソドロジー』（せりか書房，1987 年）。カルチュラル・スタディーズについては，具体的な研究例として J. フィスク『抵抗の快楽』（世界思想社，1998 年）がいいだろう。

　質的研究あるいは事例研究を中心とする調査法ないし研究法のテキストとしては，まず S. ウェッブと B. ウェッブの『社会調査の方法』（東京大学出版会，1982 年）がすすめられる。これは，1932 年の刊行でかなり古いものだが，調査票調査や統計的研究も含んだ社会調査の古典的テキストといえる。最近のものはインタビュー調査を中心とするデータ収集に焦点があるが，佐藤郁哉『フィールドワーク』（新曜社，1992 年），R. エマーソンほか『方法としてのフィールドノート』（新曜社，1998 年），福岡安則『聞き取りの技法』（創土社，2000 年）などがあげられるだろう。また，やや方法論的なこだわりがみられるものの，B. G. グレイザーと A. L. ストラウス『データ対話型理論の発見』（新曜社，1996 年），U. フリック『質的研究入門』（春秋社，2002 年），D. ベルトー『ライフストーリー』（ミネルヴァ書房，2003 年）なども参考になる。さらに方法論的な主張を述べたものとしては，H. ブルーマー『シンボリック相互作用論』（勁草書房，1991 年），N. K. デンジン『エピファニーの社会学』（マグロウヒル出版，1992 年）がある。

◉その他

　特定の研究領域における調査法については，田尾雅夫・若林直樹編『組織調査ガイドブック』（有斐閣，2001 年），G. H. エルダーと J. Z. ジール編著『ライフコース研究の方法——質的ならびに量的アプローチ』（明石書店，2003 年），B. C. ミラー『やさしい家族調査の方法』（ミネルヴァ書房，1991 年）などがある。

練習問題解答（ただし，第9〜13章および第15章分）

9.1
(a) Aの平均＝319.79万円，標準偏差＝181.20
　　Bの平均＝818.15万円，標準偏差＝526.96
(b) Aの変動係数＝0.567，対数分散＝0.286　Bの変動係数＝0.644，対数分散＝0.404
(c) 略
(d) Aの中央値＝286.1，第1四分位数 Q_1＝206.7，第3四分位数 Q_3＝382.2（万円）
　　Bの中央値＝702.5，第1四分位数 Q_1＝443.3，第3四分位数 Q_3＝1063.1（万円）
(e) Aの対数四分位比＝0.614　　　Bの対数四分位比＝0.875
(f) 略
(g) Aのジニ係数＝0.279，Bのジニ係数＝0.324

9.2
(a) $\bar{u} = \frac{1}{n}\Sigma u_i = \frac{1}{n}\Sigma(ax_i+b) = \frac{a}{n}\Sigma x_i + \frac{1}{n}\Sigma b = a\bar{x}+b$
(b) 中央値を計算する (9.6) 式において，x_k および x_{k-1} を $u_k = ax_k+b$ などで置きかえると，$(50-y_{k-1})/(y_k-y_{k-1})$ を Y で略記して，
$$\mathrm{Me}(u) = Y(u_k - u_{k-1}) + u_{k-1} = Y(ax_k+b-(ax_{k-1}+b)) + ax_{k-1}+b = a\mathrm{Me}(x)+b$$
(c) $s_u^2 = \frac{1}{n}\Sigma(u_i-\bar{u})^2 = \frac{1}{n}\Sigma(ax_i+b-(a\bar{x}+b))^2 = \frac{a^2}{n}\Sigma(x_i-\bar{x})^2 = a^2 s_x^2$
(d) $s_u = \sqrt{s_u^2} = \sqrt{a^2 s_x^2} = |a| s_x$

10.1 母比率が50％未満か50％以上かを問題にしているので，帰無仮説を $H: \pi=0.5$，対立仮説を $K: \pi<0.5$ とし，片側検定を用いる。標本統計量 z は次のようになる。
$$z = \frac{0.49-0.5}{\sqrt{\frac{0.5(1-0.5)}{1945}}} = -0.88$$
標準正規分布における下側確率の5％の値は -1.64 なので，この z は採択域に入る。よって，帰無仮説は棄却できず，「有権者全体でも50％未満だ」とはいえない。

10.2　(a) 0.8413　　(b) 0.3830　　(c) 1.0803　　(d) 1.4758

10.3　(a) 帰無仮説は，統計的検定を行うときに，母集団の分布の特性について立てら

れる仮説であるが，どんな仮説でも帰無仮説になりうるのではない。帰無仮説になりうるのは，その仮説のもとで標本統計量の確率分布を導き出すことができるという性質に基づいて，それが成立しているかどうかを観測されたデータからチェックできるようになっているような仮説である。したがって，研究者が否定したいと思っている命題だからといって，帰無仮説にできるとは限らないし，逆に，帰無仮説だからといって，研究者が否定したいと思っているとは限らない。

(b) $0 \leq \pi \leq 1$ の範囲で，どんな値も帰無仮説にできる。

(c) 有限補正を考慮すると，標本比率や標本平均の標本誤差の大きさは

$$\sqrt{(N-n)/n(N-1)}$$

に比例する。$N=1$ 億，$n=3{,}000$ のとき，この大きさは 0.01826。$N=100$ 万，$n=1{,}000$ のときは，0.03161。よって，前者のほうが精度が高い。

(d) 5 % の有意水準とは，帰無仮説を棄却した場合に，その「棄却する」という判断が誤っている確率が 5 % 未満であることを意味するが，これは，「棄却しない」という判断が誤っている確率について述べているものではない。

11.1 帰無仮説 $H : \pi_1 = \pi_2$，対立仮説 $K : \pi_1 > \pi_2$ とする。帰無仮説のもとでの母比率の推定値は，

$$\pi^* = (.3475 \times 541 + .3248 \times 745)/(541 + 745) = 0.3343$$

これより，

$$z = \frac{.3475 - .3248}{\sqrt{.3343 \times (1 - .3343) \times \left[\dfrac{1}{541} + \dfrac{1}{745}\right]}} = 0.85$$

標準正規分布で上側 5 % の値は 1.64 だから，帰無仮説は棄却できない。よって，母集団において 30 代のほうが 40 代よりも賛成率が高いとはいえない。

11.2 まず，分散比の検定を行う。

$$F = \frac{14.38^2}{12.60^2} = 1.30$$

数表を用いるために自由度を (60, 60) とする F 分布表をみると，上側 5 % の値は 1.534 だから，この F 値は棄却域に入らない。(厳密に自由度 (52, 46) の 5 % F 値は 1.615。) よって，母分散は等しいと判断される。

次に，プールされた分散を計算する。

$$s_p^2 = \frac{46 \times 12.60^2 + 52 \times 14.38^2}{47 + 53 - 2} = 184.242 \text{ より},$$
$$s_p = 13.57$$

これより,

$$t = \frac{74.85 - 79.51}{13.57 \times \sqrt{\frac{1}{47} + \frac{1}{53}}} = -1.714$$

自由度 98 の t 分布の値が数表からはわからないので,近辺の数値をみると次のようになっている。(厳密に,自由度 98 の $t = 1.714$ の有意水準は 4.48%。)

		上側 5%	上側 2.5%
自由度	80	1.664	1.990
	120	1.658	1.980

したがって,

(1) 対立仮説が $\mu_1 \neq \mu_2$ のとき,$-1.98 < t$ なので棄却域に入らず,5% の有意水準では「差がある」とはいえない。(10% ではいえる。)

(2) 対立仮説が $\mu_1 < \mu_2$ のとき,$t < -1.664$ なので棄却域に入り,5% の有意水準で,「B の成績のほうがよい」と判断される。(2.5% では棄却できない。)

12.1 (a) $\chi^2 = 4.47$ (b) 自由度 $= 2$

(c) 自由度 2 の χ^2 分布の上側確率 5% の値は,付表 4 より 5.99。4.47 < 5.99 だから,独立性の帰無仮説は棄却されず,このデータからは,母集団において性別によって意見の分布が異なるとはいえない。

(d) すべてのケース数が 2 倍であったとすれば,χ^2 値は 8.93 になる。8.93 > 5.99 だから,この場合には帰無仮説が棄却されて,母集団において性別によって意見の分布が異なると判断される。

12.2 平均 $\bar{x} = 5$, $\bar{y} = 5$。

分散 $s_x^2 = 10$, $s_y^2 = 6$,共分散 $= 3.6$(いずれも n で割ったもの),相関係数 $= 0.465$

12.3 (a) $s_{xy} = \frac{1}{3}(3 \times 4) - 0 \times 1 = 4$

(b) $s_{xz} = -d$, $s_{yz} = 2 - d/3$ になっている。これより,

d の値	$d<0$	$d=0$	$0<d<6$	$d=6$	$6<d$
s_{xz} の符号	+	0	−	−	−
s_{yz} の符号	+	+	+	0	−

13.1 以下，学歴を x_1，個人収入を x_2 とする。

(a) $b_1=0.0634$　　$b_2=0.000302$　(b) $p_1=0.112$　　$p_2=0.125$

(c) $R^2=0.0325$　　(d) $r_{2y}=0.142$

(e) $F=\dfrac{0.0325/2}{(1-0.0325)/(260-2-1)}=4.32$

自由度 $(2, 257)$ の F 分布の上側確率 5% の値は 3.03 だから，二つの偏回帰係数がともに 0 であるという帰無仮説は棄却される。

(f) $F=\dfrac{(0.0325-0.142^2)/1}{(1-0.0325)/(260-2-1)}=3.28$

　　（途中計算で正確な数値を用いた場合は $F=3.27$）

自由度 $(1, 257)$ の F 分布の上側確率 5% の値は 3.88 だから，学歴の偏回帰係数が 0 であるという帰無仮説は棄却できない。

13.2

(a) $\dfrac{\partial Q}{\partial b_0}=-2(\Sigma y_i-nb_0-b_1\Sigma x_{i1}-b_2\Sigma x_{i2})=0$ 　(1)

$\dfrac{\partial Q}{\partial b_1}=-2(\Sigma x_{i1}y_i-b_0\Sigma x_{i1}-b_1\Sigma x_{i1}^2-b_2\Sigma x_{i1}x_{i2})=0$ 　(2)

$\dfrac{\partial Q}{\partial b_2}=-2(\Sigma x_{i2}y_i-b_0\Sigma x_{i2}-b_1\Sigma x_{i1}x_{i2}-b_2\Sigma x_{i2}^2)=0$ 　(3)

(b) (1)式の（　）内 $=0$ より，全体を n で割って

$b_0=\bar{y}-b_1\bar{x}_1-b_2\bar{x}_2$ 　(4)

(c) (2)式の（　）内 $=0$ より，全体を n で割り，かつ，(4)式を代入して，次の 2 式をうる。

$\dfrac{1}{n}\Sigma x_{i1}y_i-\bar{x}_1\bar{y}-b_1\left(\dfrac{1}{n}\Sigma x_{i1}^2-\bar{x}_1^2\right)-b_2\left(\dfrac{1}{n}\Sigma x_{i1}x_{i2}-\bar{x}_1\bar{x}_2\right)=0$ 　(5)

$\dfrac{1}{n}\Sigma x_{i2}y_i-\bar{x}_2\bar{y}-b_1\left(\dfrac{1}{n}\Sigma x_{i1}x_{i2}-\bar{x}_1\bar{x}_2\right)-b_2\left(\dfrac{1}{n}\Sigma x_{i2}^2-\bar{x}_2^2\right)=0$ 　(6)

これより，目的の 2 式が導かれる。

(d) 略

13.3 (a) 定義より，$\bar{e}=\dfrac{1}{n}\Sigma(y_i-(b_0+b_1x_{i1}+b_2x_{i2}))$

この右辺は，13.2 の(1)式の（ ）内÷n に等しい。よって，＝0。

(b) $s_{e1}=\dfrac{1}{n}\Sigma x_{i1}e_i-\bar{x}_1\bar{e}$　ここで，$\bar{e}=0$ だから，

$=\dfrac{1}{n}\Sigma x_{i1}(y_i-(b_0+b_1x_{i1}+b_2x_{i2}))$

これは，13.2 の(2)式の（ ）内÷n に等しい。よって＝0。

15.1 二つのサイコロを同時に投げたときの目の出方は全部で 36 通りあり，その一つ一つが 1/36 の確率で起こる。まず，A〜D についてそれぞれを構成する要素事象を考えて，それらの事象の確率を求めると次のようになる。

　A : (2, 2), (2, 4) など 9 個の要素事象　→　$P(A)=9/36=1/4$
　B : (1, 1), (2, 2) など 6 個の要素事象　→　$P(B)=6/36=1/6$
　C : (3, 3), (3, 6) など 4 個の要素事象　→　$P(C)=4/36=1/9$
　D : (1, 1), (1, 2), ……, (3, 3) の計 9 個の要素事象　→　$P(D)=9/36=1/4$

次に，二つずつの結合事象の確率を求めると，

　A∩B : (2, 2), (4, 4), (6, 6) の 3 個　→　確率＝$3/36=1/12$
　A∩C : (6, 6) だけ　→　確率＝$1/36$
　A∩D : (2, 2) だけ　→　確率＝$1/36$
　B∩C : (3, 3) と (6, 6)　→　確率＝$1/18$
　B∩D : (1, 1), (2, 2), (3, 3)　→　確率＝$1/12$
　C∩D : (3, 3) だけ　→　確率＝$1/36$

以上より，独立なのは「A と C」および「C と D」の二つの組。

15.2 $E(X)=\sum\limits_{x=0}^{\infty}xp(1-p)^x=p(1-p)\sum\limits_{x=1}^{\infty}x(1-p)^{x-1}$ となっている。

ここで $q=1-p$ とおいて，さらに，

$S=\sum\limits_{x=1}^{\infty}xq^{x-1}=1+2\cdot q+3\cdot q^2+\cdots\cdots$ とおく。

このとき

$S-qS=1+q+q^2+\cdots\cdots=\dfrac{1}{1-q}$ だから，

$S=1/(1-q)^2=1/p^2$

よって，

$$E(X) = p(1-p)/p^2 = (1-p)/p.$$

索　引

● あ　行

挨拶状　64, 66, 111, 142
ID 番号　109, 152, 153
曖昧な言葉　81
アウトプット　6
値　22, 145
　　——の種類　157, 159
　　——の分布　21
アッシュの実験　71
アドルノ, T. W.　92
アフター・コーディング　102, 145
アメリカの兵士　50, 52
ありうべき答え　44, 45
RDD　68
イエス・テンデンシー　88
意識調査　74
一次変換　174, 175, 222, 235
一様分布　287, 288, 290
一対比較法　101
意　味　25, 36
意味世界　1-5, 7, 33, 37, 251, 271
　　対象者の——　91-93, 261
インストラクション　66, 142, 144
インタビュー　10, 256, 257, 258
　　——記録　266
　　——調査　14
　　構造化——　256
　　半構造化——　257
　　深層——　257
　　ナラティブ・——　257
インタビュー・ガイド　257
in-depth interview　257
インパーソナル　86, 87
インフォーマント　256
インフォームド・コンセント　16

ウェイトづけ　121
上側確率　188
ウエッブ夫妻　259, 261
ヴェーバー, M.　26, 52, 53, 270
ウォーナー, L.　15, 251
映像データ　260
エヴェンズ゠プリチャード, E. E.　250
Excel　206
SSM 調査　32, 83, 101, 105, 127, 146, 242
SSM データ　52
エスノグラフィー　252
　　民族学的——　250
エスノメソドロジー　251, 253, 263
SPSS　99, 206
エディティング　66, 144
NA　104
F 尺度　→権威主義的態度尺度
F 分布　205-07, 239, 244, 297
奥田道大　137
オッズ比　216
音声データ　260

● か　行

カード　147
カード・システム　259
回帰係数　230, 231
回帰式　230
回帰の標準誤差　238
回帰分析　229-43
回帰モデル　229
　　——の検定　239
階級値　158
χ^2 値　218, 219
χ^2 分布　219, 220, 297
解　釈　1, 2, 4, 5, 6, 24, 31, 37, 38, 93, 264
解釈学　2

解釈提示性　37, 59
解釈的探求　271
回　収　144
回収標本数　120
回収不能　145
回収率　66-68, 70, 121
階　層　22, 32, 35, 92
階層移動　216
回　答　90
回答選択肢　98, 142, 152
回答票（回答選択肢リスト）　64, 107, 108
科学主義　24
学術研究の特権性　14
学術的調査　9
学説研究　252
格付け法　101, 103
学問共同体　36, 56, 272
確　率　119, 275
　　──の概念　275-77
　　──の定義　277
確率抽出　118
確率比例抽出　125, 130, 135
確率分布　181
確率変数　223, 281
　　──の共分散　223
　　──の独立　295
　　──の分散　291
　　──の平均　297
　　──の和　295
　　連続型の──　281
　　離散型の──　281
隠れた制度　251, 253
仮　説　28
　　──設定　27
　　基本──　46, 47
　　帰無──　178, 180, 185, 186, 239
　　作業──　45, 47
　　対立──　185, 186, 197
仮想的独立分布　214
片側検定　185, 186, 197
カテゴリカルな変数　32, 209
カテゴリカル・データ　57, 58
カラム　108, 149

カラム位置　109
カラム・ガイド　150, 151, 154
カラム数　150
カラム設計　108, 149, 150
カルチュラル・スタディーズ　253, 263
間　隔　128-30, 132
観察記録　58, 257
感情の社会学　263
観測可能なデータ　46, 47
観測装置　79, 90, 141
観測値の出現確率　179
官庁統計　9, 11, 49, 50, 52
観念体系　251
関　連　213, 214
　　最大──　215
　　変数間の──　76
　　無──　213
関連度の指標　214
聴き取り調査　9, 10, 58
棄　却　182
棄却域　182, 183
企業調査　9, 251
危険率　185
基礎集計表　65, 66
既存統計資料分析　9, 11
期待値　223, 289-91
期待度数　214
期待利得　300
帰無仮説　178, 180, 185, 186, 239
客観性　18
客観的　16, 24, 29, 30
キャリー・オーバー効果　89
行　210
狭義の社会調査　7, 61
狭義の調査　43
行番号　150
共分散　220, 221
行　和　210
虚偽実験・虚偽調査　17
記録ドキュメント　248, 249
区　間　103, 158, 165
区間推定　198
グッドマンとクラスカルの順序連関係数

索　引　319

225
グラウンデッド・セオリー　254
グラノヴェター，M.　63
クラメールの連関係数　218
グレイザー，B. G.　254, 263, 269
グレシャムの法則　26
クロスチェック　152
クロス表　152, 209-20
　　独立な——　212, 213
経験的一般化　26, 27
経験的データ　7, 27, 28
経済統計　9
系統抽出　128, 132
計量文献学　267
計量モデル　54, 244
　　——内での説明　53
　　——の汎用性　54
ケース　10, 21, 145
ケース数　70
桁　→カラム
結合分布　223, 294, 295
欠損値　104
　　——コード　104, 154
決定係数　235, 240, 243
　　自由度調整済みの——　241
ケトレー，A.　28
権威主義　13
権威主義的態度　87, 92
権威主義的態度尺度　92
研究者の主観　30
研究の企画　43, 44
研究の到達点　41, 42, 44, 47
検出力　183, 184
現象の物神化　34
言説分析　253, 263
検　定　177, 178
　　——の精度　191
　　回帰モデルの——　239
　　χ^2——　219
　　片側——　185, 186, 197
　　相関係数の——　223
　　比率の——　187
　　比率の差の——　199
　　同一母集団内での——　201
　　分散比の——　206
　　平均の——　195
　　平均の差の——　202
　　偏回帰係数の——　238, 240, 244
　　母分散の——　205
　　両側——　185, 186, 197
口述史　265
構造主義　263
構造パラメター　237
構築主義　263
コーディング　30, 64, 66, 102, 110, 145, 266
コード・ガイド　154
コード化　266
コード番号　145
コード表　102, 145, 158
コードブック　65, 66, 154
コーン，M. L.　92
国際比較　75
国勢調査　48, 50, 116, 135, 146
誤差項　230, 237
個人情報　17
個人調査　9
コスト　116
個性記述的　24, 25
個　体　21, 22
個票データ　11, 17
ゴフマン，E.　53, 255
五分位数　168
個別化的　24, 25, 29
個別面接調査　11, 67, 107, 256
ゴルトン，F.　28
コンフィデンシャリティ　16, 17

◉さ　行

最小二乗推定値　238
最小二乗法　230-33, 238
　　——による解の公式　232
採択域　182
最頻値　160
索引作り　259, 261
SAS　206
佐藤郁哉　252

サブ・クエスチョン　79, 96
残差平方和　234, 239
散布図　220, 221, 230, 241
サンプリング　63-66, 115-37, 298
サンプル数　→標本数
参与観察　9, 11, 58, 255
シカゴ学派　15
自計(自記)式　67
自殺論　4, 5, 51, 52, 54, 69
市場調査　9, 49, 50, 71
自然対数の底　288
時代比較　75
実　査　63, 66, 141, 143
実態調査　9, 10, 50
質　的　22, 24, 32
質的研究　36-38, 247-71
質的調査　9, 21, 22, 254
質的データ　22, 23, 36-38, 57-59, 247, 248
　　――の統計分析　267
質的内容分析　269
実務的調査　9, 50
質問項目　79, 95
　　――の順序　142
質問文　79, 80, 90, 142
　　――の順序　104
　　中立的な――　83
ジニ係数　170
四分位数　168
四分位偏差　169
四分点相関係数（φ（ファイ）係数）　215
　218
社会移動　52
社会学　1, 51
社会調査の目的　7
社会的世界　3-8, 37, 271
社会的相互作用　262
社会統計　9
重回帰分析　31, 46, 53, 232-43
自由回答　58, 101, 102, 146, 266
集合調査　69
重相関係数　235
従属変数　230
自由度　196

周辺度数　210
周辺分布　210, 214, 295
住民基本台帳　132, 135, 137
自由面接法　37
集落抽出　135
主観的　24, 30, 253
主観的意味世界　251, 262
主テーマ質問　95
受容域　→採択域
順位相関　225
準拠集団の理論　50, 52
順序づけ法　101
順序変数　225
条件付き確率　280
職業カテゴリー　111
職業コーディング　146
初票点検　144
事例研究　9, 21-24, 30-34, 36, 71, 251
人口統計　9
シンボリック相互作用論　251, 263
信頼区間　198
信頼水準　198
推　定　198
推定値　119
スクーラー，C.　92
スクリーニング質問　106
スケール変換　169, 170
スタート番号　128, 130, 132
スタウファー，S. A.　50
ステレオタイプ　82, 83
ストラウス，A. L.　254, 263, 269
ストリート・コーナー・ソサイエティ
　35, 52, 56, 58, 69, 251, 252, 255, 257, 265
スピアマンの順位相関係数　226
正規分布　119, 179, 238, 288, 292, 296, 297
盛山和夫　32
世帯調査　9
切　片　230
説　明　1, 24, 54
　　理論的な――　54
　　統計的な――　54
説明変数　230
セル度数　210

選挙管理委員会　64
選挙人名簿　→有権者名簿
選挙予測　121
線形の関係　222
選出バイアス　122
全数(悉皆)調査　116
全体関連的　24, 32
全体度数　210
選択肢　30, 103
選択肢リスト　→回答票
尖　度　163, 164
全平方和　234, 239
相関係数　221, 222, 231, 236, 241
　　──の検定　223
相対的価値剥奪　50
相対度数　159
層別(化)抽出法　126, 127
属　性　103
組織調査　9
ソローキン, P. A.　52

●た　行

第一種の誤り　181, 182, 193
第一次抽出単位　125, 130
対角セル　215
対象外　132
対象者名簿（リスト）　110, 142, 152
対象事例の設定　71
対象世界　18
対数オッズ比　216
対数四分位比　169, 171
対数分散　171
代表性　35, 36, 69, 255
代表値　161
対立仮説　185, 186, 197
他計(他記)式　67
多項選択　98
多段抽出法　124, 125
ダブル・バーレル　83-86
　　重文型の──　84
　　複文型の──　84
単回帰分析　229
単項選択　98, 103

単集チェック　151
単純集計表　157
単純無作為抽出　123
地域調査　9
地　点　124, 130
中央値　164-67, 175
抽出確率　71, 121
抽出台帳　124, 129, 132, 135-37
中心極限定理　296
調　査
　　──の委託　63
　　──のオーガニゼーション　62
　　──の企画　43-45, 61-66
　　──の実施　43, 66
　　──の費用　62
　　──の目的　74, 75
調査員　64, 66, 109, 142
調査区　125
調査項目　66
調査者の超越性　15
調査設計　154
調査票　37, 64, 65, 90, 256, 257
　　──の構成　95-111, 142
　　──の作成　65
　　──の表紙　109
調査票調査　9, 10, 30
調査マニュアル　65, 66, 142, 257
調査倫理　12-18, 89
散らばり度　162
DK　81, 104, 145
DK・NA コード　153
T 検定　202
t 分布　196, 202, 204, 223, 225, 239, 297
ディルタイ, W.　1
データ・アーカイブ　11
データ・クリーニング　66, 111, 151-54
データ
　　──構造　10
　　──（の）収集　43, 44, 45, 57
　　──（の）入力　63, 64, 66, 108, 150
　　──（の）分析　43, 57
　　──ファイル　66, 145
　　──変換　148

データ対話型理論　263
テキスト・データ　147-49
テキスト・ファイル　108, 109, 149
テキストの思想　252
デュルケム, E.　4, 5, 31, 51, 52, 54, 69, 270
典型性　69
点　検　111, 144
点推定　198
電話調査　67, 68, 256
問　い　43-45, 48-60
　　——の共同体　51, 56
　　——の設定　43
　　記述の——　48, 49
　　説明の——　48, 49, 51
　　即自的関心の——　49, 50
　　理論的関心の——　49, 50
等間隔抽出法　→系統抽出
道具の物神化　33
統計区　125
統計指標　33
統計的研究　9, 21-25, 29-34, 36, 38, 58, 264, 271
統計的調査　9, 63, 66, 115, 258
統計的データ　5, 21, 22, 28, 29, 57, 59
統計的分析　6, 33, 58, 59
統計分析ソフト　6, 147
統計法　9
統計量　159
投票区　125, 130
ドーア, R.　252
ドキュメント文書　58
ドキュメント分析　9, 11, 36
匿名化　17
独立　214, 238, 278-80
　　確率変数の——　295
　　クロス表の——　212
　　事象の——　278
独立性の帰無仮説　219
独立変数　230, 232, 235
度　数　157
度数分布表　157, 159
戸田貞三　50
富永健一　52

留置調査　67, 257

な 行

内閣支持率　31, 90, 93, 115, 118, 120, 177
内容分析　267, 268
生の事実　34
ナラティブ・インタビュー　257
ナラティブ分析　253, 265
二項分布　282, 284, 292
二者択一質問　98
日常性　37, 262
ノートの整理　258

は 行

パーセンタイル（百分位数）　168
排　反　277, 279
パイロット・サーベイ　142
外れ値　162
原　純輔　32
ハラスメントの回避　16, 17
パラメター　178, 230
ハンター, F.　50
ピアソンの積率相関係数　221
非該当コード　153
被説明変数　230
非統計的調査　9
秘匿調査　17
非復元の抽出　189
ヒューム, D.　27
表形式データ　147
標準化　175, 187, 235, 293
　　——偏回帰係数　235, 242
標準正規分布　187, 196, 293
標準偏差　162, 163, 170, 175, 192, 236, 292
標本（サンプル）　177
　　——の偏り　121
標本誤差　116, 119, 120, 125, 126
　　非——　116
標本数　119, 120
　　設計——　120
　　必要——　120
標本抽出　→サンプリング
標本調査　116

標本統計量　178, 181, 192
標本比率　120, 178, 179, 189
　　──の差　200
　　──の分布　179
標本分散　178
　　プールされた──　203, 204
標本平均　178, 189, 195
　　──の分布　195
比　率　159
　　──の検定　187
　　──の差の検定　199
比例割当法　126
ファース, R.　250
フィールド　258
　　──の設定　254
フィールドノート　257, 258
フィールドワーク　11, 36, 249, 254-56
フーコー, M.　253, 263
ブース, C.　15
フェイス・シート　95, 97
復元抽出　190, 192
副次質問　95, 96
福祉ニーズ調査　50
副　問　79, 96
不平等度の指標　169-75
普遍化的　24, 25, 29
不偏推定値　238
不偏分散　196, 203
プリ・コーディング　102, 145
フリック, U.　262, 269
プリテスト　65, 66, 141
ブルーマー, H.　262, 263
ブルデュー, P.　53
プロテスタンティズムの倫理　52
分位数　167
文化人類学　10
文化的・社会的中立性　72, 73
文芸批評・評論　252
分　散　162, 163, 170, 175
分散比の検定　206
分散分析　202
分散分析表　239, 244
文書テキスト　266

分析手法　44, 45, 74, 265
分布関数　286-88
分布のしかた　32, 177
分布の比較　75
平　均　32, 33, 160, 161, 175, 290
　　──の検定　195
　　──の差の検定　202
　　──の分布　296
平均平方和　239
平方和　161, 234
　　説明された──　234, 239
ベータ係数　236
ベッカー, H.　53
ベネディクト, R.　22
ベルヌーイ, ダニエル　300
ベルヌーイ分布　282
偏回帰係数　232, 234, 235, 243
　　──の検定　238, 240, 244
　　──の標準誤差　238
　　標準化──　235, 242
偏差値　175
変　数　10, 145
変　動　196
変動係数　170
ボアス, F.　13
法　則　28
法則定立的　24-28
方法の設定　44
方法の対立　270
ホーソン実験　52
母集団　70, 115, 177
　　──のサイズ　192
　　小さな──　71
　　無限──　190
　　有限──　190
母　数　178
ポストコロニアル　15
母比率　120, 178
母分散　178
　　──の検定　205
　　──の推定値　196
母平均　178
ホマンズ, G. C.　52

ホワイト, W. F.　35, 52, 58, 69, 251, 255, 257, 259, 261, 265, 266

◎ま　行

マーケティング・リサーチ　88
マードック, G. P.　52
マートン, R. K.　52
マリノフスキー, B.　21, 35, 250, 251
ミード, M.　12, 13
見田宗介　268
密度関数　281, 287, 288
民族学　250
民族学的調査　14
無回答バイアス　122
無作為抽出　71, 115-19, 136, 137, 179, 298
　――の定義　117
難しい言葉　82
メイキング　144
メディア　253
メディアン　→中央値
メディアン偏差　169
メ　モ　258
面　接　142, 143
モース, M.　51

◎や　行

安田三郎　86, 88, 216
安田の開放性係数　216
有意水準　185, 192
　固定された――　193
有意抽出法　119
有権者名簿　66, 124, 132, 135, 137
有限補正　191, 192
有効回収率　70
有効ケース数　71
郵送調査　64, 65, 67, 68, 257
誘導質問　89
ユールの連関係数　216, 226
予測式　230

予備質問　96
予備調査　142
世論調査　9, 31, 49, 50, 71, 127

◎ら行・わ

ライフストーリー　251, 253, 257, 265
ライフヒストリー　251, 253, 257
ラポール　143
ランダム・サンプリング　→無作為抽出
ランダム数　124, 133
ランダム数表（乱数表）　133, 134
Random Digit Dialing　135
リアリティの水準　261, 264
理　解　24
リスク　300
両側検定　185, 186, 197
量　的　22, 24, 32
量的研究　263
量的調査　9, 21, 256
量的データ　22, 23, 37, 57, 59
臨界点(値)　188
リンド夫妻　35, 251
倫理条項　16
ル・プレー, P. G. F.　15
累積相対度数　158, 160
累積相対度数曲線　165, 166
レヴィ=ストロース, C.　52, 253
歴史の発展法則　25
レスリスバーガー, F. J.　52
列　210
列　和　210
労働調査　50
ローレンツ曲線　173
論証戦略　44, 45, 47
ワーディング　30, 79-93, 95
歪　度　163, 164
和の分布　295
割当法　119, 123, 127

● **著者紹介**

盛山 和夫(せいやま かずお)

1948 年生
東京大学大学院社会学研究科博士課程単位取得退学
現在,関西学院大学社会学部教授(博士〔社会学〕)

主要著作
『秩序問題と社会的ジレンマ』(共編著,ハーベスト社,1991 年)
『制度論の構図』(創文社,1995 年)
『社会階層──豊かさの中の不平等』(共著,東京大学出版会,1999 年)
『ジェンダー・市場・家族』(日本の階層システム 4)(編著,東京大学出版会,2000 年)
『権力』(社会科学の理論とモデル 3)(東京大学出版会,2000 年)
『統計学入門』(放送大学教育振興会,2004 年)

社会調査法入門
Introduction to Social Research 〈有斐閣ブックス〉

2004 年 9 月 20 日　初版第 1 刷発行
2013 年 11 月 25 日　初版第10刷発行

著　者　　盛　山　和　夫
発行者　　江　草　貞　治
発行所　　株式会社　有　斐　閣

郵便番号101-0051
東京都千代田区神田神保町2-17
電話(03)3264-1315〔編集〕
　　(03)3265-6811〔営業〕
http://www.yuhikaku.co.jp/

印刷　株式会社新製版
製本　牧製本印刷株式会社

© 2004, Kazuo Seiyama. Printed in japan
落丁・乱丁本はお取替えいたします。
★定価はカバーに表示してあります。
ISBN 4-641-18305-8

Ⓡ本書の全部または一部を無断で複写複製(コピー)することは,著作権法上での例外を除き,禁じられています。本書からの複写を希望される場合は,日本複製権センター(03-3401-2382)にご連絡ください。